KB165659

군도의 역사사회학

군도의

이시하라 슌 지음 ｜ 김이인 옮김

Tokyo

1,000KM

Ogasawara Islands

역사사회학

바다
노마드의
섬에서 본
근대의
형상

글항아리

일러두기

- '원주민' '비치 코머' '카나카' '귀화인'같이 차별적 뉘앙스가 있는 역사적 호칭에 대해서는 인용문 안에서는 기본적으로 원문 그대로 썼고, 다른 몇 군데에서도 대상이 되는 역사적 상황을 가장 잘 표현하는 호칭을 ' '를 써서 사용했다. 그들이 정치적·사회적으로 어떤 취급을 받아왔는지를 잘 보여줄 수 있기 때문이다.
- 연·월·일과 관련하자면, 각종 경험적 시간을 균질화할 위험이 있지만 번잡함을 피하기 위해 원칙적으로 서양식, 양력으로 통일했다.
- 인용문은 현대어 혹은 그것에 가까운 말로 바꾸는 것을 원칙으로 했다.
- 인용문에서 [ ]는 저자가 보충한 부분이다.
- 인용문에서 중략된 곳은 (…)로 표시했다.
- 서양 자료의 인용문에 대해서는 일본어 번역이 있더라도 원저를 참조하여 문맥에 상응하도록 번역문을 수정하기도 했다.
- 문헌 자료 정보에 대해서는 원칙적으로 대학도서관·공공도서관 외의 기관에서 열람할 수 있는 것에 한하여 소장 기관명을 부기했다. 특별히 부기가 없는 것은 서양 자료를 포함하여 국립정보학연구소의 대학도서관 장서 횡단검색 사이트 'CiNii Books'나 각 도 도부현道府縣의 공공도서관 장서 횡단검색 사이트 등에 접속해서 소장 여부를 알 수 있다.

- 한국어판의 외래어 표기는 국립국어원의 외래어 표기법을 따랐다.
- 옮긴이 주는 '—옮긴이'로 표시했다.
- 원서에서 곁점으로 강조된 곳은 고딕으로 표시했다.

2011년 3월 11일, 일본 혼슈 섬 도호쿠東北 지방 연안의 태평양에서 발생한 대지진과 쓰나미는 직접적인 사망자 및 피해자 수가 2만 명을 넘는 대참사를 빚었습니다. 그리고 이로 인해 이튿날인 3월 12일에는 태평양 해안에 있는 도쿄전력의 후쿠시마 제1원자력발전소 6개 플랜트 중 1기가 수소 폭발했고, 3기가 노심 용해되었습니다. 이 아시아 사상 최악의 원전 사고로 인해 도호쿠에서 간토關東 지방에 걸쳐 대량의 방사성 물질이 확산되었고, 후쿠시마 현을 중심으로 많은 사람이 피폭되었으며 난민 신세가 되었습니다.

피폭이 건강에 미친 피해 정도에 대해서는 전문가들 사이에서도 의견이 분분합니다. 하지만 방사성 물질에 오염되어, 수십 년 동안 주민이 귀환할 수 없는 지역이 생겼고, 심각한 피폭을 피해 많은 이가 고향을 떠날 수밖에 없게 된 것은 분명한 사실입니다.

3월 12일 후쿠시마 제1원전이 폭발하는 영상을 TV로 보면서, 제 오랜 연구 대상이자 이 책에서 다루는 대상인 오가사와라 제도와 이오 열도(가잔 열도)의 사람들이 뇌리를 스쳐갔습니다. 오가사와라 제도나 이오 열도는 아시아태평양전쟁 패전 후 일본이 재독립·부흥하는 대가로, 미군의 핵 기지 역할 및 군사 이용을 위해 제공되었고, 도민島民이 오랫동안 난민화되어온 섬입니다.

아시아태평양전쟁 말기인 1944년 오가사와라 제도와 이오 열도의 사람들 대부분은, 이 섬에서 미군과의 지상전을 계획하던 일본군에 의해 본토로 강제 소개되었습니다. 결과적으로 이오 섬에서는 지상전이 이루어졌고 오가사와라 제도(지치지마 섬, 하하지마 섬 등)는 지상전에 휘말리지 않았지만, 이곳의 섬들은 남양군도, 아마미 제도, 오키나와 제도 등과 함께 미군에 점령되었습니다.

일본 패전 뒤, 일본 제국의 세력권이던 서북태평양 바다와 섬들은 거의 미국의 세력권이 되었고, 태평양은 '미국의 호수'가 되어갑니다. 미국·미군은 오가사와라 제도와 이오 열도의 도민들이 고향으로 돌아가는 것을 허락하지 않았습니다. 19세기에 일본이 합병하기 이전부터 오가사와라 제도에 정착했던 선주자의 자손 백 수십 명의 사람만이, 미군의 협력자가 될 수 있다고 간주되어 섬으로 돌아가도록 허가받았습니다. 그러나 오가사와라 제도의 본토계(일본계) 도민과 이오 열도 전체 도민은 계속 난민 상태에 있었습니다.

그리고 1951년에 체결된 샌프란시스코 강화조약에서 일본은 미국을 중심으로 하는 서방 국가들로부터 재독립을 인정받는 동시에, 미군이 오키나와 제도와 오가사와라 제도, 이오 열도 등을 계속 군사적으로 이용하는 것을 사실상 추인했습니다. 오가사와라 제도·이오 열도 도민의 난민 상태는 '미·일 공모'로 장기화되어버렸습니다.

1950년대부터 1960년대에 걸쳐 지치지마 섬과 이오 섬에는 핵탄두가 배치되었습니다. 또한 이오 섬에서는 미크로네시아의 마셜 제도처럼 핵실험이 이루어진 것은 아니지만, 주민을 완전히 배제한 상태에서 소련과의 핵전쟁에 대비한 군사 훈련이 이루어졌습니다.

1968년 오가사와라 제도·이오 열도의 시정권이 일본에 반환되고, 오가사와라 제도의 본토계 주민(의 자손)에게도 드디어 고향으로의 귀환이 허락되었습니다. 그러나 일본 정부는 일본 자위대와 미국 연안경비대가 이오 섬을 군사적으로 이용하도록 이오 열도의 도민에 대해서는 계속 귀향을 허락하지 않았습니다. 이오 열도 주민은 벌써 72년 동안 고향 상실 상태에 놓여 있습니다.

제가 이 서문을 쓰고 있는 2016년 여름, 마셜 제도의 비키니 환초에서 미군의 대기권 내 핵실험이 시작되고 주민이 피폭·난민화된 지 마침내 70년이 되었습니다. 군사 이용을 위해 섬 전체 주민이 난민화된 사례로는 이오 열도가 세계에서 가장 오래되지 않았을까요.

일본 본토는 아시아태평양의 냉전 질서 속에서 한반도와 타이완 섬에 냉전의 군사적 전선을 강요했고, 오키나와 제도의 주민에게 미군 기지의 피해를 강요했으며, 오가사와라 제도·이오 열도를 미군의 비밀 핵 기지로 내세워 특권적으로 민수民需 주도의 고도 경제성장을 이루었습니다.

그리고 일본 정부는 잠재적인 핵무장 능력을 확보하기 위해 미국과 영국에서 원자력 발전용 플랜트와 플루토늄을 수입하여 원전 건설에 착수합니다. 일본 정부와 전력 회사는 도호쿠 지방을 비롯한 가난한 어촌을 타깃으로 하여 돈을 쏟아부었고, 반대운동을 고립시키며 원전을 건설했습니다. 이러한 어촌은, 원전 가동 현장에서의 노동이나 관련 서비스업 이외에, 대부분 수입원이 없는 국내 식민지처럼 변해갔습니다. 2011년 후쿠시마 제1원전 폭발과 사람들의 난민화 및 피폭은 단순한 자연재해의 결과일 뿐 아니라, 이러한 역사과정의 인위적 결과이기도 합니다.

우리는 지금, 오가사와라 제도와 이오 열도를 비롯한 서북태평양 섬들이 군사주의와 식민주의 아래서 강요받아온 난민화 및 피폭의 경험을, 그리고 일본 본토의 개발주의와 국내 식민지주의의 결과인 원자력발전소 폭발이 초래한 난민화 및 피폭의 경험을, 상호 연관된 역사과정으로 사고해야 합니다.

　이 책은 오가사와라 제도와 이오 열도를 관측 지점의 정점으로 삼으면서, 서북태평양에 떠 있는 작은 섬들의 눈으로부터 해양 세계 '500년의 근대', 특히 태평양 세계Trans-Pacific World의 '200년 근대'를 그려보고자 역사사회학적 서술을 시도했습니다.

　서론에서는 우선 '군도'를 둘러싼 사상사의 가장 기초적인 부분을 점검했습니다. '군도'를 근원적으로 사고한 텍스트로는 일본의 민속학자인 미야모토 쓰네이치宮本常一, 인류학자인 쓰루미 요시유키鶴見良行가 남긴 방대한 민속학ethnography이 있고, 세계적으로 유명한 논객으로는 시인이자 비평가인 에두아르 글리상의 글 등이 있습니다. 그들은 모두 각자의 방법으로 '군도'의 개방성과 폐쇄성, 교통성과 독립성, 중심성과 변경성, 자율성과 의존성에 대해 논하고 있습니다. 크리스토발 콜론(콜럼버스) 이래로 500년의 세계화globalization는 '군도'를 폐쇄성과 고립성으로부터 해방시키면서 그곳을 개방성과 교통성의 장으로 만들었습니다. 그러나 동시에 그 세계화야말로 '군도'로부터 중심성·자율성을 빼앗았고, 거기에 사는 사람들을 변경성·종속성 아래에서 살게 했습니다.

　이 세계화 속 '500년의 근대'를 '역사의 패자'(발터 벤야민) 측에서 볼 때, '군도'는 가장 중요한 지점 중 하나입니다. 실제 크리스토발 콜론이 처음 도착한 곳은 카리브 해의 군도였습니다. 유럽 세계는 남북아메리카 대륙에서조차, 외양外洋세계에 떠오르는 진출/침략의 대상으로서의 거대한 '군도'를 생각한 것입니다.

오가사와라 제도·이오 열도를 포함한 서북태평양 해역은, 유럽 세력의 아메리카 '발견' 이후 약 400년에 걸쳐 원양범선이 견인해온 세계화의 파도가, 범선 시대의 마지막 단계에 도달한 영역에 해당됩니다. 오가사와라 제도와 이오 열도는 모두 오랫동안 무인도였습니다. 오가사와라 제도는 19세기 전반, 당시 국제상품이었던 고래기름을 찾아서 서북태평양에 진출해온 포경선의 기항지가 되었습니다. 그리고 포경선의 가혹한 노동 환경에 못 이긴 탈주자 또는 표류자나 해적 등 세계 각지에 뿌리를 둔 잡다한 사람들이 이곳에 모이고 정착하게 됩니다. 근대가 시작되면서 사람이 살기 시작했고, 전통적인 로컬 룰이 없는 곳에, 세계화의 파도를 타고 온 바다의 이동민(노마드)이 아나키적이고 개방적인 자율 공간을 형성했습니다. 오가사와라 제도는 서북태평양에 떠 있는 작은 '군도'로 인구가 많아봤자 1만 명을 넘지 않은 장소이지만, 그 작은 섬에 바다로부터 와서 정착한 사람들은 엄청나게 큰 역사적·공간적 배경을 갖고 있는 것입니다.

하지만 19세기 후반 들어 근대 국가를 건설 중이던 일본이 오가사와라 제도를 합병합니다. 그리고 20세기 초까지 이 섬들로부터 개방성과 자율성을 빼앗아, 도민을 변경성·종속성 아래에 두게 됩니다. 또한 19세기 말에는 이오 열도도 오가사와라 제도에 이어 일본 제국의 초기 '남양' 식민지 중 하나가 됩니다. 그 후에도 두 제도는 총력전 체제와 냉전 체제 속에서, 일본 본토나 미국에 의해 '버린 돌'로 취급되어왔습니다. 또한 두 제도 사람들의 근대 경험은, 일본 국내에서조차 망각되어갔습니다. 오가사와라 제도와 이오 열도는 현대세계에서 군도가 놓여 있던 역사성·공간성이 매우 뚜렷하게 나타나는 곳입니다.

현재 일본 사회의 역사의식은 편협한 인종주의, 내셔널리즘으로 가득 차 있어서, 실로 참담한 상황입니다. 이 책에서는 그러한 현대 일본인의 의식 구조를 '냉전 갈라파고스'라고 불렀습니다.

원래 갈라파고스라는 말은, 대륙에서 떨어진 갈라파고스 제도 같은 환경의 생물적 진화과정을 '순수하게' 표현하는 귀중한 고유종이 존재한다는, 일종의 긍정적 함의가 있습니다. 그러나 일본 산업계에서는 최근 갈라파고스라는 말을 섬과 같은 폐쇄사회에 틀어박혀 있는 사람이나 상태를 이르는 부정적인 의미로 사용합니다. '갈라파고스 상태에서 벗어나 세계화에 뒤처지지 않도록 모두가 영어를 쓰자'와 같은 슬로건이 귀에 못이 박히도록 들려옵니다.

하지만 아이러니하게도 그러한 구호 아래 지금의 일본 사회는 역사 인식과 공간 인식에 있어 구제가 어려울 정도의 '냉전 갈라파고스' 상태에 있습니다. 미국이 주도하는 냉전 체제에서 아시아 태평양 세계와의 역사적 관계성을 부인합니다. 그리고 아시아에서 특권적으로 군사색 옅은 경제 성장을 누릴 수 있었던 20세기의 향수에서 벗어날 수 없다고 여깁니다. 그러한 '냉전 갈라파고스'의 꿈에 사로잡혀 있기 때문에, 일본인은 계속해서 편협한 인종주의와 내셔널리즘으로 퇴행하고 있는 것입니다.

여기서 유의할 것은, 센카쿠/댜오위다오, 남 쿠릴/미나미치시마南千島 군도 등 '군도'를 둘러싼 분쟁을 반복하며, 그러한 '냉전 갈라파고스' 의식을 연명시키고 있다는 점입니다. 일본 사회가 이제까지 '냉전 갈라파고스' 의식에 사로잡혀 있지 않았다면 적어도 이런 군도를 둘러싼 분쟁에서 모종의 외교적 타협이 이루어졌을 가능성도 충분히 있습니다.

특히 남쿠릴/미나미치시마 군도에 관해서 이야기하자면, 1945년 소련 침공으로 난민화된 도민 1세가 현재 계속 사망하는 중인데, 그들 도민 1세 대부분이 생존했을 당시 외교적 타협을 하지 않은 것은, 일본군 '위안부'가 된 여성들에 대해 배상하지 않은 일과 함께 일본의 패전 처리에 있어서 가장 큰 과오 중 하나라고도 할 수 있습니다. 한편 영토·영해 분쟁 사례는 아니지만, 이오 열도에 도민이 귀환조차 할 수 없는 상황도 일본의 패전 처리에 있어 최악의 '수치' 중 하나입니다. 1944년 난민화된 이오 열도의 도민 1세도 지금 계속 사망하고 있는데, 이 책을 통독하면 알 수 있듯, 이오 열도 사람들을 고향으로 귀환시키는 정도의 일은 일본 정부가 충분히 할 수 있는 것이었습니다.

20세기 전반기의 일본 제국은 한반도를 포함한 동아시아 대륙을 침략했고, 이어서 서북태평양의 바다와 섬들을 침략했던 '군도와 바다의 제국'이었습니다. 그러나 일본은 아시아태평양전쟁 패전과 함께 제국을 타율적으로 잃었습니다. 그리고 '군도'로부터의 독립 투쟁 반격에 본격적으로 직면하기 전에, 미국과 영국에 의해 무장 해제되었습니다.

아시아태평양전쟁 시기까지 많은 일본인은 지배자로서의 오만함이 있었지만, 그래도 '군도와 바다'에 대한 의식은 어느 정도 갖고 있었습니다. 그러나 그 의식은 패전과 함께 조금씩 사라져갔고, 일본인 대부분은 냉전 체제하에서 자신이 거하는 땅이 개방성과 교통성이라는 의미에서의 '군도'임을 망각하며, 마치 스스로가 아시아의 중심인 양 오인하고 경제적 번영을 누려왔습니다. 그것이 지금의 자위적인 인종주의와 내셔널리즘이 조성되는 기반을 만들었다고 할 수 있습니다.

현재 '섬'이라고 하면, 일본인 대부분은 국경 분쟁, 영토·영해 문제와 같은 키워드를 떠올립니다. 한국에도 비슷한 상황이 있을 것입니다. 그런 것을 떠올리는 분들이야말로 이 책을 읽어주셨으면 합니다. 오늘날 일본 사람들은 '글로벌리즘에 뒤처지지 말자'고 외치면서도, 작은 '섬'을 둘러싼 국경·영토·영해와 같은 역사와 공간의 절취 방식에 구애받으며, 계속 '냉전 갈라파고스' 안에서 졸고 있습니다. 이 책에서 이야기하고자 한 것은 그러한 주권국가, 국민국가의 틀에서 결정적으로 녹아 사라지는, 다른 역사성이나 공간성입니다. '군도와 바다'의 눈으로부터 현대세계를 다시 보는 작업이야말로, 편협한 내셔널리즘과 인종주의를 풀어갈 실마리가 되리라 생각하기 때문입니다.

마지막으로, 이 책의 한국어판 출간과 관련해서 옮긴이 김이인 선생님, 저와 김이인 선생님을 연결해준 고영란 선생님 그리고 어려운 출판 사정에도 불구하고 출판을 결정해준 글항아리 편집부에 진심으로 감사를 드립니다.

이 책의 목적은 오가사와라 제도와 이오 열도의 근대 경험을, 단순한 아시아태평양 근대사의 지역별 리스트에 등록하려는 것이 아닙니다. 이 '군도'의 근대 경험을 서술하는 작업을 통해, 다른 지역의 근대 경험도 새로운 각도에서 살펴보고, 아시아태평양의 역사 인식을 다시 꾸려보는 것을 목표로 합니다. 제 의도가 잘 전달될지는 독자 여러분께 맡길 수밖에 없지만, 우리가 속한 아시아태평양 세계의 역사 인식을 조금이라도 풍부하게 하는 데 이 책이 도움이 된다면 좋겠습니다.

2016년 8월 15일
옥음방송 / 광복절로부터 71년이 되는 날
도쿄에서 이시하라 슌

차례

한국 독자들께 005

서론 **군도의 상상력**
017

제1장 **세계 시장과 군도의 경제**
: 바다 노마드의 자주적 관리 공간
033

제2장 **주권국가와 군도의 경제**
: 포섭되는 바다의 노마드
071

제3장 **제국의 배출구와 버리는 돌**
: 입식지에서 전장戰場으로
121

제4장 **냉전의 필요한 돌과 버리는 돌**
: 점령과 기지화·난민화
175

결론 **지정학을 넘어 계보학으로**
219

후기 231
옮긴이의 말 241
주 247
찾아보기 283

차례

群島の歴史社會學

군도의 상상력

범선의 작동 환경은 보편적이고 구체적이다. 범선은 노예적이고 계급적인
규율 아래, 많은 노동자가 복잡하고 동시적인 협동 작업으로 움직이는
장치다. 그리고 이 규율 아래 인간의 의지는 기계 장치에 종속된다. 모든
것은 노임을 위해서다. 범선의 노동과 협동 및 규율이야말로 공장의 원형
이 되었다.[1]

지금 섬이라는 말은 무엇을 환기시키는가. 섬이라고 하면 많은
사람의 머릿속에는 지리적 고립성, 사회적 폐쇄성, 국가로부터의
변방성, 대륙이나 큰 섬에 경제적으로 종속되어 있는 이미지 등
이 떠오를 것이다. 섬의 고립성이나 폐쇄성은 '갈라파고스'의 이미
지, 그리고 섬의 변방성이나 종속성은 '낙도'의 이미지라고도 할
수 있다. 현재 일본의 섬들 가운데 2011년 유네스코 세계자연유
산에 등록된 오가사와라 제도小笠原諸島, Bonin Islands는, 찰스 다윈

이 진화론을 착상한 계기가 된 갈라파고스 제도처럼 장구한 대륙 이동의 과정에서 한 번도 대륙(거대한 섬)에 연결된 적이 없었다. 이 섬의 육상 생물은 독립적인 진화 계통을 거쳐왔기 때문에 '동양의 갈라파고스'라고도 불린다. '갈라파고스'는 '무인도' 이미지와 연결되기도 한다. 실제로 오가사와라 제도 역시 19세기 초까지는 사람이 정주하지 않은, 말 그대로 '무인도(부)'로 불린 군도였다.

하지만 '낙도'나 '갈라파고스'의 이미지는 많은 섬이 겪어온 역사적 경험을 정확하게 표현하지 못한다. 예를 들어 '군도문학'이라는, 매우 독창적인 문예 장르를 제창한 이마후쿠 류타今福龍太의 지적대로, 고립성·폐쇄성의 대표 격인 갈라파고스 제도는, 식민지 제국에 의해 태평양이 분할되는 19세기 이전에 이미 아카풀코(현재의 멕시코)와 마닐라 사이를 항해하는 스페인의 갤리언 무역선을 노리는 해적의 잠복지였다. 또한 갈라파고스 제도가 19세기 초 에콰도르에 편입된 뒤, 근대 식민지주의colonialism의 대명사가 된 콜럼버스(크리스토발 콜론)의 이름을 따서 콜론 제도라고 명명된 일도 거의 알려져 있지 않다.[2] 뒤에서 자세히 다루겠지만 현재 일본에서 섬의 변방성이나 고립성을 대표하는 오가사와라 제도 역시, 19세기에 사람이 사는 섬이 되자마자 세계 각지로부터 뱃사람들이 이합집산하는 서북태평양 해상 교통의 일대 거점이 되었고, 그 후 반세기 내내 어떤 대륙이나 큰 섬의 힘에 구애받지 않는 자율적인 영역으로 존재했다.

일찍이 도서島嶼 사회에 대해 논한 미야모토 쓰네이치宮本常一, 에두아르 글리상, 니하라 미치노부新原道信 같은 사람들의 말을 빌릴 것도 없이, 사람이 사는 섬은 변방성과 중심성, 종속성과 자율성, 고립성과 교통성, 폐쇄성과 개방성 등을 동시에 갖는 곳이었다.[3] 세토瀬戸 내해의 스오周防 대도에서 태어나 평생 섬이라는 장소에 천착한 민속학자 미야모토 쓰네이치는, 격리된 조건과 한정된 육지 때문에 생산, 유통의 제약으로 고통받는 장소인 동시에 바다로 열린 다양한 교통의 가능성을 지닌 장소로 섬을 위치시켰다.[4] 그리고 카리브 해의 프랑스령 마르티니크(콜럼버스가 도달한 섬 중 하나이기도 하다)에서 살았던 작가, 시인, 비평가인 글리상도 지적하듯이, 군도를 독립성이나 폐쇄성으로부터 해방시키고 교통성이나 개방성 속에 놓는 동시에 변방성·종속성의 상황으로 밀어 넣는 것이야말로, 콜럼버스 이후 500년간 식민지주의를 통해 진행된 세계화, 즉 사회과학의 대상이기도 한 근대세계의 전개 그 자체를 의미한다.[5]

17세기 영국 중심의 세계 시장이 대서양 세계Trans-Atlantic World로 빠르게 확장되어가던 즈음, 영국의 해부학자이자 통계학자였던 윌리엄 페티는 노동가치설을 착상하면서, 대서양 세계의 선원 노동('신대륙'으로부터 은을 운반하는 것 등)이야말로 이윤의 원천이라고 말했다. 근대의 학문, 특히 사회과학에서 해양세계는 내내

중요한 참조점이었던 것이다.[6]

그러나 근대 사회과학의 주류적 인식 모델이 참조해온 해양세계는 어디까지나 유럽의 침략/진출 대상으로서의 바다와 섬들(거대한 섬으로서의 '신대륙'을 포함하여)을 의미했음에 유의하자. 근대 사회과학이 준거하는 유럽 의식이란, 세계의 바다와 섬들을 침략/진출의 대상으로 바라보는 '의사疑似대륙' 의식('의사대륙' 브리튼 섬을 포함하여)에 다름없다.

'의사대륙'으로서의 유럽이라는 자기의식identity은, 지구 최초의 세계화였던 대서양 세계 시장의 형성과 함께 만들어졌다. 카를 슈미트의 지적대로 이 세계 시장의 형성을 지지하고 서구 국가들의 침략/진출을 정당화한 담합의 논리는, 근대 국제법인 유럽공법에 새겨진 선점occupation의 법리와 해전海戰 자유의 법리(해전국제법)였다. 선점의 법리란, 서구 국가들(의 구성원)이 주권의 이름으로 유럽 외부의 '무거주지無主地'에서 비전투원(선주민)과 그 공유재를 '자유롭게' 처분·포획하는 것을 정당화하는 논리다. 또한 해전 자유의 법리란, 서구 국가들이 주권의 이름으로 해상의 비전투원과 그 사유재산을 '자유롭게' 처분·포획하는 것을 정당화하는 논리다.[7]

대영제국사 연구자인 마쓰이 도루松井透의 지적대로, 16세기에 시작되는 세계 시장의 형성은 단지 '서구 중심의 생산력 발전에 따른 부수적 현상'이 결코 아니다. 오히려 세계 시장은 '신대륙'을 포함하는 섬들이나 바다에서의 유럽 세력의 '무리無理·무법'의 지지를 받아 만들어진 것이다.[8] 말할 것도 없이 이러한 세계 시장의 '무리·무법'을 뒷받침한 체제가 바로 유럽공법이었다.

여기에서 우선 중요한 것은, 비전투원의 살상·포획이나 사유재산의 파괴·취득을 원칙적으로 금지한 유럽공법의 육전陸戰 국제법이, 유럽공법 외부에 있는 '육지'에는 적용되지 않았다는 사실이다. 유럽 외부의 '육지'에서는, 비전투원 공격·포획이나 토지, 천연자원을 포함하는 그들의 공유재 취득이, '바다' 일반에 적용되는 해전국제법과 동일한 논리에 의해 암묵적으로 정당화되고 있었다. 즉, 식민지주의 전쟁의 국제법적 주체는 유럽공법 속에서 주권자로 인정되는 세력에 한정되었다. 그리고 주권(국가)을 갖지 않는(다고 간주된) 사람들은, 점령이라는 '전쟁 상태'의 한복판에 놓여 있을지라도, 전쟁의 주체로 여겨지지 않았다. 말하자면 유럽의 정체성은, 유럽공법에 의해 국제법의 주체가 될 자격을 인정받은 주권국가라는 자칭과 정확히 겹친다.

더 중요한 문제는, 유럽 주권국가가 선점의 법리와 해전 자유의 법리를 만든 목적 중 하나가, '무주지'와 '바다'를 둘러싼 분쟁이 유럽 내부로 파급되는 것을 억제하기 위해서였다는 점이다. 즉, 그 목적이 식민지주의 전쟁이 유럽 내부로 부메랑처럼 돌아올 것을 방지하는 데 있었다는 것이다. 이 제멋대로의 논리가 바로 잘 알려져 있는 제한전쟁론이다.[9] 확실히 슈미트는 유럽중심주의자였고, 육전국제법＝유럽대륙법을 옹호했으며, 해전국제법＝영미법을 혐오한 것으로 알려져 있다.[10] 하지만 슈미트는 자신의 학문적·정치적 의도와 무관하게, '의사대륙' 의식으로서의 유럽(이 유럽에는 슈미트가 혐오한 영국이 포함된다)이라는 정체성이 전 세계 바다와 섬들을 침략/진출하는 과정에서 만들어졌음을 폭로해버린 셈이 되었다.

그리고 아이러니하게도 근대 사회과학의 주류가 된 정치경제학의 이론적 모델은, 세계 시장이나 자본주의의 중추로 간주되어온 잉글랜드의 브리튼이라는 장소다. 즉 무인도(실제로는 무인도가 아니었지만)에 자본주의와 식민지주의의 축소세계를 만든 바로 그 로빈슨 크루소의 고향도 바로 섬이다. 그럼에도 불구하고, 질 들뢰즈가 젊은 시절에 말했듯, 근대세계에서 브리튼 섬 주민만큼 자기의 발밑이 섬이라는 사실을 잊어온 사람도 없을 것이다.[11] 또한 근대 사회과학의 방계인 사회학 이론 모델이 근대화의 준거점으로 삼은 대륙 유럽을 두고, 한스 M. 엔첸스베르거는 이를 '유럽 반도'라고 불렀고, 최근에 마시모 카치아리는 '유럽 군도'라고까지 부르고 있다.[12]

그 브리튼 섬을 중심으로 16세기부터 18세기에 대서양 세계로 확장된 세계 시장을 저변에서 지지한 이들은, 카리브 해의 섬들을 중심으로 즐비했던 플랜테이션에 연행된 노예들이었으며, 플랜테이션에서 생산한 농산물이나 노예를 상품으로 운반했던 상선의 선원들이었다. 19세기가 되면 세계 시장의 전선前線은 태평양 세계로 이동하는데, 그 저변을 지지했던 이들은, 당시의 국제 상품인 고래기름 채취를 위해 태평양을 오간 포경선 선원들과 남태평양 섬 플랜테이션의 계약 노동자들이었다.

세계 시장의 전선/저변에 놓인 플랜테이션이나 외양범선 같은 '섬들'은 계급적 명령 계통과 인종주의로 뒤얽혀 있었다.[13] 이 '섬들'은 감시와 협박이 다반사에, 체계적 노무관리가 이루어진, 근대적 노동과정의 원형이 된 분업적이고 수용소적인 공간이었다. 동시에 이 '섬들'은 세계 최초로 복수문화적인 접촉과 혼효가 널리 이루어지고, 사보타주나 노마드적 도망자의 파업 및 생산관리 투쟁 등, 근대의 '가지지 못한 자들(프롤레타리아)'의 저항 방식이 처음으로 동시다발적으로 존재했던 협동적이고 집합적인 공간이기도 했다.[14]

한편, 세계 시장의 전선/저변에 있었던 선원들은 범선의 디스토피아에서 탈출하여 삶과 성性을 자주적으로 관리하는 유토피아를 섬에서 꿈꿨다. 실제로 섬은 뱃사람들이 전통사회의 밑바닥으로 밀려가 어떻게든 생존할 수 있는 곳이었다. 또한 뱃사람에 의해 전통사회가 파괴되고 지배된 동시에, 뱃사람들이 전통사회의 공백 지대에 아나키적 자율 공간을 만든 곳이기도 했다. 이렇듯 다양한 역사과정을 거친 섬들은, 범선의 로빈슨들이 이합집산하는 복수문화적인 접촉과 혼효가 이루어진 장소였다.

현재 일본의 주권하에는 6000개 이상의 섬이 있다. 하지만 이 군도에 사는 많은 사람은 자신의 발밑이 섬인 것을 까맣게 잊고 있다.

19세기 후반, 3대양에서는 외양범선의 시대가 끝나고 증기선의 시대가 도래했다. 그리고 20세기 초엽까지 북태평양 섬 대부분은 증기선 중심의 해군력을 바탕으로 한 미국과 일본, 두 신흥 제국에 편입되었고, 태평양 지역에서도 제국에 의한 분할이 거의 완료되었다. 1870년대 일본의 '사할린樺太·지시마千島 섬 교환 조약' '오가사와라 섬 회수' '류큐 처분' 그리고 세기 전환기에 미국의 하와이 제도와 섬, 필리핀 제도 점령 등을 거치며, 제1차 세계대전에서 일본이 미크로네시아를 점령하기까지가 이 과정에 속한다. 3대양 섬의 대부분은 유럽과 일본의 과잉 인구의 '배출구'로, 또한 군사적·경제적 침략/진출의 '징검돌'로 이용된 것이다.

'의사대륙'으로서의 유럽 의식은 근대 일본에서는 내지內地 의식이라고 할 '의사대륙' 의식으로 이식되었다. 다른 곳에서도 다룬 바 있지만, 본디 내지라는 표현 자체가 섬이라는 사실을 망각하게끔 하는 언어적 효과를 갖고 있다.[15]

일본의 근대 사회과학 역시 바다와 섬들을 조망하는 '의사대륙'의 학문으로 발전해갔다. 그런 학문적 상상력의 중추가 된 것도 유럽에서 이식된 식민정책학, 즉 식민지 통치를 위해 편성된 종합적 인문사회과학이다. 나중에 '일본 민속학'의 창시자로 저명

해진 야나기타 구니오柳田國男가 젊은 시절 농업 행정관료로서 이에 깊이 관여한 것은 잘 알려져 있다. 식민정책학은 식민지 개발을 사회정책과 연결시키면서 '가지지 못한 자들(프롤레타리아)'의 이동을 회로로 삼아 제국 규모의 과잉 인구 문제를 해결하거나 치안을 관리하고자 했다.[16] 이 학문은 중세에 내지에서 섬을 따라 '남양'으로 '해외웅비'했던 '해민海民'을 칭송했고, 동시대 일본 제국의 침략/진출을 정당화한, 이른바 해국사상과도 맞닿아 있었다.

'대동아'를 꿈꾸고 태평양 세계로 팽창한 제국이 패전하고 해체된 뒤에도 이러한 상상력의 회로는 해체되지 않았다. 많은 '일본인'은 내지가 섬인 것을 잊고 있다. 그리고 미국이 주도하는 냉전 질서에 편승하여 구 '대동아공영권' 지역으로 경제적 재진출/침략을 도모한 일본의 의사대륙적 (무)의식을 나타내듯, 패전 이후에도 '해양국가' '해민'과 같은 언설은 반복된다.[17] 무라이 오사무村井紀도 언급했듯, 식민정책학자였던 야나기타가 패전 후 말년에 '해국사상'의 경로를 반전시킨 것처럼, 그가 민속학자로서 일본 문화의 기원을 '남쪽 섬' '남방'에서 찾는 『해상의 길』을 쓴 것은 매우 상징적이다.[18]

일본제국의 세력권을 빼앗아 서태평양의 군사적 패권(헤게모니)을 쥔 미국은, 옛 '대동아공영권' 지역 가운데 '식민지 없는 제국주의 국가'로서의 특권적 지위를 일본에 부여한다.[19] 그리고 동시에 미국은, 일본이 제멋대로 동쪽의 소련이나 중국 혹은 한국이나 북한과 화해하지 못하도록, 또한 오키나와를 비롯한 일본의 미군 주둔권을 계속 정당화하기 위해서, 미나미치시마南千島 군도-남쿠릴 군도, 센카쿠 제도-댜오위다오 등, 옛날 일본이 제국적 헤게모니를 확립하는 과정에서 병합된 바 있는 섬들에 영토분쟁의 불씨를 키웠다.[20] 냉전 질서 속에서 횡재나 다름없는 경제적 헤게모니를 누렸던 많은 일본인은, 21세기 들어서도 냉전적 사고 회로에서 전환이 가장 늦은 '냉전 갈라파고스'(이때의 '갈라파고스'는 일본에서 만들어진 비즈니스 용어다)로, 상상의 '섬'으로 일본을 자위적으로 폐쇄시켰다. 그리고 현실 속 섬들의 영유권 문제가 불거질 때마다 동아시아인에 대한 적개심과 함께 일본의 옛식민지 출신자(의 후손)에 대한 퇴행적 인종주의를 반복적으로 드러내고 있다.

내 주된 관심은 19세기부터 현대까지 전개된 세계화 과정에서, 도서사회나 해양세계를 거점으로 살아가는 사람들이 세계 시장, 주권국가, 국민국가, 근대법 같은 근대적 장치들의 힘에 휘말려들면서 어떻게 살아남았는지에 있다. 주요 연구 대상 중 하나는, 도쿄 도심에서 남쪽으로 약 1000킬로미터 떨어진 서북태평양에 위치한 지치지마父島 섬과 하하지마母島 섬, 그리고 그 주변 섬들로 이루어진 오가사와라 제도다. 나는 대학원생이던 20세기 말부터,

오가사와라 제도가 일본에 병합되기 전 이 군도에 정착한 사람들과 그 자손들의 150년이 넘는 근대 경험을 문헌 자료 조사나 인터뷰 등을 통해 연구해왔다.[21]

또한 지치지마 섬에서 약 250킬로미터 남쪽에 있는 이오 섬과 기타이오北硫黃 섬으로 이루어진 이오硫黃 열도(가잔 열도, 영어명 Volcano Islands) 역시 최근 연구 대상으로 삼고 있다.[22] 현재 이오 열도에는 민간인 거주지가 없지만, 예전부터 이오 열도에 살았던 사람들이 어떤 일들을 겪어왔는지를 테마로 문헌 자료 조사나 인터뷰를 해왔다.[23]

이 책에서는 오가사와라 제도와 이오 열도의 명칭을 구분해서 사용한다. 두 제도 모두 행정구역상 현재 도쿄도 오가사와라 촌村에 속한다. 행정 용어상으로는 두 제도와 미나미토리 섬을 포함해서 '오가사와라 제도'라고 하는 경우가 많다. 그런데도 두 제도를 구분하는 것은, 지치지마 섬·하하지마 섬으로 이루어진 좁은 의미에의 오가사와라 제도와, 이오 섬·기타이오 섬·미나미이오南硫黃 섬으로 이루어진 이오 열도가 직선거리상 200킬로미터 이상이나 떨어져 있기 때문이다. 또한 역사적 경험이 서로 관련되어 있으면서도 매우 다르기 때문이기도 하다.

오늘날 일본 내에서 오가사와라 제도라는 이름을 들으면 많은 사람이 예의 그 '아름다운 자연' '희귀한 자연' 같은 이미지를 연상한다. 유네스코 세계자연유산에 정식 등록된 것을 계기로, 일본의 미디어에서도 고유 동식물이 풍부하게 서식하는 오가사와라 제도의 아름답고 희귀한 자연에 크게 주목했다.

그러나 아시아태평양전쟁[24] 이후 일본에서, 오가사와라 제도가 근대세계 속에서 겪어온 사회사적 경험은 (두 제도의 시정권이 일본에 반환된 1968년 전후를 제외하고) 주목된 적이 거의 없었다. 세계자연유산에 등록된 직후에는 미디어에서도 국제관계적 측면에서 19세기 오가사와라 제도를 둘러싼 '영유권 문제'라든지, 오가사와라 제도에 '구미계' 선주자가 있었다/있다는 사실 및 페리 제독(매슈 C. 페리)이나 존 만지로中濱萬次郎가 상륙한 섬이었다는 것 등이 '알려지지 않은 에피소드'로 언급되곤 했다. 그러나 이러한 보도 대부분은 일본이라는 국민국가의 중심(도쿄)적 관심에서 오가사와라 제도의 역사적 에피소드를 단편적으로 다루는 데 그쳤을 뿐이다. 이 군도에 살았던/살고 있는 무명한 사람들의 경험은 지금도 여전히 정면에서 다루어지지 않고 있다.[25]

한편, 이오 섬과 관련해서는 많은 사람이 '지상전'의 이미지를 연상한다. 2006년에 개봉한 클린트 이스트우드 감독의 「아버지의 깃발Flags of Our Fathers」과 「이오지마에서 온 편지Letters from Iwo Jima」 등 이른바 '이오 섬 2부작'은 지상전을 제재로 삼았고, 섬의 이미지에 적잖은 영향을 미쳤다.

그 '2부작' 중 이오 섬의 지상전을 지휘한 오가사와라 군단장 구리바야시 다다미치栗林忠道 중위가 내지의 가족에게 보낸 편지를 원작으로 한 「이오지마에서 온 편지」에는 단 하나의 시퀀스에 1944년 시점의 이오 섬 주민과 마을이 등장한다.[26] 「이오지마에서 온 편지」가 이제까지 거의 다뤄지지 않은 사실, 즉 아시아태평양전쟁 시기까지도 이오 섬에 정주사회가 존재했다는 사실을 짧게나마 다룬 것은 분명 의미 있게 평가해야 할 것이다.

하지만 문제는 여기서부터다. 영화에서 미군기 공습을 받고 주민을 내지로 강제 소개시키는 결정을 내릴 때 구리바야시는 "섬 주민은 빨리 본토로 돌려보냅시다"(강조는 인용자)라고 말한다. 그가 이 말을 하던 시점에 이미 이오 열도는 최초의 입식이 시작된 지 반세기가 지났고, 거기에서는 분명 사회생활이 이루어지고 있었다. 그런데도 강제 소개＝강제 이주가 '본토로 돌아간다'고 표현되었던 것이다.

또한 감독은 구리바야시를 '섬 주민'을 '본토로 돌려보내는' 조치를 결단한 인도적 존재로 그리고 있지만, 한편으로 강제 소개 대상에서도 제외되는 이오 섬의 주민들, 즉 지상전에 동원된 103명의 이오 섬 주민의 존재는 영화에 등장하지 않는다.(기타이오 섬에서는 지상전에 동원된 주민이 없었다.)

또한 「이오지마에서 온 편지」에 등장하는 일본군은 매우 노골적으로, 이 섬에 사회가 있다/있었다는 사실을 지우는 말을 내뱉는다.

"젠장, 이놈의 섬, 양키식으로 해버리자고. 아무 것도 살 수 없고, 먹을 것도 없고, 덥고, 벌레뿐이잖아. 게다가 물도……."

"이 섬은 신성한 국토의 일부잖아."

"뭐가 신성해? 이놈의 섬. 차라리 이런 섬은 미국에 줘버리자고. 그래야 집에 돌아갈 수 있으니까."

클린트 이스트우드의 영화뿐만 아니라 일본 안팎에서 나온 이오 섬 '전쟁' 혹은 '전후'에 관한 기존 저작이나 영상 대부분도, 섬 바깥(주로 일본 내지와 미국 본토)으로부터 동원되어 지상전에 참가한 전투원의 경험에만 초점을 맞추고 있다. 그런 작품도 분명 의의는 있지만, 사회적 영향을 무시할 수 없는 이런 '전쟁물'에서 이오 섬 주민의 경험은 거의 엿볼 수 없다. 이오 열도에 1944년까지도 정주사회가 존재했다는 것, 지상전에 동원된 이오 섬 주민의 대부분이 죽었다는 것, 그리고 강제 소개의 대상이 된 주민(의 자손)들이 지금도 고향에 돌아가지 못하는 디아스포라(고향 상실·이산) 상태에 있다는 것[27]은 지금까지 일본 내에서도 거의 알려지지 않았다.[28]

나는 이 책에서 오가사와라 제도와 이오 열도에 살았던/살고 있는 사람들이 태평양 세계에서 겪어온 경험에 초점을 맞추면서 이들 군도로부터 '근대의 정점定點을 관측'해보고자 한다. 좁은 의

미에서 그 대상은 서북태평양의 지극히 제한된 영역으로, 거기에 떠 있는 작은 군도다. 이것은 우선 내 능력적 한계 때문이기도 하지만, 한편으로 이들 군도로부터 '정점 관측'을 하는 것이 그 나름의 적극적인 의미를 띠기 때문이기도 하다.

오가사와라 제도나 이오 열도는 오랫동안 무인도였고, 특히 서북태평양·동아시아에 세계화의 파도가 밀어닥친 최초 시기, 즉 근대가 시작되면서 처음으로 사람이 살기 시작한 군도다. 따라서 이들 섬은 이미 전통적인 사회제도나 전근대적인 국가 체제가 존재했던 다른 많은 섬과 다르고, 해양 세계화의 전선前線에서 이름 없는 사람들의 격투가 매우 첨예하게 나타난 영역이다. 그 후에도 오가사와라 제도, 이오 열도의 사람들은 아시아태평양 세계에서 세계화와 식민지주의에 계속 노출되어 있었다. 그리고 그들은, 세계 시장·자본제나 주권국가·국민국가·제국과 같은 근대적인 장치들이 초래하는 힘에 농락당하면서, 동시에 대륙(혹은 내지라는 '의사대륙')을 중심으로 근대를 파악할 때는 파악되지 않는 유동적이고 자율적인 삶의 궤적을 줄곧 그려왔다.

이 책은 세계화와 식민지주의의 전선에서 유토피아와 디스토피아를 겪어온 작은 군도를 통해 '근대의 정점 관측'을 하려는 시도, 말하자면 작은 군도의 눈으로 아시아태평양 세계의 근대를 다시 쓰려는 시도다.

제1장

세계 시장과
군도의 경제

바다
노마드의
자주적
관리 공간

群島の歴史社會學

해적들은 해상에서 다른 배에 신호를 보낼 때,
자신들이 국가로의 귀속을 거부하고 있음을 강조하며
꼭 다음과 같이 표명했다. "우리는 바다에서 왔다!"[1]

근대 일본은 서북태평양의 섬들을 수중에 넣고 '바다에서 온' 사람들로 보충하면서 형성되었다고 할 수 있다.

오가사와라 제도는 도쿄 도심에서 남쪽으로 약 1000킬로미터, 그리고 미크로네시아의 북마리아나 제도 최북단 유인도인 파간 Pagan 섬에서 북쪽으로 약 1000킬로미터(사이판 섬에서 북쪽으로 약 1400킬로미터) 떨어진 곳에 위치하고 있으며, 현재 일본의 주권 아래 있다. 이미 언급했듯 이 군도는 19세기 초까지 사실상 무인도였고, 주민 모두가 이주자와 그 자손으로 구성되어 있다. 막번幕藩 체제에서 무인도(부닌 섬)라는 말은, 일반명사인 동시에 고유명사로서 오가사와라 제도(무인도)를 가리키기도 했다.

현재 일본 주권하에 있는 섬 중에서 원래 무인도였다가 19세기 이후에 입식入植이 이루어진 사례는 여럿 있다. 오키나와 류큐沖繩 섬과 지치지마 섬父島 사이에 위치한 '다이토大東 제도' 이즈伊豆 제도의 하치조八丈 섬과 오가사와라 제도의 하하지마 섬 사이에 위치한 '도리시마鳥島 섬'(현재는 무인도), 그리고 '이오 열도'를 비롯한 여러 섬이 그렇다. 그런데 이들 대부분은, 일본 정부나 부현府縣의 허가를 받은 민간의 개인이나 사업자가, 내지에서 돈벌이 이주자를 보내 개발을 진행했다는 점에서 유사하다.

오가사와라 제도도 1875년 일본의 본격 병합 이후 내지로부터 많은 사람이 이주했지만, 그 이전부터 이주해 살았던 사람들은 대부분 '바다에서 온' '외국' 출신자였다. 그들은 일본 국가에 보충된 '바다에서 온 일본 국민'이 된 것이다.

그들은 왜 '바다에서 온' 것일까. 바다에서 온 사람들은, 어떤 상황에 처해 있었고, 어떻게 살아남고자 했을까. 이런 물음에 답하려면 의외로 시야를 넓힐 필요가 있다. 그러므로 이번 장에서는 우선 19세기 서북태평양의 작은 군도에 바다에서 온 사람들의 내력을, 16세기에서 19세기에 걸쳐 외양범선을 동력으로 전개된 '바다'의 세계화 속에서 살피고자 한다. 미리 말해두자면 오가사와라 제도는 4세기 동안 외양범선이 확장해온 '바다' 세계화의 파도가 가장 나중에 도달한 군도 가운데 하나다.

18세기, 대서양: 수용소로서의 범선, 독자적 관리 공간으로서의 해적선

16세기부터 18세기에 세계 시장의 프런티어는 대서양 세계Trans-Atlantic World에 있었다. 이 시기 대서양 세계 시장을 지지한 것은, 당시 국제상품인 금, 은, 설탕, 담배, 총화기銃火器나 사람-노예의 운반선 혹은 사략선私掠船이나 군함에서 활동한 외양범선의 선원들이었다.[2] 사략선은 특정 국가에서 나포 인허장을 발부받아 적대 세력(경우에 따라서는 중립 세력도 포함)의 상선을 약탈하는 선박이다.[3]

특히 외양범선의 노동 현장에는, 17세기 중반 이후 브리튼 섬의 런던을 중심으로 한 상업경제의 급속한 확대와 인클로저 때문에 공유지-경작지에서 쫓겨난 사람들, 빚더미에 오른 사람들, 노예나 다름없는 계약 노동자가 된 사람들, 아프리카에서 강제 연행된 노예들, 그리고 유럽 세력의 침입으로 생계 기반을 빼앗긴 카리브 해역 및 남북 아메리카 대륙의 선주민들이 대대적으로 끌려왔다.

당시 유럽 주권국가의 보호 아래 있던 범선의 상급 선원(선장이나 항해사)은, 해사재판소海事裁判所(고등해사재판소·부副해사재판소)의 권위에 힘입어 항해 전반에 강한 재량권을 갖고 있었고, '항해 질서를 교란했다'고 간주된 승무원에 대한 처벌권도 갖고 있었다. 따라서 상급 선원들은 하급 선원들에게 엄격한 규율을 부과했고, 의식주 관련 공급의 대부분을 장악했으며, 종종 위협이나 폭력을 행사하기도 했다.

17~18세기 상선 선원의 대부분은 엄청난 저임금, 엄격한 규율, 열악한 음식과 거주 환경에서 일했다. 현재 캐나다 동남부의 대서양 앞바다에 위치한 뉴펀들랜드를 거점으로 한 어선의 승무원 중에는, 허황된 고용 조건에 낚여 대서양을 건너온 잉글랜드 서부 출신의 계약 노동자가 많았고, 그들은 중노동과 저임금에 시달렸다. 해군의 선원은 특히 전시에는 상선 못지않은 저임금을 받았고, 규율이나 구속 기간도 상선보다 더 엄격했기 때문에 이탈자·도망자가 끊이지 않았다. 하지만 18세기까지 영국 해군은 징집제로 선원을 강제 보충할 수 있었다. 사략선의 선원은, 상선이나 해군의 선원에 비해 상대적으로 수입이 높았고 음식이나 주거 환경도 좀더 나았으며 규율이나 노무 이동도 해군에 비해 느슨했기 때문에 당시 선원들 사이에서는 인기가 높았다. 하지만 역시 개중에는 상선이나 해군만큼의 가혹한 노동과 규율을 강요하는 사략선장도 있었던 것 같다.[4]

이런 범선이라는 '섬들'은, 마커스 레디커가 대서양 역사/해적사 연구의 금자탑이라고도 할 수 있는 『악마와 깊고 푸른 바다 사이에서: 상선 선원, 해적, 영-미의 해양세계, 1700~1750』에서 적확하게 지적했듯, 감시·위협과 인종주의 등의 '폭력 문화'에 기반한 전제적 시설total institution이었다.[5] 레디커가 직접 언급하지는 않지만, 이때의 'total institution'은 어빙 고프먼의 용어를 빌린 것이다. 주지하듯 고프먼은 형무소, 강제수용소, 포로수용소, 정신병원, 결핵요양소, 한센병 요양소, 수도원 등을 염두에 두면서, 피수용자와 외부의 사회적 접촉이 차단되고 피수용자의 일상생활 전반이 통제되는 수용 시설을 '전제적 시설'이라고 명명했다.[6]

16~18세기에는 환대서양 규모로 '육지'의 본원적 축적과정이 진행되었다. 이때 '가지지 못한 자들(프롤레타리아)'이 된 이들은 범선의 노동현장으로 밀려났는데, 이곳은 '바다'의 본원적 축적과정의 최전선, 즉 최초 세계 시장의 가장 밑바닥에 놓인, 대서양의 수용소적 공간이었던 것이다.[7] 또한 범선에서는 계급적 명령 계통에 따라 체계적인 노무관리가 이루어졌고, 다수의 노동자가 기계장치에 종속되어 복잡한 작업을 협동해서 하는 장이었다. 이런 의미에서 범선은 근대적인 공장제 기계공업 노동 형태의 원형이 된 분업적 공간이기도 했다.

동시에 범선이라는 '섬들'은 최초의 세계 시장 전선前線이었다. 따라서 세계에서 처음으로 광범위한 사람들의 노동을 둘러싼 다문화적인 접촉과 혼효가 이루어진 협동적 공간이기도 했고, 또한 근대적 노무관리에 대한 각종 저항 형식이 처음으로 만들어지는 집합적 공간이기도 했다. 사보타주, 파업, 생산관리 투쟁(노동자가 생산과정을 주체적으로 관리하려는 운동)과 같은 '프롤레타리아'에 의한 집합적 저항의 형식도 선원들의 노동 현장에서 조직되어 나온 것이기도 하다. 예를 들어 레디커에 따르면 파업이라는 말을 처음 집합적·의식적으로 사용한 것은, 1768년 런던에서 선주들에게 대항해 동맹파업을 한 선원들의 노동쟁의 때였다고 한다.[8]

수탈적인 노동과정에서 살아남기 위해 선원들은 절대적으로 비대칭적인 힘의 관계 속에서도 상층 선원들과 끈질기게 교섭했다. 그들은 선장들의 자의적 폭력 금지, 저임금 개선, 음식에 대한 접근 개선, 거주 환경 개선, 공간 이용권 확대 등을 위해 사보타주, 파업, 도망, 반란, 생산관리(지휘권의 일부 혹은 전부를 탈취) 같은 각종 개인적·집단적 저항을 꾀했다.[9] 레디커는 그런 시행착오 과정에서 선원들이 향상시키고자 했던 '삶의 질quality of life'을 '사회적 임금social wage'이라는 지표를 통해 고찰한다.[10]

'사회적 임금'을 높이기 위해 선원들이 택한 방법은, 단적으로 기항寄港 때나 해적에게 포획됐을 때 선상 노동현장에서 이탈하거나 도망치는 것이었다. 이것은 카리브 해 섬들에 연행된 노예나 계약 노동자들이 플랜테이션 노동과정에서 사보타주, 도망, 자해, 자살, 반란, 춤 같은 방식의 저항을 보인 의미에 대해 깊이 천착한 가브리엘 안티오프의 다음과 같은 말을 강하게 환기시킨다. "도망이야말로 카리브 해 지역 노예의 일상 속 질서에 뚜렷하게 기록된 유일한 사상이다."[11]

플랜테이션에서 도망쳐 살아남은 노예들은 카리브 해역이나 라틴아메리카의 각지에 '섬들'과 같은 마룬maroon이라 불리는 독자적 관리 영역을 만들었다. 나아가 그들 중 일부는 17세기 중반에 카리브 해역에서 활동한 버커니어스buccaneers[신대륙의 에스파냐 식민지를 약탈했던 모험가 출신의 해적들]라 불리는 해적들에 합류했다. 18세기의 대서양 해적선에도 도망 노예나 아메리카의 선주민이 종종 승선했다고 한다.[12] 대서양 해상의 전제적全制的 시설=수용소적 공간인 외양범선의 노동현장. 그리고 육상의 전제적 시설=수용소적 공간인 플랜테이션의 노동현장. 이 두 장소에서 비슷한 저항의 모습이 동시다발적으로 생겨나고 공명한 것이다.

그러나 해상 노동자가 육상 노동자와 조금 다른 것은, 다시 레디커의 말을 빌리면 '자율적 이동성autonomous mobility'을 무기로 삼아 살아남았다는 점이다.[13] 선원들은 조금이라도 더 좋은 대우를 요구했고 기항지나 군함, 상선, 어선 혹은 사략선, 때에 따라서는 해적선 사이를 오가면서, 확장하는 세계 시장의 파도에 몸을 실었다. 그들은 이동하는 범선들보다도 더 원심력적으로 움직인 것이다.

그리고 이런 해상 이동민들의 궁극적 저항과 자율의 형식이 바로 '해적이 되는 것Becoming Pirates'[14], 즉 범선이라는 '섬들'을 선원의 독자적 관리 공간으로 바꿔가려는 생산관리 투쟁이었다.[15] 실제로 당시 대서양에서 해적이 된 사람들은 대부분 상선, 군함, 사략선, 어선 등의 선원 출신이었다.

대서양 세계에서 범선의 생산관리 투쟁으로서 해적의 전성기는 18세기 초반에 찾아왔다. 18세기 초 스페인 계승 전쟁이 끝나고, 영국을 비롯한 유럽의 각 나라가 사략선의 활동을 제한하기 시작하면서, 사략선 노동현장에 끌려온 사람들이 실업자가 되고 버려졌기 때문이다.

해적들은 대개 난폭한 선장에 대항해 반란을 일으켜 지휘권을 빼앗거나 다른 배를 약탈해서 해적선을 만들었다. 18세기 초반 해적 생활사에 관한 꽤 정확한 기록으로 학술적으로도 인정받는 찰스 존슨의 명저『가장 악명 높은 해적들의 약탈과 살육의 역사』에 묘사되듯, 당시 해적들은 이전보다 훨씬 더 거리낌 없이 약탈했다. 그런 동시에, 자신들의 군함, 상선, 어선, 사략선의 권위주의적이고 계급적인 질서를 부정하며, 반권위주의와 평등주의를 축으로 하는 새로운 질서와 문화를 지향하는 경우가 많았다. 우리는 하월 데이비스나 바살러뮤 로버츠 등의 유명한 해적선장의 이름과 함께 이런 질서와 문화에 대해 몇 가지를 알고 있다.

당시 많은 해적선은 문명화된 협정서를 제정했다. 그리고 약탈한 것의 배분 문제, 선내나 기항지에서 선원의 권리와 의무, 선원의 복리후생 등의 기본 사항을 정해놓고 있었다. 많은 경우, 선장은 선원들의 선거로 임명되었고, 선원의 뜻에 따라 수시로 해임되었다. 선장은 전시에는 절대적 권한을 부여받았지만, 평상시에는 그 권위나 특권의 대부분 또는 일부분을 누릴 수 없었다. 또한 선원들은 선장의 지위가 특권화되지 않도록, 식료나 생활 자원이 공평하게 배분될 수 있게 관리하는 보급장교quartermaster를 선출했다.

나아가 생산수단인 해적선은 선원들의 공유재가 되었고, 약탈물이나 항해 및 전투 등의 위험도 꽤 공평하게 분배되었으며, 출신이나 피부색에 따른 차별도 사라져갔다. 획득한 것을 분배할 때에도 선장이 가져가는 비율은, 상선·어선 등과 달리 일반 선원의 고작 1.5~2배 정도에 그쳤다.[16]

존슨의 책에는, 해적선에 포획된 배의 선원들에게 원하는 자는 받아들여주겠다고 하자 가혹한 처우에 시달린 많은 선원이 자진해서 해적선에 올라탄 사례들이 기록되어 있다. 해적 선원들은 포획한 상선이나 군함의 선장을 살해하거나 쫓아낸 뒤, 선원들에게 적하積荷와 지휘권을 부여해 그들을 해방시키는 경우도 있었다. 또한 포획한 배의 선원들이 거부한 선장은 처형하거나 무인도에 유기하는 등 혹독하게 처벌하기도 했지만, 선원들의 지지를 받는 선장의 경우는 배를 빼앗거나 파괴하지 않고 몇 명의 선원을 식량과 함께 풀어주거나, 다른 배에 태워 석방하는 등 비교적 관대하게 처리하기도 했다.

해적들은 예전에 자기들을 혹사시킨 상선, 특히 노예무역선을 주요 표적으로 삼았다. 해적들 중에는 노예무역에 손대는 자도 있었던 반면, 포획한 상선에 타고 있던 노예들을 해방시키는 자도 적지 않았다.[17] 이처럼 해적들은 개인적 복수심을 충족시키면서 동시에 대서양 세계에서 범선의 노동 환경을 개선시키기도 했다.

피터 리슨은 경제학적 해적론인 『보이지 않는 후크, 보이지 않는 해적의 경제학』에서 존슨의 저작이나 레디커 등의 연구 성과에 의거하면서도, 18세기 대서양 세계에서 해적의 행동이나 해적선의 질서는 민주주의나 평등주의의 산물이 아닌 경제학적 합리성으로 일관되었다는 흥미로운 분석을 보여주고 있다. 리슨은 한 예로, 상선의 경우 선주가 선박을 공유하고 선장에게도 부분적으로 출자하도록 하는 소유 형태였는데, 이때는 항해 중 이익을 최대화하는 것이 목표이기 때문에 선장은 계급적·수탈적으로 행동할 수밖에 없었다고 한다. 그러나 이에 비해 해적선은 선원이 공동 소유하는 형태였기 때문에 계급적 평준화와 힘의 분산이야말로 이익의 최대화와 관련될 수밖에 없었고, 결과적으로 선원들 사이의 차별도 별로 없었다고 설명한다.[18]

확실히 레디커의 분석은, 당시 대서양 해적들의 반권위주의와 평등주의적 성향을 '선원들에게 공유된 에토스'로 뭉뚱그려 일반화·낭만화할 위험이 있다.[19] 이 점에 대해서는 지금 일본에서 대서양의 사략, 해적 연구의 일인자인 사쓰마 신스케薩摩眞介의 말대로, "평등주의의 경향을 띠었을지언정 해적의 최대 목적은 무엇보다도 사략이고, 경제활동의 측면을 벗어나서는 해적 행위를 이해할 수 없다"는 점을 유의해야 한다.[20]

그러나 동시에 세계 시장의 저변에 놓인 사람들 사이의 경험적인 수맥이 그런 '에토스'의 형성을 가로지르고 있다는 점도 인정한다. 왜냐하면 승선한 이들의 해적 행위 역시, 범선의 선원들이 살아남기 위해 도망, 사보타주, 파업 등으로 저항한 것과 관련되는 하나의 실천 양식이기 때문이다. 해적들의 반권위주의·평등주의는, 세계에서 처음으로 조직화된 복수문화적이고 협동적인 노동 현장에서 권위주의와 계급적 격차를 없애고자 시행착오를 겪은 선원들의 집단적 투쟁 방식에 뿌리를 두고 있는 것이다.[21] 해적들이 지향한 새로운 질서는, 세계 시장의 전선에 놓인 전제적全制的 시설에 만연한 '폭력 문화'에 대항해서 만들어진, 정확히 사회학적인 의미에서의 '서브컬처'였다.[22]

이렇게 해적들은 대서양 규모로 동시다발적 새로운 질서를 지향했는데, 1720년대에 들어서면서 영국에서의 해적 탄압은 극에 달한다. 그럼에도 피터 라인보와 레디커가 공저 『히드라: 제국과 다중의 역사적 기원』에서 설득력 있게 묘사하듯, '해적이 됨'으로써 저항과 자율의 궁극적 형태를 발견한 선원들의 서브컬처인 '섬들'은, 대서양 세계 노예들의 서브컬처인 '섬들'과 공명했다. 이것은, 국민nation／인종race／시민권citizenship 등의 분절에 의해 구별되지 않는 보편적인 '자유'나 '평등' 개념 그리고 '인권' 개념의 생성에 큰 역할을 했다. 그리고 18세기 후반에 시작되는 미국 혁명, 이어 19세기 초까지 서구에서 동시다발적으로 일어난 혁명의 과정에서 잠재력을 발휘했던 것이다.

라인보나 레디커의 논의에서 알 수 있듯 '자유' '평등' '인권' 같은 보편적 개념의 원천은, 서구 철학자들이 '위로부터' 주도한 계몽사상에서만 찾을 수 있는 게 아니다.[23] 앞서 이야기한 존슨의 해적론은 18세기 서구세계에서 꽤 많이 팔렸다. 그리고 국가에 의해 교수형에 처해진 해적 일부는 영웅 주인공으로 민중 사이에서 구전되었다. 이것은 소위 본원적 축적과정에서 토지의 상품화(생산자의 생산수단으로부터의 분리)나 노동력의 상품화(생산수단의 소유자에 의한 노동 생산물의 사적 소유)라는 '악마의 맷돌'(칼 폴라니)에 휘말려 들어갔다.[24] 그리고 자신들의 공유재를 빼앗긴 '육지'의 '가지지 못한 자들(프롤레타리아)'에게는, 세계 시장의 전선／저변에서 해적선이라는 공유재를 만들어낸 '바다'의 '가지지 못한 자들'의 '섬들'이, 해방에 대한 희망을 꿈꾸게 한 '아래로부터'의 경험적·사상적 기반이기도 했음을 의미하고 있다.

19세기, 태평양: 수용소로서의 범선, 독자적 관리 공간으로서의 군도

그 후 18세기 후반부터 19세기 초, 서구의 식민지 획득 전쟁이나 유럽·미국 대륙의 (반)혁명전쟁 과정에서 사략 행위가 활발해졌다. 그러나 재니스 톰슨도 정리하듯, 19세기 들어서자 대서양 세계의 유럽 각국은 정규 해군력을 확대했고, 사략 인가장(나포 인

가장)을 발행함으로써 위탁 해군력을 급속히 감축했다. 특히 정규 해군을 대폭 증강하고 있던 영국이나 프랑스는 사략선 활동이나 해적 행위를 적대시하기 시작했다.[25] 같은 시기의 노예 해방 움직임도 인간이라는 고수익 '상품'을 취급하던 해적 행위의 쇠퇴에 박차를 가했다.

또한, 독립 당시 유럽에 비해 해군력이 매우 열세였던 미국은 1810년대의 미영 전쟁까지는 주로 사략 행위를 통해 해전을 전개하지만, 미영 전쟁이 미국의 사실상 승리로 끝난 뒤에는 서서히 방침을 바꾼다. 이 시기 쿠바(에스파뇰라 섬)나 푸에르토리코 섬들을 거점으로 하는 사략선이 스페인의 묵인을 얻어 카리브 해역을 항해하는 미 국적이나 영 국적 상선을 공격하는 일이 늘어났다. 이에 대해 영미 해군은 스쿠너schooner라 불리는 기동력 높은 최신 종범형縱帆型 범선을 활용하여 조직적인 '해적' 진압 작전을 펼친다. 나중에 도쿠가와德川 막부를 대상으로 개항을 추진하는 젊은 해군 장교 매슈 페리도 이 진압 작전에 참가했는데, 그 결과, 서대서양과 카리브 해역의 '해적' 행위는 1830년대에 거의 종식된다.[26]

한편 태평양 세계에서는 18세기 중반까지 장거리를 이동하는 외양범선이 적었다. 지금의 멕시코 아카풀코에서 필리핀 마닐라까지 은을 운반하고, 마닐라에서 아카풀코로 향신료나 청나라산 비단 등을 운반한 스페인의 갤리언 무역선은 몇 안 되는 예외다.

그럼에도 1780년대에 들어서면 러시아의 수렵 업자가 알류샨 열도를 거쳐 알래스카 태평양 해안까지 갔고, 선주민들과 분쟁을 일으키면서도 해달이나 물개, 비버 등의 모피를 이송하기 시작했다.[27] 그 뒤에는 제임스 쿡이 중국 시장 내 모피의 가치를 유럽에 알렸고, 그 결과 영국의 특허 회사인 허드슨 만 회사도 선주민으로부터 해달 등의 모피를 구입해서 청나라(광둥)에 수출하게 되었다.

　　그리고 18세기 말에는 하와이 섬 호놀룰루를 거점으로 하는 미국 동해안의 상인들이, 북미 대륙의 태평양 해안 수렵민에게서 해달이나 물개, 비버 등의 모피를 구입하여 청나라(광둥)로 이송하고, 청나라(광둥)에서 차나 비단 등의 산물을 미국으로 가져오는 조직적인 장거리 교역을 시작한다. 기무라 가즈오木村和男가 상술하듯 그들 미국 상인들은 특허 회사인 러시아·아메리카 회사(러미회사)를 설립하는데, 선주민과의 분쟁 때문에 모피 교역을 확대시킬 수 없었던 러시아 상인이나, 동인도회사의 대對청 무역 독점권 때문에 원활히 모피 자유무역을 할 수 없었던 영국 상인 세력을 서서히 앞지르기 시작했다. 또한 이 미국 상인들은 미국 동해안(보스턴) – 케이프혼 – 북미 대륙 서해안 – 하와이 제도 – 중국 대륙(광저우)을 도는 외양 선로를 확립한다. '골든 라운드'라 불린 이 항로야말로 태평양 세계 시장의 효시였다.[28] 또한 19세기가 되자 미국 상인들은, 하와이 왕국의 카메하메하 1세[하와이 왕국의 초대 국왕(재위 1810~1819). 1781년 하와이의 추장이 되어 1795년까지 카우아이 섬과 니하우 섬을 제외한 모든 섬을 정복하고, 1810년에 하와이 통합을 이뤘다. 카메하메하 왕조를 창시했고, 외국인과의 통상을 인정하는 등 진보적인 시책을 폈다가 관리하던 향료의 원료가 되는 백단白檀을 매입해서 그것을 광둥에 수출하여 막대한 이익을 얻었다.[29]

북태평양에서 '골든 라운드'가 전성기였던 시기, 남태평양에서는 뉴질랜드를 거점으로 하는 영국 상인들이 코프라(코코야자 과육에서 채취하는 기름)나 나마코 등을 멜라네시아나 폴리네시아의 원주민으로부터 구입하여 구미로 수출하기 시작했다. 특히 코프라는 식용유의 원료로서 당시 국제상품이 된다.

또한, 남태평양에는 미국 동해안의 매사추세츠 주를 모항母港으로 하는 포경선도 진출해 있었다. 그런 포경선은 20~30명용 범선이었는데, 고래를 발견하면 모선에서 작은 보트를 풀어 타고 나가서는 작살로 고래의 힘을 빼고, 힘이 빠진 고래를 모선으로 인양한 뒤 해체하여 기름을 채취하는, 이른바 미국식 포경을 태평양 세계에 가져왔다. 1820년대 들어서면 북태평양에서 '골든 라운드'를 매개로 한 상선활동은 서서히 끝나지만 남태평양에서 향유고래가 전멸하면서 북태평양으로 고래의 주요 사냥터가 이동했고, 태평양 세계 대부분이 상선이나 포경선의 활동 영역이 되었다.[30]

북미 대륙에서 원유가 본격적으로 채유되기 이전에는, 조명용 연료나 기계의 윤활유로 사용된 고래 기름이나 바다표범 기름이 세계 시장의 주요 상품 가운데 하나였다. 그리고 모피의 운반이나 포경 등 태평양 세계에서 교역이나 어업으로 얻은 부는, 19세기 전반 미국에서 발흥하던 공업 생산에 투자될 자본을 공급한다.[31] 세계 시장의 전선은 이제 태평양 세계로 이동한 것이다.

엘모 호면 등이 자세히 설명하듯, 19세기 포경선 선원 사이에는 모선의 우두머리인 선장, 고래 포획 때 모선에서 내보내는 포경용 보트를 지휘하는 3~4명의 항해사 등 노무관리자층, 포경용 보트를 젓는 20~25명의 단순 육체노동자 선원 등 꽤 엄격한 계급관계가 존재했다. 놀라운 것은 선장의 보수가 최하층 선원의 100배에 달하는 등 노임과 관련된 심한 차별이 발생한 사실이다. 또한 노동 내용이나 보수뿐 아니라, 선내에서의 주거 환경이나 식사에 이르기까지 차별은 일상에 만연해 있었다.

당시 포경선의 노동현장 역시 엄격한 계급관계와 '폭력 문화'에 기반한 전제적 시설이었다. 선내에서 의식주 공급을 독점하는 상층 선원이 하층 선원을 다스릴 때에는 온정주의와 회유 뿐 아니라, 공감, 감금, 구타나 채찍질 등의 육체적 폭력도 자주 가해졌다. 좁은 선내에서 하층 선원은, 가학적 쾌락에 목마른 상층 선원이나 동료로부터 따돌림이나 린치를 당하곤 했고, 성폭력에 노출되는 일도 종종 있었다.[32] 19세기 태평양 군함이나 상선의 보수·

노임 환경도 열악했지만, 상선 선원 경험이 한 번이라도 있던 사람은 절대로 포경선에는 타지 않았다고 할 정도로 포경선 선원에 대한 처우는 엉망이었다.[33]

즉, 태평양의 포경선이라는 '섬들'은 19세기 세계 시장에서 본원적 축적과정의 최전선/최저변에 위치하는 수용소적 공간이었다. 또한 동시에 18세기 외양범선에 비해서도 더 글로벌하고 복잡한 기원을 갖는 사람들이 더욱 장기간 좁은 배 안에서 공존하면서 협동하는 복수문화적인 공간이었다. 그리고 19세기의 선원들 역시 조금이라도 더 나은 '삶의 질'을 위해 사보타주나 도망, 반란, 지휘권 탈취, 해적 행위에 이르기까지 각종 저항을 시도했다. 여기에서도 가장 흔한 저항은 앞서 말한 '자율적 이동성autonomous mobility'과 관련될 이탈·도망이었다.

당시 포경선은 고래 기름 착취기를 탑재했고 한 번 항해를 나갈 때마다 2년에서 5년씩 고래를 찾아 순항했다. 그렇기 때문에 땔감, 물·생선 등 식료품의 보급, 선체 점검·수리 등을 위해 기항지가 발달한 곳이 아니더라도 (예를 들어 무인도라 할지라도) 자주 육지에 배를 댈 수밖에 없었다. 포경선의 기항지는 선원들에게 여러 의미를 갖고 있었다. 상층 선원에게 기항지는 선체를 수리하거나 땔감과 물을 보급 받는 장소였다. 그러나 일반 선원들에게는 항해 중에 부족한 신선한 음식, 특히 채소·과일을 섭취할 수 있는 곳일 뿐 아니라, 선내의 각종 노동 규율이나 환경적 제약에서 해방되는 곳이기도 했고, 항해 중에 자유롭지 못했던 음주나 성욕을 충족할 수 있는 기회이기도 했다. 특히 열악한 음식, 거주 환경이나 혹독한 노무관리하에 있던 하층 선원에게 기항지는 일시적으로나마 최고의 해방 공간이었다. 그리고 동시에 노무관리자인 상층 선원 입장에서 보자면 기항지는 하층 선원의 불만을 누그러뜨리는 가스 배출의 장소를 의미하기도 했다.

19세기 중반 태평양 세계에서 포경선의 기항지로 가장 번성한 곳은, 19세기 초까지 '골든 라운드'를 사이에 두고 모피 교역의 중계지로 번성했던 하와이 제도의 호놀룰루다. 호놀룰루를 비롯한 태평양의 기항지에서는 포경선 선원을 상대로 하는 각종 서비스업 특히 매춘업이 두드러지게 발달했는데, 그 때문에 퍼진 성병은 종종 군도 사회에 파괴적인 영향을 끼쳤다.

또한 앞서 말했듯 포경선 선원의 대우는 일반적으로 열악했기 때문에 태평양 섬 등 체포되거나 법적 처리될 리스크가 낮다고 여겨지는 기항지에서는 탈주자가 끊이지 않았다. 19세기 태평양 세계의 선원에게 군도란 가혹한 노동현장에서 (일시적으로) 탈출할 수 있는 결정적으로 중요한 장소였던 것이다.

호먼, 모리타 가쓰아키森田勝昭, 야마시타 쇼토山下渉登 등이 정리하고 있듯, 하층 선원은 기항지에 내리고 싶어도 대부분 선주나 선장에게 빚을 지고 있었기 때문에 하선은 어려운 일이었다. 노동 계약 전에는 빚이 없었다 해도, 항해 중 필요한 용품, 배 안에서의 식사비나 침구비까지도 보수에서 공제했으며 나아가 출항 전 선주와 유착한 업자의 감언이설에 넘어가 고액의 작업복이나 작업 도구를 가불해서 구입한 자도 적지 않았고, 이런 이유로 대부분의 하층 선원이 빚을 지고 있었다. 또한 포경선 선원의 보수는 한 번 항해에서 얻은 고래 기름의 총생산액에 따라 지급되었다.

그렇다 해도 포경선에 승선한 많은 선원은, 붙잡히면 린치에 가까운 처벌을 받을 것을 각오하고 바다 위 '섬들'로부터 필사적으로 탈주했다. 그리고 포경선 측은 이탈자, 탈주자나 사망자로 인해 노동력이 부족해졌을 때 기항지의 섬에서 새로운 승무원을 조달해야만 했다.[34]

19세기 태평양의 섬들에는 포경선·상선·군함에서 도망치거나, 선장에 의해 유기되거나, 난파선에서 표류하거나, 오스트레일리아의 유형지에서 탈옥했던 '백인'이 살고 있었다. 그들은 '비치 코머beach comber' 혹은 '숄러shoaler' '시즈너seasoner' 등으로 불렸다. 오스카 스페이트의 정의를 빌리면 '비치 코머'란 "자발적으로 혹은 어쩔 수 없이 백인사회와 떨어져서, 정도의 차이는 있지만" 언어나 관습을 포함한 섬의 "현지사회에 통합된" 사람이다.[35] 즉 '비치 코머' 대부분은, 섬 안의 사회에 대해 '문명'의 이름으로 유럽 공법의 수용을 강요하지도, 식민지 통치를 목표로 하지도 않았고, '원주민'의 생활 관습이나 언어 등을 포함하여 섬의 사회 질서를 어느 정도 받아들이며 거기에 스며들고자 한 점이 특징적이다.

섬에 상륙한 '비치 코머'들의 운명은 다양했다. 호스트 사회에 제대로 받아들여지면 섬 주민과 섞여 지냈고, 경우에 따라서는 그곳 여성과 결혼해서 정주하기도 했다. 현지의 왕이나 수장들에게 빌붙는 능력이 좋거나 총포·노예 등 희소 상품 및 다국어 능력을 제공할 수 있는 몇몇은, 기항하는 구미 선박의 선원 안내인, 교역 브로커, 노동력 모집인 등으로 활동하면서[36] 섬에서 안정적인 지위와 많은 재산을 얻었다. 하와이 왕국의 카메하메하 1세의 군사 고문이 된 존 영이나 아이작 데이비드같이 왕이나 수장 다음가는 지위에 오른 인물도 있었다.

정주에 성공한 '비치 코머' 중에도 캐롤라인 제도의 포나페(폰페이) 섬[폰페이 섬Pohnpei은 미크로네시아 연방을 구성하는 4개 주 가운데 하나인 미크로네시아 연방의 섬이다. 캐롤라인 제도에 속하며 미크로네시아 연방의 수도인 팔리키르Palikir에 위치한다. 과거에는 포나페 섬Ponape으로 알려지기도 했다]이나 쿠사이에(코스라에) 섬[코스라에 Kosrae 섬은 미크로네시아 연방을 구성하는 4개 주 가운데 하나인 미크로네시아 연방의 섬으로, 캐롤라인 제도 가장 동쪽에 위치한다. 과거에는 쿠사이에 섬Kusaie으로 알려지기도 했다]의 사례와 같이, 현지 질서를 존중하지 않고 주민과 마찰을 일으키거나 섬 안에서 싸움을 벌이는 자도 있었다.[37] 포나페 섬에서는 수장들 사이의 대립을 이용해서 지위를 얻은 '비치 코머'들이 수장도 통제할 수 없을 정도의 힘을 얻은 경우도 있었다. 반대로 기술이나 사회경제적 자원도 없고, 섬사람들의 인망도 얻지 못한 '비치 코머'들은, 현지사회에서 최하층의 비참한 외부인 입장을 견뎌야 했다.[38]

그러나 '비치 코머' 중에는, 포경선의 노동환경을 견딜 수 없거나 생계의 다른 목표가 생겨서 포경선을 이탈해 섬에서 살다가도, 생계가 어려워지거나 섬 사회에서 소외되거나 하면 다시 포경선에 고용되는 등 이동과 체류를 반복하는 사람도 적지 않았다. 그런 사이클을 반복한 가장 유명한 비치 코머는 그 세계 최고의 포경 소설 『모비딕』을 쓴 허먼 멜빌이었다.[39]

또한 포경선은 이탈자나 도망자가 생겨 승무원이 부족할 때, 태평양 섬에서 새로운 선원을 고용했다. '카나카Kanaka'라고 불린 도서지역 선주민들이었는데, 그들은 감언이설에 넘어간 경우가 많았고, 유괴·납치당한 일도 적지 않았던 것 같다. '카나카'는 원래 하와이어로 '사람'을 의미한다. 그런데 호놀룰루가 포경선의 기항지로 발전하자, 포경선의 상층 선원이 하와이 제도에서 고용한 '원주민'을 가리키는 말로 사용되었다. 그리고 그 후에는 태평양 섬에서 포경선에 고용된 '원주민' 일반을 가리키는 범주가 되었다.[40] 태어난 섬을 벗어난 '카나카'들 중에도, 살아남기 위해 배와 섬들을 전전하는 사람이 적지 않았다.

'비치 코머'는 당시 세계 시장의 파도에 몸을 싣고 태평양 세계로 나간 사람들이고, 또 한편으로 '카나카'는 그 파도에 휩쓸려서 온 사람들이었다. 하지만 그들은 범선 노동 현장과 기항지 섬들 사이를 떠돌면서, 세계 시장의 전선에 만연한 '폭력 문화'에서 가능한 한 벗어나서 삶을 주체적으로 관리하고자 한 것이다. 군도는 이런 비치 코머나 카나카들의 탈출구였고, 왕권이나 강력한 지역 질서가 존재하는 무인도일수록 그 잠재력을 발휘했다. 19세기 태평양 세계의 선원들에게는, 군도라는 장을 불가피한 일부로 삼는 노마드적인 삶의 사이클이야말로, 세계 시장의 파도로부터 자율적일 수 있는 일종의 '서브컬처'였던 것이다.

세계 시장과 노마드의 아나키: 오가사와라 제도와 포경업의 경제

앞서 말했듯, 1820년대에 들어서면 고래의 주요 사냥터가 서북태평양으로 이동했고, 그 해역에서는 미국 동해안을 거점으로 하는 포경선의 왕래가 급증했다. 그러나 당시 혼슈·시코쿠·규슈에서 아마미奄美·오키나와에 걸쳐 있는 섬들은 막번 체제에 종속된 류큐 왕국의 해금海禁 정책 아래 있었고, 그 섬들에 포경선이 기항하기는 어려웠다.[41]

그런 상황에서 수렵지獵場의 중심에 있고, 후타미二見 항(로이드 항Port Lloyd)과 같이 대형 범선이 정박할 수 있는 항이 있었던 오가사와라 제도의 지치지마 섬은, 서북태평양의 수렵지에서 활동하는 포경선의 보급지로 주목을 받게 된다. 서북태평양이 포경업을 축으로 세계 시장에 포섭되는 과정에서, 오가사와라 제도에까지 그 여파가 밀려온 것이다.

당시에 미국을 모항으로 하는 외양범선의 선주나 선원, 특히 포경선 선원들은 서북태평양 입구의 오가사와라 제도, 동북에서 서남쪽으로 혼슈·시코쿠·규슈·아마미 제도·오키나와 제도가 위치한 거대한 삼각해역을 저팬 그라운드Japan Ground라 불렀다. 이 '저팬Japan'은 태평양의 바다와 섬들을 이동하는 포경선의 노동과정과 별개가 아닌 것으로 사용된 범주였고, 주권국가로서 근대 일본의 내지=‘의사대륙’을 중심으로 한 '일본해' 등의 영해 표상과는 태생적으로 다른 말이다.[42]

1830년 시칠리아 섬 출신의 마테오 마차로와 잉글랜드 출신인 리처드 밀림챔프는, 주 호놀룰루 영국 영사 리처드 찰턴의 지원을 받아 약 25명의 이민단을 조직하여 미국 상인 소유의 포경선을 타고 오가사와라 제도에 도항했다. 이 이민단은, 리더인 마테오 마차로와 밀림챔프 외에, 미국 매사추세츠 주 출신인 너새니얼 세이보리와 올딘 채핀, 덴마크 코펜하겐 출신인 찰스 존슨, 그리고 오아후 섬[하와이 주의 한 섬. 진주만·와이키키 해변과 주도州都인 호놀룰루가 있음]에서 마차로 등에게 개척지의 '하인servant'이나 '아내'가 될 것을 권유받고 승선한 '카나카' 20명(남자 7명, 여자 13명 등)으로 구성되었다.[43]

1836년에 지치지마 섬에 기항한 미국 군함의 승무원이자 의사인 윌리엄 루센버거의 기록에 따르면 마차로 등은 호놀룰루를 출발하기 전에 "오가사와라 제도는 천국이다. 태평양의 천국일 뿐 아니라 전 세계의 천국"이라는 말을 들었다고 한다. 그들은 이 군도가 "현재의 모든 걱정스러운 일이나 고민으로부터 벗어날 수 있는 곳이고, 모든 불안으로부터 해방된 미래를 위한 장소"였으며 "풍부한 생산력을 가진 토지 덕에 포경선에 신선한 과일이나 채소를 공급받을 수 있고, 빨리 돈을 모아 큰 부자가 되어 다시 '현세'로 귀환할 수 있다고 믿었던" 것 같다. 마차로 등은 오가사와라 제도에서 인생을 새로 시작하기를 원했고, 포경선 교역을 통한 일확천금도 기대했던 것이다. 그들은 이 군도에서 '현세'의 노동의 논리가 통용되지 않는 유토피아를 기대했다.

그러나 지치지마 섬에 상륙한 그들은 자신들의 기대가 무너지는 것을 깨달았다. 그들은 "너른 평지도 없고 울창한 정글로 뒤덮여 있으며 구릉으로 둘러싸인 작은 분지만 있다는 것을 알고 낙담"했다. 그들은 "첫 곡물 수확을 할 때까지 절박하지 않으면 누구도 입도 안 댈 바다거북 고기와 양배추, 야자 잎 등을 먹고 살았다"고 한다.

그러나 이민단 상륙 이후 여러 해 동안 지치지마 섬의 개척이 진행되었고, 주민의 음식뿐 아니라 기항하는 포경 선원에게 제공할 수 있을 정도의 야채, 과일, 곡물, 새싹 종류를 수확할 수 있게 되었다. 또한 외양범선에 산 채로 공급할 수 있는 가축, 가금류의 사육이나 방목도 이루어졌고 그것들은 야생화할 정도로 번식했다. 1830년대부터 1850년대 초반에, 저팬 그라운드를 왕래하는 포경선의 수는 갈수록 늘어났기 때문에 기항하는 선박이나 상륙하는 승무원들의 수도 계속 증가했다.[44]

이렇게 지치지마 섬에서는 생존을 위한 음식 대부분이 생산되었고, 생산할 수 없는 필수품은 교역을 통해 조달하는 경제가 성립하면서 입식자入植者들은 교역을 통해 축재할 수 있게 되었다. 즉, 생산과 소비는 로컬한 영역에서 일정 정도 자율적인 경제를 형성했고, 나아가 그런 경제를 파괴하지 않고 축재가 가능한 조건이 실현된 것이다.

이런 조건에서 포경선과 교역을 통해 재산을 가장 많이 모은 사람은 앞서 말한 세이보리였다. 1850년대에 지치지마 섬에 상륙한 미 해군 페리 함대 승무원 기록에 따르면, 그는 넓은 개간지에서 채소류를 재배해서 교역했고, 재배한 고구마나 사탕수수를 증류해서 럼주를 만들었으며, 포경선 선원에게 술을 팔아 엄청난 돈을 벌었다고 한다.[45]

칼 폴라니에 따르면 광의의 경제란, 인간이 살아가기 위한 물질적 요구를 충족하기 위해 자연·사회 환경 속에서 실천하는 '제도화된' 상호작용 과정이다.[46] 또한, 나가하라 유타카長原豊의 논의를 빌리자면 폴라니에게 있어서 경제란, 자본제가 세계 시장을 장악하여 '자동조절적'인 시장경계를 확립하면서 원래 상품화가 어려웠던 '본원적 생산요소'(화폐·토지·노동력)를 비롯한 모든 것을 상품어商品語의 척도로 장악하려는 압도적인 힘 속에서, 인간이 살아내기 위해 고안하는 자연환경이나 역사적·사회적 조건과의 상호작용적 행위를 말한다.[47] 지금 이 책에서 쓰는 경제라는 말도, 결코 '자동조절적'인 메커니즘으로서의 '세계 시장'이 아닌, 이 폴라니의 용법에 의거한 것이다.

확실히 오가사와라 제도는 최초의 이민단이 당초 기대했던 것만큼의 '천국'이 아니었을지 모른다. 그러나 이 군도에 도달한 비치 코머들은 바다에 의해 격리되고, 동시에 바다로 열려 있는 섬의 자연환경에 의해 규정되었다. 그리고 그들은 그런 자연환경을 이용했고, 세계 시장으로부터 어느 정도 자율적인 경제를 이루었으며, 범선의 노동과정과는 비교할 수 없는 '삶의 질'을 얻었던 것이다.

그 뒤에도 오가사와라 제도에는 구미나 태평양, 인도양, 대서양 섬들 등 다양한 지역 출신의 사람들, 즉 범선의 수용소적 환경에서 도망쳐 나와 자신의 '삶의 질'을 조금이라도 높여보려 한 바다의 노마드들이 점차 상륙하거나 이주해왔고, 이 군도는 저팬 그라운드에서 포경선의 중요한 기항지로 계속 발전해갔다.

그러나 최초 이민단 이후 오가사와라 제도에 정착한 사람 중에는 처음부터 입식入植을 목적으로 상륙한 경우는 거의 없었던 것 같다. 기록을 보면 포경선, 상선, 군함을 타고 가다가 '병'에 걸려 배에서 내린 사람, 선장에 의해 유기된 사람, 선상의 가혹한 노동이나 선장의 난폭함을 견디지 못해 탈출한 사람, 타고 있던 배가 조난당해 우연히 섬으로 밀려온 사람 등이 정착했고 혹은 선주자의 돈이나 물품을 빼앗거나 여자를 납치한 약탈자도 상륙하는 등 여러 가지 사례가 남아 있다.

그중에서도 눈에 띄는 것은 기항하는 선박의 노동현장에서 이탈하거나 탈주한 사례다. 지치지마 섬의 후타미 항 부근에는 포경선에서 탈출한 사람들을 숨겨주는 장소까지 있었다.[48] 그러나 1862년에 존 만지로 등 도쿠가와 막부의 관리단이 지치지마 섬과 하하지마 섬에 사는 사람들에게서 청취한 기록에는 '병'으로 선장의 허가를 받아 '포경선'에서 내렸다는 신고가 다수 적혀 있는 반면, 선박에서 탈출했다는 신고는 거의 볼 수 없다.[49] 그러나 이것은 주민의 자기 신고였기 때문에 그들 중에도 탈출자나 유기된 자가 꽤 포함되어 있었으리라고 생각된다.

오가사와라 제도에 온 사람 중에는 약탈자-해적도 있었다. 특히 1849년 9월부터 다음 해인 1850년 1월에 걸쳐 지치지마 섬에서는 세인트 앤드루 호와 메이드 오브 오스트레일리아 호의 약탈 사건이 일어났는데 이 사건은 전체 주민들에게 심각한 피해를 주었던 것 같다. 이 두 척의 배는, 각각 덴마크와 영국의 국기를 걸고 지치지마 섬에 입항했고 주민과의 간단한 상거래를 마치고 일단 출항했다. 그런데 출항한 지 얼마 안 돼 두 배는 악천후를 만나 고장났고 바로 지치지마 섬으로 돌아와 주민들의 도움으로 배를 수리했다. 그러나 다시 출항할 준비를 마치자 두 배의 선원들은 갑자기 약탈자로 돌변했고, 주민을 무력으로 위협하여 화폐·식료·의류·약품 등 "빼앗을 수 있는 모든 것을 입식자로부터 빼앗았다." 그리고 이 두 배의 승무원들은, 우연히 지치지마 섬에 기항한 다른 배의 승무원까지 부추겨서 약탈 행위에 가담케 했다. 그들은 4개월간 약탈하다가 1850년 1월에 출항했다. 이때 "그들은 세이보리의 아내와 또 한 명의 여성을 끌고 갔다"고 기록되어 있다.[50]

오가사와라 제도는 1870년대 중반까지 잠깐의 예외를 제외하고 어떤 주권국가의 통치도 받지 않았고, 섬 출입·기류·거주도 국경의 제약을 받지 않았다. 또한 오가사와라 제도가 태평양의 많은 섬과 결정적으로 달랐던 점은 그때까지 무인도였기 때문에 배에서 내린 이들이 싸워야 할 정주자의 전통적인 룰이나 왕권이 존재하지 않았다는 것이다. 그 때문에 이 군도는 19세기 세계시장의 최전선/최저변이었던 포경선의 수탈적 노동 현장에 있던 선원들에게 단지 노동과정으로부터 탈출을 꾀할 수 있는 장소였을 뿐 아니라 추적을 피하기도 쉽고, 충분한 음식이나 비교적 쾌적한 거주 환경을 얻을 기회의 장이기도 했다. 사기 당해 포경선 선원이 되어 혹독한 선상 노동에 시달리거나 상층 선원의 감시나 공갈을 당하던 이들에게는, 오가사와라 제도가 삶을 독자적으로 관리할 수 있는 결정적으로 중요한 장소였던 것이다.

1853년, 예히미 바실리예비치 프차틴[1803~1883, 러시아 로마노프 왕조의 해군이자 정치가, 교육대신. 1853년 일본에 내항하여 러·일 화친조약을 체결하는 등 러시아의 극동 외교에서 활약했다] 제독이 이끄는 러시아 함대로 지치지마 섬에 상륙한 작가 이반 알렉산드로비치 곤차로프는 입식자들이 자기 땅을 조금이라도 더 많이 이용하기 위해 가족이나 개인별로 섬 안의 각지에 분산해서 살고 있는 것을 보게 된다.[51] 마셜 샐린즈는, 수렵채집민 사회에서는 생산·분업과 소비 대부분이 가족 내에서 완결되었고 생산자의 자율성이 확보되었기 때문에 가족 경제 단위를 넘는 강한 유대가 형성되기 어려웠을 뿐 아니라, 각 세대는 공간적으로도 끝없이 이산되어 원심력을 갖고 있었다고 한다. 그리고 이런 '가족제 생산양식'은 원리적으로 아나키한 사회 구성의 잠재력을 품고 있다고도 지적한다.[52] 전통적인 로컬 룰이 존재하지 않고, 생활필수품의 일부를 교역에 의존하면서도 세대, 개인 경제의 자율성이 매우 높았던 오가사와라 제도에서는 이런 원심력과 아나키한 힘이 강하게 작동했다고 할 수 있는 것이다.

한편으로 오가사와라 제도에 입식하는 데 성공한 사례에 대해서는 '하인'이었던 '카나카'들의 노동이 토지의 개간에 끼친 영향이 강조되어야 한다. 1838년에 지치지마 섬에 기항한 영국 군함 란호의 함장 P. L. 블레이크의 기록에 따르면 최초의 이민단에 참가한 카나카들은 마차로가 토지 개간을 위해 데려온 계약 노동자였고, 그들이 대부분의 개간 일을 했으며, 농산물로부터 나온 이익의 절반을 가져가는 입장에 있었다고 한다. 그리고 블레이크는 그들 카나카 대부분이 자신의 개간지를 가질 수 없었다고 지적하고 있다.[53]

실제로 오가사와라 제도의 입식자 사회에서도 범선의 노동 현장만큼 엄격하지는 않았지만 지역적 계급관계가 형성되었다. 지치지마 섬이나 하하지마 섬이나 모두 비치 코머가 된 이들 중에는 우두머리 위치의 사람이 있었고, 그 밑에는 '하인'과 '노예'가 존재했다.[54] 1862년 막부 관리단의 청취 기록을 보면, 세대주가 총괄하는 각 '집 안'에 여러 '하인'이 있었던 것을 알 수 있다.[55] 이 무렵에는 카나카가 되는 사람들 중에도 자기 개간지를 갖는 사례가 늘어난 듯하지만, 계속 '하인' 위치에 있었던 사람들도 적지 않았다.

그러나 그런 계급관계나 우두머리 위치는 고정된 것이 아니라 꽤 유동적이었던 것 같다. 당초 지치지마 섬에서 우두머리는 최초 이민단장인 마차로였고, 루센버거도 주민 중에서 "가장 존경받았다"고 기록되어 있다.[56] 그러나 1830년대 말에 마차로의 위치는 세이보리에게 넘어간 듯하다.[57]

하하지마 섬에서도 지치지마 섬보다 늦은 1850년 전후에 정주자가 두드러졌지만 처음 우두머리 위치에 있었던 사람은 영국 잉글랜드 출신의 조지 로빈슨이라는 사람이었다. 그러나 로빈슨과 그 가족은 1860년대 초, 역시 잉글랜드 출신인 제임스 모틀리의 하인이던 카나카 남자들의 공격을 받고 하하지마 섬에서 추방된다. 기록에 따르면 이 카나카들은 원래 로빈슨이 길버트 제도에서 '하인'으로 고용한 이들이었는데, 로빈슨에게 불만을 품고 그 수하에서 떠나 모틀리 밑으로 들어간 사람들이었다.[58] 이 에피소드들을 통해 볼 때, 당시 오가사와라 제도에서는 우두머리 자리라 해도 꽤 유동적이었음을 알 수 있다.

또한 당시 오가사와라 제도는 '일부다처'가 주류를 이루었고, 여성은 남성보다 매우 낮은 지위에 놓여 있었던 듯하다. 실제 막부의 청취 기록에도 여성이 세대주였던 사례는 없다.[59] 루셴버거는 "대체로 백인 남성에게는 1명 또는 2명의 부인이" 있고 여자들 사이에서 "영아 살해나 부정不貞이 만연하고" 있으며 "안타깝게도 이 집단의 도덕 수준은 낮고 종교 바깥에 있는 것 같다"고 한탄한다.[60]

물론 '백인 남성'은 언급하지 않고 '영아 살해나 부정'의 책임을 여성들에게 전가하려는 루셴버거의 이 시선은 완전히 일방적이며 부당하다. 그러나 이 기록에서는 섬 여자들이 남자들의 성적 대상으로서 종종 지배의 객체가 되었는가 하면, 그녀들에게 있어 성적 행동은 섬 사회에서 자율성을 발휘할 기회이기도 했음을 알 수 있다.

그것을 방증하는 것이, 지치지마 섬 기항 중에 해적이 된 선원들에 의해 1850년에 끌려간 여자, 즉 앞서 언급한 너새니얼 세이보리의 '부인'에 관한 이야기다. 그로부터 약 1년 뒤에 지치지마 섬에 기항한 영국 군함 엔터프라이즈 호를 통솔한 리처드 콜린슨은 이 부인에 대해 다음과 같이 쓰고 있다.

> 이젠 노인이 된 세이보리는 큰 상실감에 빠져 있었다. 이 섬 출신인 어린 부인 때문에. 하지만 그녀가 사라진 것은 잘된 일이라고 생각된다. 왜냐하면 '지치지마 섬에 사는' 다른 사람들 얘기로는 그녀가 선원들에게 남편의 돈과 고가품이 숨겨진 장소에 대한 정보를 주고 기꺼이 섬을 떠난 거라고 하니까.[61]

이와 같이 오가사와라 제도에는 지역적 계급관계가 존재했지만, 그 계급관계로 지탱된 질서라고 해도 대부분 유동적이었다. 1850년대 초와 1860년대 초에 미국과 일본은 이 군도를 영유하려는 시도를 했지만, 그 시도들은 바로 좌절된다. 대신 약 반세기 동안 비치 코머나 카나카 등으로 불린 노마드의 손에 의해, 세계 시장과 주권국가로부터 자율적인 아나키적 사회 영역이 형성되었다. 여기에서 말하는 아나키적 영역이란, 단지 '무정부 상태'를 의미하는 것이 아니다. 그것은 데이비드 그레이버가 잘 포착했듯 세계 시장이나 주권국가 같은 근대적 장치들로부터의 '탈출'을 목표

로 하여 시행착오 하는 생성적인 힘의 영역을 함의한다.[62]

　오가사와라 제도가 포경선의 기항지로 발달하기 시작한 1830년 대는, 마침 미국을 거점으로 하는 포경선 승무원 대부분이 (호먼의 표현을 빌자면) "뉴잉글랜드의 양키" 출신이던 상황에서 "코즈모폴리턴적으로 잡다"한 상태로 이행한 시기였고, 상대적으로 미숙련 하층 선원들에 대한 노무관리도 가혹해진 시기다.[63] 이런 상황에서 오가사와라 제도에는 비치 코머나 카나카로 불린 '코즈모폴리턴적으로 잡다'한 이동민이 모였고, 세계 시장의 파도로부터 자율적인 독자 관리 영역이 만들어지고 있었다. 즉, 오가사와라 제도는 19세기 태평양 세계에서 세계화의 전선인 동시에 그 한계 영역이기도 했던 것이다.

근대적 장치의 포획을 거부한 바다의 노마드

질 들뢰즈와 펠릭스 가타리는 『천 개의 고원』에서 상인 집단·장인 집단·교단·산적·해적 등 다양한 노마드적 형태를 취하고, 국가와는 원리적으로 다른 이론에 의해 운동하며, 국가를 없애고자 하는 힘을 '전쟁 기계'라 부르고 있다. 그리고 들뢰즈와 가타리는 전쟁 기계가 가장 자율성과 창발성을 발휘하는 장소가 '바다'라고 말한다. 여기에서 '전쟁 기계'란 어디까지나 노마드적인 힘을 사고하기 위한 이론적인 개념이고, 어떤 관찰된 데이터(예를 들면 빈번한 이동 현상 같은 데이터)로부터 귀납적으로 얻어진 범주는 아니라는 점에 유의하자.[64]

이 전쟁 기계론은 20세기에 가장 영리한 홉스주의자였던 카를 슈미트의 발상과 완전히 상반되는 논리 구조를 갖고 있음을 알 수 있다. 서문에서도 이야기했듯, 슈미트는 비국가적 공간으로서의 바다를 유럽 외부의 땅인 '무주지無主地'와 함께 '만인의 만인에 대한 투쟁'인 '자연 상태'로 환원했다. 슈미트에 따르면 유럽 공법에서 '바다'는 모두의 것이면서 그 누구의 것도 아닌 '자연 상태'에 있다. 거기에서는 '무주지'에서처럼 국가/개인, 전투원/비전투원, 국유재산/사유재산 같은 구별에 의미가 없다. 이렇게 볼 때 슈미트가 최초 세계 시장의 견인 역할을 했다고 본 영국이, 16세기부터 17세기에 자기 세력권의 확대를 위해 해전 자유의 법리(해전국제법)를 제창하고 대서양 세계를 사략선이 설치던 '만인의 만인에 대한 투쟁' 상태로 빠뜨린 것은 전혀 이상한 일이 아니었다.[65]

그러나 들뢰즈와 가타리의 논의를 볼 때 '전쟁 기계'는, 만인의 만인에 대한 투쟁 같은 자연 상태를 허구적으로 상정함으로써 법과 폭력을 독점하는 정당성을 국가에 부여하는 홉스의 사회계약론=근대 주권국가의 논리를 거부한다. 즉 전쟁 기계란, 노마드적인 힘이 국가를 거부하는 자율성을 갖고자 애쓰는 '하나의 사회 상태'인 것이다. 전쟁 기계는 국가의 기원일 수 없고 국가로부터 파생된 힘일 수도 없다. 또한 전쟁 기계는 교역활동을 국가의 간섭으로부터 분리하여 자주적으로 관리하려는 성향을 갖는다.

이에 비해 국가란, 노마드의 전쟁 기계를 '포획'하고, 그것을 군이나 경찰 등의 폭력 장치로 만들어감으로써 법과 폭력을 독점한다. 또한 국가는 토지 소유권, 노동력의 흐름, 재화의 흐름 등을 통제하면서 각종 생산 양식을 적극적으로 산출하고자 하는 장치다. 들뢰즈와 가타리에 따르면 이렇게 국가가 전쟁 기계를 '포획'하면서 역사적으로 가장 새로운 '포획'의 형태(주권국가에 의한 '포획'의 형태)를 통해 만들진 것이 소위 자본주의적 생산 양식이고, 그 폭력적인 '포획'과정이야말로 마르크스가 말하는 본원적 축적과정에 상응하는 것이다.[66]

지금까지 보았듯 18세기 대서양 세계에서 본원적 축적과정의 전선/저변에 있던 선원(상선원·어선원·해군 수병들) 중에는, 주권국가가 보호하는 범선의 수용소적 질서에서 벗어나 범선을 세계 시장으로부터 자율적인 '섬', 곧 공유재로 독자 관리하려는 사람들(해적)이 나타났다. 또한 19세기 태평양 세계에서 본원적 축적과정의 전선/저변에 있던 선원(포경 선원들) 중에는, 주권국가가 보호하는 범선의 수용소적 질서를 거부하고 독자적 관리 영역으로서의 군도를 거점으로 하는 삶의 사이클을 구축하며 세계 시장으로부터도 자율적인 경제를 만들어내고자 하는 사람들(비치코머, 카나카 등)이 나타났다.

16세기에서 19세기에 걸쳐 외양범선을 동력으로 하는 세계화 속에서, 그들 '바다'의 노마드가 자기 삶을 독자적으로 관리하고자 하는 힘을 만들어낸 것이야말로, 근대적 장치들의 '포획'을 거부한 '전쟁 기계' 그 자체였던 게 아닐까. 그리고 4세기 동안 3대양을 무대로 전개된 범선 세계화 파도의 도달점인 오가사와라 제도는, 외양범선의 마지막 시대인 19세기 중반부터 후반에 그런 자율적 경제가 가장 분명하게 드러난 영역 가운데 하나였던 것이다.

제 2 장

주권국가와
군도의
경제

포섭되는
바다의
노마드

群島の歴史社會學

"로버트슨 영사님,
우리는 '일본 국민이나 미국 국민, 영국 국민이 아닌'
오가사와라 제도민Bonin Islanders으로 여겨졌으면 합니다."[1]

근대 일본은 어떻게 '바다에서 온' 사람들을 포섭하고, 서북태평양의 섬들을 수중에 넣었을까. 이번 장에서는 19세기 중반 태평양 세계화의 최전선에서 두각을 나타냈고, '바다에서 온' 오가사와라 제도 선주자들과 관계가 깊었으며, 북태평양 세계로 세력을 확장하는 근대 국가의 에이전트가 되고자 했으나, 결국 그것을 이루지 못하고 죽은 2명의 대조적 인물에 초점을 맞춘다. 한 명은 존 만지로라는 이름으로 일본에서도 비교적 잘 알려진 사람이고, 또 한 명은 지금 거의 이름이 잊힌 벤저민 피즈라는 사람이다.

존 만지로라는 이름은, 이부세 마스지井伏鱒二의 『존 만지로 표류기』가 1937년에 나오키 상을 받은 것을 계기로 유명해졌고, 패전 후에도 일본에서 널리 알려졌다. 만지로가 오가사와라 제도-저팬 그라운드와 관련된 것은 두 가지 의미를 갖는다. 하나는 태평양 세계 시장의 최전선을 담당한 포경선 선원으로서의 의미이고, 또 하나는 일본이 대외적 주권국가로 성립되는 과정에서 도쿠가와 막부의 관리, 즉 근대 일본 초창기 식민지 관리를 역임했다는 의미다.

한편, 1860년대에 만지로 등 막부의 관리단이 오가사와라 제도에서 철수한 다음, 이 군도를 거점으로 저팬 그라운드의 경제 활동을 지배하고자 한 벤저민 피즈의 이름은 거의 알려지지 않았다. 벤저민 피즈는 뒤에서 이야기하겠지만 해적사 연구의 고전으로 알려진 필립 고스의 『해적 행위의 역사』에서 '해적의 종언'이라는 마지막 장에 등장하는 '벤 피즈Ben Pease'와 동일인이다.

실제로 19세기 후반 '해적'이라는 존재가 사라진 것은 아니었지만 고스의 기술이 유럽 중심주의적이었음을 감안하고 보면, 이 '종언'이라는 표현은 완전히 잘못된 것이라고까지는 할 수 없다. 왜냐하면 19세기 후반은 세계 시장을 지지한 장거리 수송선이 범선에서 증기선으로 바뀌는 시기였는데, 피즈야말로 세계 시장의 전선인 태평양 세계를 '범선'으로 종횡무진했던, 외양범선 시대의 '마지막 해적'이었기 때문이다. 피즈는 1870년대에 오가사와라 제도의 근해에서 종적을 감추기 직전 저팬 그라운드, 즉 서북태평양에서 미국 주권의 에이전트가 되기를 바랐고, 또한 서북태평양으로 세력을 확장하려 한 일본에서도 식민지 관리 후보자로 기대를 받았다.

두 사람에 대한 후대의 평가는 대조적이다. 존 만지로에게는 '근대 일본 건설의 공로자' '미·일 우호의 선구자' 같은 이미지가 부여되었다. 반면 피즈에 대해서는 매우 부정적이었는데, '흉악한 해적' '태평양의 인신매매 브로커'라는 이미지가 따라다닌다. 이런 평가는 대체로 옳지만 함정이 하나 있다. 여기에는 일본의 내지를 암묵적으로 '의사대륙'으로 간주하는 역사의식이 내재한다. 즉, 일본(내지)을 서구나 북미와 나란히 대륙세계의 중심인 것처럼 다루는 인식, 그리고 그 '의사대륙'에서 해양세계를 지향하는 근대사의 상이 짙게 반영되어 있는 것이다.

그러나 이런 '의사대륙' 지향과 거리를 두어보면 어떨까. 즉, 태평양 세계 세계화의 최전선에서 두 사람이 어떤 때는 국가의 주권적인 힘과 겨루고, 또 어떤 때는 주권적인 힘에 편승하는 존재들이었다고 생각해보면 어떨까. 그렇다면 거기에는, 외양범선 선원, 즉 노마드들이 저팬 그라운드를 거점으로 이룬 경제와 긴장하고 이 경제를 포섭하면서 근대 일본이 성립해가는 과정이 부상할 것이다.

노마드와 주권자 사이: 오가사와라 제도와 존 만지로의 경제

1862년 1월 도쿠가와 막부의 관리단과 수행자들을 태운 증기군함(정확하게는 증기범선 또는 기범선汽帆船) 간린마루鹹臨丸[1857년에도 막부가 네덜란드에 발주하여 구입한 증기기관을 갖춘 군함. 원래이름은 야판호였다]가 우라가浦賀[가나가와 현 요코스카橫須賀 시의 지명]를 출발하여 오가사와라 제도의 지치지마 섬에 도착했다. 이관리단 중에는 '통사通詞' 즉 통역 일을 맡은, 오늘날 존 만지로라는 이름으로 알려진 인물이 있었다. 만지로가 오가사와라 제도에막부 관리로 부임한 것은, 오가사와라 제도─저팬 그라운드─태평양 세계와 일본 국가 간 관계에서 두 가지 중요한 의미를 띤다.

첫째, 만지로는 1841년에 표류민으로 태평양 세계에 나온 지약 10년이 지나 막번 체제로 귀환하는데, 그중 약 3년간을 미국동해안의 도시에서 살았다. 이때 그는 영어로 읽고 쓰는 것뿐 아니라, 산술·천문학·측량술 등 해양세계를 향한 근대 국가의 군사적·경제적 진출에 이용 가능한 지식을 습득하면서 문명국, 곧근대 국가의 법이나 정치 양식에 대해서도 많은 지식을 얻었다.만지로는 이런 이력을 토대로 오가사와라 제도의 선주자들에게일본국가의 주권 에이전트로 활동한 것이다.

둘째, 만지로는 10년간 대부분의 시간을 오가사와라 제도의선주자들과 유사한 경험을 했다는 점이다. 그때의 만지로는 미국을 거점으로 하는 포경선의 승무원이었고, 항해술·조선술·측량술 같은 기술을 익히는 한편, 태평양 세계를 비롯한 전 세계의 바다와 섬에서 외양범선의 노동자, 즉 잡다한 출신이나 유동적인 경력을 지닌 노마드 일원으로서 살아갔다.

만지로는 만 16세인 1841년 1월, 고향인 도사국土佐國中ノ濱[현재의 시코쿠 고치高知 현의 옛 지명]에서 돈벌이를 위해 집을 떠나 우사 포宇佐浦로 간다. 그곳에서 그는 5인승 작은 어선에 고용되어 바다로 나갔다. 하지만 배는 출항하자마자 악천후로 인해 표류했고, 이즈伊豆 제도의 하치조八丈 섬과 오가사와라 제도 지치지마 섬의 중간 부근에 위치하는 도리시마鳥島 섬에 당도한다. 이 저팬 그라운드의 무인도에서 간신히 살아남은 만지로 일행은, 그해 6월에 윌리엄 윗필드 선장의 스쿠너 형 대규모 포경선인 존 앤 제임스 하월랜드 호(이하, 존 하월랜드 호로 약칭)에 의해 구조되었다. 존 하월랜드 호의 모항은 당시 미국 포경선의 최대 거점이었던 매사추세츠 주 뉴베드퍼드였다.

1841년 11월 존 하월랜드 호는, 태평양 최대의 포경선 기항지로 번영을 누린 오아후 섬의 호놀룰루 항에 입항한다.[2] 이곳에서 윗필드 선장으로부터 포경선 승선을 권유받은 만지로는 일행 4명을 남겨두고 존 하월랜드 호의 견습 선원이 된다. 그는 길버트 제도, 괌 섬의 아프라 항, 도리시마 섬, 사모아 제도 등에 기항한 후, 남극해에서 케이프혼을 돌고 1843년 5월에 모항인 뉴베드퍼드로 귀환했다.[3]

북미 대륙에 상륙한 만지로는 뉴베드퍼드 근교의 페어헤이븐에 있는 윗필드의 집에서 숙식을 하며 목수의 제자가 되었다. 그는 목공일을 하면서 학비나 책값을 벌어 학교grammer school에 다녔고, '일본 글자'에 앞서 '영어'를 습득했다.[4] 또한 만지로는 처음 보는 증기선이나 증기기관차 등을 가까이에서 경험하면서 상급 학교에 진학했고, '산술 측량' '항해 측량' '천문지리학' 등을 배울 기회를 얻었다.[5]

약 3년을 북미 대륙에서 보낸 만지로는 1846년 5월 아이라 데이비스 선장의 프랭클린 호를 타고 다시 포경 항해에 나선다. 프랭클린 호는 대서양과 희망봉을 돌고 인도양의 티모르 섬, 뉴아일랜드 섬, 괌 섬을 거쳐, 오가사와라 제도의 지치지마 섬과 하하지마 섬에 약 10일간 기항한다. 그 후 배는 예전에 만지로가 표류하다 닿은 도리시마 섬을 거쳐, 호놀룰루 항, 루손 섬, 스람 섬 등에 기항했고, 희망봉과 대서양을 거쳐 1849년 9월에 모항으로 돌아왔다.[6]

만지로가 프랭클린 호에 타기 전에 제안 받은 조건은, 작살수銛手와 하층 선원의 중간에 위치하는 스튜워드steward(급사) 신분이었다. 그러나 출항 때 예정된 만지로의 보수는 전체 이익의 140분의 1이었다. 상·중층 선원 중에서는 최저 수준이었으며, 하층 선원 중 단 한 명만 같은 수준이었다.[7] 포경선 선원 만지로는 태평양 세계의 기항지에서 고용된 잡다하고 유동적인 '원주민' 선원, 즉 '카나카'로 취급받은 것이다. 모리타 가쓰아키森田勝昭가 지적하듯 존 만지로라는 이름도 포경선 선원 시절의 별명인 '존 멍John

Mung'에서 유래되었다.[8]

프랭클린 호에는 약 24~28명의 선원이 있었는데, '해상 측량' 지식이 있었던 그는 조타수 5명 중 한 명이었다고 한다.[9] 프랭클린 호의 선원들은 서태평양을 항해하던 중 발작을 일으킨 데이비스 선장 대신에 새로운 선장을 뽑았는데, 그때 만지로도 포경선 선원(항해사 혹은 작살수)으로 승격한다.[10] 만지로가 선상의 노무관리자 지위까지 오른 것은, 북미 체류 중 윗필드에서 고도의 교육을 받으며 범선 노동 현장의 엘리트 후보로 육성된 상황과도 관련이 있을 것이다.

이와 같이 만지로는, 태평양 세계 시장의 최저변에 있던 '카나카'로서의 유동적인 삶, 그리고 비치 코머나 카나카의 선원들을 통제하는 범선의 노무관리자로서의 삶이 뒤섞인 존재였다. 그리고 만지로의 인생에서 이런 양면성이 가장 잘 발휘된 장의 하나가 오가사와라 제도였던 것이다. 이동민(노마드) 만지로와 비슷한 삶을 겪어온 비치 코머나 카나카가 모이는 장이 오가사와라 제도였던 것은 앞서 이야기했다. 그리고 이곳에서 사업가 만지로에 의해 일본의 경제 진출이 시작되었고, 관리 만지로에 의해 일본 국가의 주권적인 힘이 미치기 시작했던 것이다.

북미 대륙으로 귀환한 프랭클린 호에서 보수를 받은 만지로는 귀향 자금을 벌기 위해 골드러시의 한복판에 있던 캘리포니아 금광의 광부가 된다.[11] 1850년 금광에서 귀향 자금을 모아 샌프란시스코로 간 만지로는, 미국 해군이 함대를 파견하여 도쿠가와 막부에 개항을 요구할 것이라는 소문을 듣는다. 그런 상황에서 호놀룰루로 건너간 만지로는 표류 동료 중 귀향에 동의한 두 명과 함께 상하이로 가는 포경선에 승선했고, 오키나와 섬 근해에서 미리 준비한 보트로 바꿔 타고는 1851년 2월 오키나와 섬의 이토 만糸満에 상륙한 것이다.[12]

항해술이나 조선술 등 해양세계를 향한 근대 국가의 군사적·경제적 진출의 기반이 되는 지식을 갖고 막번 체제로 돌아온 만지로는, 류큐 왕부琉球王府, 류큐를 간접 통치하는 사쓰마 번薩摩藩, 나가사키 부교長崎奉行, 도사 번土佐藩에서 차례로 조사를 받는다. 그리고 만지로는 고향인 도사 번에서 무사 자격으로 등용된다. 그 후 증기선 제조나 해안 경비 정책의 조언자 역할을 기대한 니라야마韮山 대관代官인 에가와 히데타쓰江川英龍의 추천을 받고, 그것을 승낙한 로주老中[에도 막부에서, 장군 직속으로 정무를 총괄하고 대명大名를 감독하던 직책으로 정원은 4~5명이며 각로閣老라고도 함]인 아베 마사히로阿部正弘에 의해서 에도江戸에 불려오고 만지로는 막부의 신하幕臣로 기용된다.[13] 에가와 등은, 1854년에 우라가浦賀에 다시 오겠다고 선언한 매슈 페리 제독의 미국 해군 동인도 함대와의 외교 교섭 때, 만지로를 통역 겸 교섭 역할로 내세울 것을 계획했다.[14] 이렇게 만지로는, 대내적으로는 막번 체제였으면서도 대외적으로는 근대 주권국가 체제를 정비하고 있었던 도쿠가와 막부에 의해 국가의 중핵 가까이까지 다가간 것이다.

1853년 7월, 만지로가 에도로 불려오기 직전에 페리는 증기 군함 서스쿼해나susquehanna 호를 기함으로 하는 함대를 이끌고 에도 만에 나타났고, 개항을 요구하는 밀러드 필모어 대통령의 친서를 우라가 부교奉行[도쿠가와 막부가 직할지의 행정과 사법을 담당케 하기 위해 둔 관직]에게 전달하는 데 성공했다.[15] 이 에도 만 항행에 앞서 같은 해 5월, 페리 함대는 오키나와 섬에 기항한다. 그리고 6월, 페리는 미시시피 호와 보급선을 오키나와 섬에 남겨둔 채 서스쿼해나 호와 새러토가 호를 이끌고 동방으로 항행했고, 약 2주 동안 오가사와라 제도 지치지마 섬에 체류한다.

페리 함대가 내지 항행에 앞서 오키나와 섬, 오가사와라 제도로 간 것에는, 태평양 세계에 대한 미국의 군사적·경제적 전략과 관련된 명확한 목적이 있었다. 그 가장 큰 목적은, 1850년 하와이 왕국과의 협정을 통해 호놀룰루에 저탄소貯炭所를 확보한 것에 이어, 저팬 그라운드에서 미국을 모항으로 하는 증기선이 기항할 보급 거점을 확보하기 위해서였다. 1810년대 미영 전쟁 중 허드슨 강에서 로버트 풀턴에 의해 처음 진수進水 실험에 성공한 증기선은, 기존 범선과 달리 풍향에 상관없이 항행할 수 있다는 큰 장점이 있었던 반면, 항로상의 섬들에 석탄 연료를 보급할 거점인 저탄소가 필요했기 때문이다.

앞 장에서 다루었듯, 페리는 1820년대에 카리브 해역에서 미 해군의 '해적' 진압 작전을 주도했는데, 1830년대부터 1840년대에는 범선 중심의 미 해군을 증기선을 주력으로 하는 함대로 바꾸어야 했고, 이와 관련된 끈질긴 로비와 계몽활동을 펼쳤다. 그리고 페리는, 1846년 멕시코-미국 전쟁 때, 미 해군 역사상 최초로 편성된 본격적 증기함대의 부사령관이 되어 베라크루스Vera Cruz 공략전에서 이후 동아시아 해역을 항해할 미시시피 호를 지휘하고 육군의 멕시코시티 침공로를 개척하는 등, 미국의 승리에 지대한 공헌을 한다.[16]

페리 함대가 저팬 그라운드로 파견되었던 배경에는 여러 요인이 있다. 우선 해금海禁 정책을 폈던 막번 체제의 섬들(혼슈, 시코쿠, 규슈 또는 그 주변 섬들)에, 포경선이 자유롭게 선체를 수리하거나 식료품, 물 등을 공급받을 수 있는 기항지를 확보하기 위해서였다. 확실히 페리는 동인도 함대 사령관으로 임명되기 전부터 뉴베드퍼드의 포경선 선장들로부터 저팬 그라운드 포경업 현황에 대한 정보를 치밀하게 수집했다. 또한 페리는 저팬 그라운드로 해군 함대를 파견할 필요성을 주장할 때, 이 해역에서의 포경업, 포경선 선원의 보호와 환경 개선을 강조하곤 했다.[17] 그러나 이것은 해군력 확장을 반대하는 국내 세력의 정치적 공격을 방지하기 위한 것이기도 했다.[18]

역시 페리 함대 파견의 가장 큰 목적은, 해금 정책을 펴는 막번 체제의 섬들 혹은 오키나와나 오가사와라 제도 등에서 향후 이 해역을 왕래할 증기선의 기항지와 저탄소를 확보하는 것이었다.[19] 실제로 페리는 태평양에 상권을 확장함으로써 이익을 누릴 뉴욕의 금융업자나 선주들과 친척관계이기도 했다. 페리가 개척하고자 한 항로는 미국-멕시코 전쟁에서 획득(매수)한, 캘리포니아에서부터 하와이·오가사와라·오키나와 제도를 거쳐 상하이나 홍콩까지 태평양을 횡단하는 우편선과 상선 그리고 청나라 출신 노동자coolie를 태운 운반선의 항로였다.[20]

이때 페리가 추진한 19세기 태평양 세계의 세계화는, 중국 대륙에서 전개된 세계화와 같은 사례로 보아서는 안 된다. 서구-중국 대륙을 축으로 하는 시각에 따르자면, 19세기 초·중반의 구미 특히 영국이 주도한 청나라 개항이나 자유무역의 요구는, 자본주의적 생산의 발달에 따른 상품 시장의 확대를 목표로 한 것이다. 그러나 구미, 특히 미국이 도쿠가와 막부나 류큐 왕부에 개항 요구를 할 때에는, 상품 시장을 직접 개척하기 위해서라기보다 중국 대륙과의 교역 중계지 확보를 주된 목적으로 했다.

페리 함대의 파견을 적극 지지한 필모어 정권의 관료들은, 태평양 횡단 교역로를 개발함으로써, 일찌감치 대서양-희망봉-인도양-믈라카 해협-중국 대륙이라는 교역로를 개척하고 있던 영국의 의표를 찌르고자 했다. 사실 19세기 초에 미국이 '대륙 제국'으로서 태평양 연안으로 급속하게 세력을 확장한 데에는, 내륙의 농업 입식지 확대를 목표로 하는 세력보다도, 오리건이나 캘리포니아를 병합하여 동해안 도시부 및 태평양 섬들이나 중국 대륙과의 교역로 개발을 목표로 하는 세력이 더 큰 역할을 했다.[21] 1840년대 미국에서 증기선의 성능이 비약적으로 향상된 것과, 1849년 금광 발견으로 캘리포니아에 골드러시가 일었던 것도 미국의 태평양 세계 진출에 순풍으로 작용했다.[22]

페리는 오키나와 섬 상륙 후 바로 류큐 국에 석탄 저장고의 건설 권리를 요구했다. 필모어 대통령의 지시를 받은 페리는 내지에 개항장을 얻지 못할 경우, 오키나와 제도를 군사적으로 점령할 것까지 상정하고 있었다.[23] 이렇게 페리는 류큐 왕부를 군사적으로 압박하면서 저탄소 설치나 통상을 승인하게 한 것이다.[24]

한편 지치지마 섬에 상륙한 페리는 증기선에 공급할 석탄 저장고나 사무소의 건설 예정지로 너새니얼 세이보리에게서 50달러어치의 토지를 매입했고, 세이보리에게 그 관리를 위탁했다.[25] 마테오 마차로는 이미 1848년에 죽었고, 당시 세이보리는 1830년 이민단 멤버였던 구미 출신자 중 섬의 유일한 생존자였다.

페리는 세이보리를 '미국 해군 함대의 에이전트'로 임명했고, 함대의 해군 이등 선원 존 스미스를 지치지마 섬에 잔류시켜 세이보리에 대한 '조언과 지도' 역할을 맡겼다. 이어 페리는 1853년 10월, 함대에 속하는 프리머스 호 함장 존 케리 중령을 오키나와 섬에서 지치지마 섬으로 파견하여 오가사와라 제도에 대한 영유를 선언했고, 오가사와라 제도에 '필 섬 입식자 기구Organization of the Settlers of Peel Island'를 발족시켜 세이보리를 '행정장관'으로 임명한다.

그러나 페리의 오가사와라 제도 영유 계획은 좌절된다. 함대가 미 본국을 떠난 사이에, 대외 강경파였던 필모어 정권이 민주당의 프랭클린 피어스 대통령 정권으로 교체되었고, 청나라 주재 영국 전권全權 무역 감시관인 조지 보넘의 강력한 항의가 있었기 때문이다.[26] 그리고 오키나와 섬이나 오가사와라 제도를 둘러싼 페리 함대의 주권적 행동은, 막번 체제가 개항한 이후 급속하게 잊혔다.

그런데 유의할 것은 페리의 이 같은 주도면밀한 행동이, 19세기 당시 유럽 공법의 확산을 의식한 영유의 수순을 밟고 있었다는 점이다. 앞 장에서 다루었듯 스페인, 포르투갈 세력은 '이교도' 토지에 대한 로마 교황의 관할권을 근거로 내세우면서 비유럽 세계에 대한 영유권을 주장하고 정당화했다. 그리고 영국, 프랑스, 네덜란드는 이에 대항하여 선점의 법리를 내걸면서, '무주지'를 '점유'하고 이용해온 사람이 속한 국가가 그 토지의 배타적 영유권을 갖는 것을 정당화하고자 했다. 그리고 19세기에 들어, 후발 제국인 독일이 영국, 프랑스, 네덜란드에 대항하여 '무주지'의 영유권 취득 조건으로, '점유'보다 더 강력한 '실효적 선점'을 요구했다.[27] 즉, 독일처럼 후발 제국이었던 미국의 페리도 그런 '실효적 선점'의 논리를 의식하여 행동한 것이라고 볼 수 있다. 페리 함대는 일본(도쿠가와 막부)을 비롯한 여러 나라에 앞서 가장 먼저 오가사와라 제도와 그 주민에 대해 본격적인 주권을 행사하려 했던 것이다.

그리고 다음 장에서 서술하겠지만, 증기 우편선, 상선의 저탄 장소가 될 오가사와라 제도의 영유권을 확보하여 태평양에서 미국의 교역권을 확장하고자 한 페리 함대의 전략은, 아이러니하게도 19세기 말 미국이 태평양의 군사력 확대를 위해 증기군함의 저탄 장소로 괌 섬의 영유권을 확보할 때 다시 반복된다.

한편, 만지로의 신분은 1853년 말에 도사 번에서 막부로 이관된다. 그는 페리 함대와의 두 번째 외교 교섭에 기용될 예정이었는데, 도쿠가와 나리아키德川齊昭 등 개항 반대파의 저항으로 결국 실현되지 못했다. 그 후 만지로는, 가쓰 가이슈勝海舟 등과 함께 1856년 에도에 설립된 막부 해군의 군함 교수소(훗날의 군함 조련소)에 교수로 임명되어 항해술을 가르쳤고, 집에서도 영어, 수학, 항해술 등을 개인 지도했다. 한편 1860년에는, 미일수호통상조약의 비준 교환에 따라, 막부의 사절단을 태운 미국 군함 포하탄 Pawhatan 호와 그를 수행하는 막부의 간린마루鹹臨丸(가쓰 가이슈가 지휘했다)가 캘리포니아에 파견된다. 이때 만지로는 '통역'으로 임명되어 샌프란시스코에 간다. 그러나 귀환 후, 양이攘夷파의 압

력으로 만지로는 군함 조련소의 교수에서 해직된다.[28]

이와 같이 만지로는, 주권국가로서의 일본이 성립되는 과정에서 국가의 중책으로 이용되다가 서서히 버려진다. 그리고 1850년대 후반 이후 그는 일본 입장에서 '변경'에 위치한 저팬 그라운드의 바다와 섬들로 흘러들어간 것이다.

오가사와라 제도에 파견되는 막부 관리단의 '통역'으로 만지로의 이름이 부상한 것은 막부 체제로 돌아온 지 약 10년이 지난 1861년경이었다. 이미 한직으로 물러나 있던 만지로는, '국익'이나 항해술 학습에 유효하다면서 하코다테箱館 근해에서 미국식 상업 포경을 하겠다고 막부에 개업 신청을 했고, 우여곡절 끝에 허가받지만 큰 성과는 올리지 못한 것 같다.[29] 그리고 만지로는 1858년, 오가사와라 제도 근해에서 상업 포경을 하자고 막부에 제안했다.[30] 그는 미국과 태평양 세계에서 익힌 항해술이나 포경업을, 포경선 선원 시절 상륙했던 이 섬들에서 실험하고 싶었고, 저팬 그라운드를 일본 국가의 경제 진출 전선으로 만들고자 했던 것이다. 결국 다음 해인 1859년, 포경 사업을 허가받은 만지로는 막부가 러시아로부터 양도받은 스쿠너를 타고 저팬 그라운드로 출항하지만 이 항해는 태풍 때문에 실패한다.[31]

1860년이 되자 도쿠가와 막부 측에서도 오가사와라 제도에 대한 '단속取締'과 '개척', 즉 주권 발동과 식민, 개발을 본격적으로 검토하기 시작했다. 이 섬들에 대한 주권 발동의 최대 장벽은 '외국인' 주민이었는데, 그때까지 막부 측에서는 그 주민들을 실제로 본 사람이 없었고, 1853년에 이 섬들의 병합을 선언한 페리 함대의 항해기나 만지로에게서 들은 이야기 이외의 단서는 없었다고 한다.

그러나 외국 부교奉行였던 미즈노 다다노리水野忠德 등 막부 수뇌부가 오가사와라 제도 내 '외국인' 주민의 존재가 구미 국가들과의 외교관계에 끼칠 영향을 두려워한 것은 아니었다. 이 '외국인'이 다들 제멋대로 이주한 '토착민'이고 사실상 이들에게 '관할이 없음'을 알고 있었기 때문이다.

> 섬 안에 살고 있는 토착민들은 각 나라로부터 제멋대로 이주해와서 생계를 꾸리고 있다. 각 나라의 포경선이 정박하여 식료품이 판매될 때에도 토착민들은 서로 경쟁하며 화합하지 못하고 있다. 섬 전체가 논쟁하고 예사로 싸우고 다투며 산다.[32]

막부 측이 두려워한 것은 관리단을 파견할 때 이렇게 '논쟁'이나 '예사로 싸움'을 일으키는 '외국인'을 통제할 수 없거나 '단속'에 지장이 있지 않을까 하는 것이었다. 즉, 미즈노 등은 만지로의 정보를 통해 오가사와라 제도에 정착한, 비치 코머나 카나카라고 불리는 노마드의 실태를 꽤 정확하게 파악했고, 그들을 주권 아래 묶어놓을 특별한 작업의 필요성을 인식한 것이다.

이와 같은 상황에서 오가사와라 제도의 만지로에게 기대된 역할은 단지 영어 통역에 머무르지 않았다. 만지로의 기용을 제안하는 문서는, 만지로가 북미 대륙에서 '영어에 능통'해졌을 뿐 아니라, 포경선 선원으로서 전 세계 바다를 돌고 왔다는 점, 그리고 그 과정에서 오가사와라 제도에 상륙했던 일까지 언급했고, 앞서 말했듯 상업 포경의 개업 신청서도 첨부하고 있다.[33]

즉, 만지로가 간린마루에 두 번째 '통역사'로 기용된 것은 미국 사절단의 '통역사'와는 다른 문맥에서 파악해야 한다. 태평양 세계의 카나카 포경 노동자였던 '존 멍', 그 만지로는 단속 대상인 선주자에 가까운 경험을 다른 관리들보다 훨씬 더 많이 했다. 또한 그는 포경선의 노무관리자로서 저팬 그라운드의 바다와 섬들을 항해하며 배를 지휘한 경험도 있었고, 북미 대륙에 체류했기에 근대 국가의 통치 양식에도 정통했다. 즉, 관리 '존 만지로中濱萬次郎'는 오가사와라 제도의 '개척' '단속'에 있어서도 없어서는 안 될 존재였다. 막부 수뇌부로부터 오가사와라 제도의 주권적인 전권을 위임받은 미즈노 밑에서, 임기응변을 가장 잘할 수 있는 인물이 존 만지로였던 것이다.

한편, 선주자들과 커뮤니케이션할 때에 만지로가 사용한 '영어'는 북미 대륙의 학교에서 배운 영어와는 꽤 다른 말이었을 것이다. 왜냐하면 대니얼 롱이 밝히듯, 오가사와라 제도의 선주자들은 이 섬들에서 독자적으로 만들어진 크레올어인 '보닌 크레올 영어Bonin Creole English'를 사용했기 때문이다. 만지로가 사용하는 언어 중에서 선주자와 가장 의사소통이 잘된 언어는, 19세기에 태평양을 왕래하는 선원이나 그들과 접촉하는 섬들의 주민 사이에서 형성되고 비치 코머나 카나카 등의 공통 언어가 된 '태평양 선상 영어Pacific Ship English' 혹은 이것을 기반으로 확장된 '태평양 피진 영어Pacific Pidgin English'였을 것이다.[34] 만지로는 좁은 의미의 통역을 할 경우에도 카나카로서 태평양 세계에서 생활했던 경험을 살렸을 것이다.

1862년 1월 말, 간린마루가 지치지마 섬에 도착하자, 외국 부교인 미즈노는 자신이 상륙하기에 앞서 '통역사'인 만지로를 포함하여 4명의 관리를 너새니얼 세이보리의 집에 파견하고 '순시巡視 개척의 취지를 자세히 설명'하도록 했다. 세이보리는 이에 대해, 페리 함대의 전 수병인 조지 호턴과 토머스 웨브 두 사람과 협의한다. 그리고 만지로는 '우두머리처럼 섬사람을 관할할' 지위에 있기 때문에 '그를 설득함이 긴요하다'는 인식을 갖고 돌아왔다고 한다.

다음 날, 미즈노가 상륙한다. 그리고 세이보리와 호턴을 불러 '개척'을 선언한 뒤에 갖고 온 물건을 그들의 '부하들'에게 나누어주었다. 주민들로부터 경력 청취가 대강 끝나자, 이어서 만지로가 새로이 일본의 주권 이름으로 도입되는 법을 읽어주었다. 지치지마 섬에서는 세이보리·호런·웨브에게, 그리고 지치지마 섬에 이어 상륙한 하하지마 섬에서는 제임스 모틀리(일찌감치 조지 로빈슨을 추방하고 우두머리 자리에 있었다)에게 그 '영문' 문서를 (세이보리에게는 '본문'도) 하달한 뒤에 막부의 돈通貨을 나누어주었다.[35]

이 같은 과정에서 눈에 띄는 것은, 첫 번째로 막부의 관리단이 먼저 만지로 등을 앞장세워 주민들의 상황을 탐색하고, 섬 내의 규칙을 관장하는 '우두머리'를 포섭함으로써 일본법을 도입시키고자 한 점이다. 두 번째로, 관리단이 경력 청취→법의 선포→통화 분배 등의 순서로, 제대로 된 주권적 절차를 밟았다는 점이다. 이것은, 유럽 공법의 '실효적 선점' 이론에 근거한 행동이 '무주지'를 영유할 때 반드시 필요하다는 인식에서 비롯되었을 것이다. 그리고 이 인식이, 나가사키 부교奉行로서 러시아 함대와 교섭한 경험이 있는 미즈노나, 북미 대륙에 체류하며 주권국가의 법과 정치를 숙지한 만지로 등의 막부 관리단 사이에서 정착·공유되고 있었음을 알 수 있다.

나아가 간린마루의 귀환에 앞서 관리단은, 지치지마 섬에 건설한 막부의 관공서에 외국 방정역外國方定役인 오바나 사쿠노스케小花作之助 등 6명의 관리에게 '전체 섬의 재판과 그 처분'에 관한 권한을 주어 주재시키고 일상적인 통치 업무를 시작했다.[36] 이 오바나 사쿠노스케(나중에 오바나 사쿠스케小花作助로 개명)야말로 막부의 영유·입식 사업을 가장 가까이에서 만지로에게 맡긴 관리였고, 나중에 그는 메이지 정부의 내무성 관리로서 오가사와라 제도의 병합 사업을 주도하게 된다.

　1862년이 되어 막부는, 하치조 섬의 농민 남녀 30명과 목수 8명 등 총 38명을 지치지마 섬으로 이주시키며 본격적으로 식민과 개발에 착수한다.[37] 이렇게 오가사와라 제도는, 일본이 주권의 이름으로 처음 조직적인 입식 사업을 전개한 외부 영역이 되었다. 그리고 만지로는 주권국가 일본이 형성되던 시기에 식민지 관리로서 그 전선을 맡았던 것이다.

　또한 만지로는, 막부의 '통역사'로 오가사와라 제도에 부임한 것을 계기로 다시 저팬 그라운드에서 상업 포경 개발을 꾀한다. 만지로는 1862년, 영어 제자이자 에치고越後[현재의 니가타 현]의 부농인 히라노 렌조平野廉藏가 구입한 스쿠너 이치반마루壹番丸의 상업 포경 사업을 정식 신청하고, 다음 해 1863년에는 이치반마루 호의 선장으로 저팬 그라운드 포경 항해를 성공시킨다. 이때 만지로는 지치지마 섬에 기항하여, 포경선 선원 출신 '외국인' 주민 6명과 하치조 섬에서 온 입식자 여러 명을 선원으로 고용했다.[38]

　만지로의 저팬 그라운드 해역에서의 포경 사업은, 주권국가로서의 일본이 처음으로 태평양 세계에 주목한 시기의 본격적인 경제 진출 사례였다. 전직 카나카 포경선 선원 만지로는, 포경선 선원 출신으로 오가사와라 제도에 정착한 비치 코머나 카나카들의 노동력을 이용하면서 저팬 그라운드 포경업의 경제를 일본 국가

의 경제 진출에 편입시키고자 한 것이다.[39]

그런데 나가무기生麥 사건[에도 말인 1862년에 무사시 국 다치바나 군 나마무기라는 마을 근처에서 사쓰마 번주의 아버지인 시마즈 히사미쓰島津久光의 행렬에 말을 타고 난입한 영국인들을, 행렬을 호위하던 사무라이들이 무례하다는 이유로 살해한 사건. 이 사건에 대한 배상 문제로 사쓰에이薩英 전쟁이 일어났다]의 배상금 지불을 요구하던 영국, 프랑스군이 요코하마에 상륙하고 거류지가 점령 상태에 놓이면서, 막부는 1863년 6월에 오가사와라 제도에 주재하던 관리와 입식한 사람들 전원을 귀환시킨다.[40] 결국 만지로는 '육지'에서도 '바다'에서도 활약의 장을 잃게 된다. 이렇게 '존 명'은 근대 일본이 형성되던 초창기에 국가의 중핵으로 이용되다가 버려진 셈이다.

주권국가 일본이 형성되던 시기에 식민지 관리로서 오가사와라 제도에 부임한 만지로는, 중심(에도)의 규칙과 법문을 변경(오가사와라 제도)에서 일방적으로 적용하고자 했다. 그는 단지 통역사이기만 했던 것이 아니었다. 만지로는 저팬 그라운드에 모여든 비치 코머나 카나카 등의 잡다한 노마드의 생을 찬찬히 살핀 뒤 그 바다와 섬들을 일본 국가의 주권하에 조직하고자 했던 것이다. 또한 막부의 관리로서 오가사와라 제도를 거점으로 하여 외양 포경 사업을 꾀한 만지로는, 중심(에도)에서 보이지 않던 변경인 '무인도'(오가사와라 제도)를 일방적으로 몽상한 하야시 시혜

이林子平나 와타나베 가잔渡邊華山 등과는 결정적으로 달랐다. 그는, 저팬 그라운드에서 발달해온 포경업의 경제를 알고 있었고, 그 바다와 섬들을 일본 국가의 개발 사업에 포함시키고자 했던 것이다.

존 만지로는, 태평양 세계와 일본 국가의 틈새에서 서북태평양 근대의 서막을 살아간 특이한 증인이었던 셈이다.

군도를 약탈하는 해적: 태평양 자본주의의 융성과 '블랙 버더'의 경제

도쿠가와 막부가 오가사와라 제도-저팬 그라운드에 대한 영유·입식 사업에 착수한 1860년대, 태평양을 이동하는 비치 코머들 중 '블랙 버더black birder'라 불리는 노동력 브로커들이 등장한다.

같은 시기의 남태평양 섬들(오스트레일리아 대륙을 포함하는)이나 하와이 제도에서는 서구나 미국 상인들에 의해 국제상품적 가치가 발견된 농산물이나 광산 자원을 생산하는 체제가 구축되고 그에 대한 투자도 왕성하게 이루어졌다. 각지에 면화, 고무, 사탕수수, 코코야자(코프라), 커피, 코코아 등을 생산하는 플랜테이션이 건설되었고, 인광燐鑛이나 니켈 등의 조직적 채굴이 시작되었다. 태평양 세계는 서구에 이어서 북미 대륙에서도 융성하던 자본제에 포섭되어간 것이다.

'블랙 버더'들은 태평양 각지의 섬이나 중국 대륙 남부에서 노동자를 조달했다. 그리고 그들을 하와이 제도, 오스트레일리아 대륙 퀸즐랜드, 피지 제도, 사모아 제도 등에 있던 면화, 사탕수수, 코코야자, 커피 플랜테이션, 나우루 섬이나 길버트 제도, 엘리스 제도의 인광석 광산, 뉴칼레도니아 섬의 니켈 광산, 남미 페루, 칠레의 플랜테이션이나 광산 혹은 아프리카 노예의 수입 규제로 대체 노동력이 필요했던 카리브 해 섬들의 플랜테이션에 계약 노동자나 채무 노예로 팔아 넘겼다.[41] 이후 주요한 노동력이 된 인도 쪽으로부터의 이민은 1860년대 시점에서는 아직 피지 등 남태평양의 플랜테이션에 본격적으로 도입되지 않았다.

블랙 버더들은 태평양의 섬들에서 고용인을 모집할 때 종종 섬의 수장을 금전이나 물품으로 매수하고 섬사람들을 납치하거나, 선교사나 상인을 가장해 접근하여 섬사람들을 유괴하곤 했다.[42] 중국 대륙의 '블랙 버딩black birding'의 경우, 청나라 정부가 인정한 광둥 경유 정규 계약 이민과 달리, 사기당하거나 납치되어 끌려온 많은 하층 노동자coolie가 청나라 통치가 미치지 않는 포르투갈 령 마카오나, 청나라 통치능력이 약화되던 샤먼廈門 등의 해항도시를 거쳐 남미 대륙이나 카리브 해의 섬들에 이송되었다.[43] 이송된 농장이나 광산의 노동 환경은 대부분 열악했다. 그리고 태평양 섬들만 해도 적어도 10만 명이 넘는 블랙 버딩된 디아스포라 대부분이 고향으로 돌아가지 못하고 죽음을 맞는다.

제럴드 혼의 『하얀 태평양: 남북전쟁 후 남태평양에서의 미국 제국주의와 노예제』라는 책이 있다. 여기에서 저자는, 남북전쟁으로 미국 남부에서 탈출한 면화 플랜테이션 농장주(노예주)들이, 서구에 공급할 면화를 태평양의 섬들에서 대량으로 생산하기 위해 플랜테이션 개발을 주도했고, '흑인' 노예제의 노하우를 가지고 '블랙 버딩' 실천에 주도적 역할을 했음을 밝히고 있다.[44] 블랙 버더는 바야흐로 태평양 세계가 자본제로 포섭되는 과정, 즉 본원적 축적과정에 기생한 '해적' 같은 존재였다.

19세기 후반 블랙 버딩의 전성기에 태평양의 플랜테이션에서 노동하던 선주민들은, 백인들에 의해 통칭 카나카로 불린다.[45] 원래 카나카는, 19세기 중반까지 섬의 선주민들이 고향을 떠나 태평양 각지에 저변 노동자로서 디아스포라로 지내던 중에 포경선에 고용된 태평양의 원주민을 가리키는 차별적인 용어였다. 그런데 이 말은 남북 아메리카, 카리브 해역에서 원주민 전반을 가리키는 모멸적인 호칭이었던 '인디오' '인디언'처럼, 결국 태평양 세계의 '원주민' 전체를 가리키는 인종주의적인 호칭으로 정착된 것이다.

당시 1867년 말 도쿠가와 막부로부터 쿠데타로 정권을 탈취한 메이지 정부도 블랙 버딩의 전개와 무관하지 않았다. 특히 청나라 하층 노동자에 대한 블랙 버딩의 잔재는 몇 가지 유명한 사건을 거쳐 현재의 일본 근대사에도 어렴풋이 기록되어 있다.

1872년 마카오에서 페루를 향하는 도중에 선체 수리 문제로 요코하마 항에 들어와 있던 페루 적籍 마리아 루스 호에는 약 230명의 청나라 노동자가 승선해 있었다. 일본 정부는 영국 측의 권고대로 이들을 '노예'로 간주했고, 페루·포르투갈·청나라 영사의 참석 없이 재판을 열어서 (이때 일본과 페루 사이에는 아직 수호통상조약이 체결되지 않았다) 선장인 돈 리처드 헤레일러에게 유죄 판결을 내렸다. 이에 대해 헤레일러는 노동 계약 이행을 요구하며 청나라인들을 상대로 민사소송을 걸지만, 일본 정부는 계약 무효를 선고하여 노동자 전원을 해방시켰다. 이어, 페루 정부가 일본 정부의 소송 절차가 위법하다며 배상금 지급을 요구했고 러시아가 중재한 국제 재판이 열렸다. 그리고 판결에 따라 일본 정부의 배상 책임은 부정되었다.[46]

마리아 루스 호 사건으로 알려진 이 일은, 일본 정부 측의 '인도적' 태도와 외무대신 소에지마 다네오미副島種臣의 '국권외교'가 승소를 거두고, 일본 정부가 예·창기藝娼妓 해방령을 도입하는 계기가 된다. 그러나 마리아 루스 호에 탄 청나라 노동자들이 당시 태평양 세계에서 횡행한 블랙 버딩의 피해자로 이야기된 일은 아직도 거의 없다.

하지만 모리타 도모코森田朋子는, 마카오를 경유해 이동하는 청나라 노동자에 대한 대우가 노예와 마찬가지였다는 것을 영국 상하이 고등법원 재판장인 에드먼드 혼비 등이 알고 있었다고 한다.

또한 포르투갈계나 스페인계 상인들이 마카오 노동자 무역을 폐지시킬 목적으로 정보 제공이나 재판 지원을 통해 일본 측을 일관되게 지지했다는 것, 그리고 이 영국 측의 행동은 일본 정부의 '국권 외교'를 가능케 했을 뿐 아니라 1874년에 마카오 정부正廳가 노동자 무역을 폐지하는 하나의 계기가 되었음을 잘 설명하고 있다.[47] 일본 정부가 관련된 최초의 국제 소송은 태평양 세계 블랙 버딩의 시비를 묻는 재판이었던 것이다.

또한 카나카를 대상으로 한 블랙 버딩도 형성기의 근대 일본 국가에 파문을 일으켰다. 뒤에서 이야기하겠지만, 거기에서 초점이 된 장소가 바로 저팬 그라운드, 즉 서북태평양의 비치 코머나 카나카의 도피처가 된 오가사와라 제도였다.

앞서 언급한 필립 고스의 『해적 행위의 역사』의 마지막 장 '해적의 종언'은 19세기 태평양 세계의 해적을 다루고 있는데, 그중 불리 헤이스라는 해적의 에피소드가 있다. 불리 헤이스의 본명은 윌리엄 헨리 헤이스인데, 비치 코머의 한 사람으로서 태평양 세계에서 해적 행위나 미국의 남부 연방(아메리카 연합국)에서 사략활동을 하다가 블랙 버딩으로 손을 뻗친, 매우 상징적인 인물이다.

다카야마 준高山純의 연구에 따르면 불리 헤이스, 즉 윌리엄 헨리 헤이스는 1828년 미국 북부의 오하이오 주 클리블랜드에서 태어났다. 헤이스는 20대 때부터 선원으로 두각을 나타냈고, 동쪽으로는 북미 대륙, 서쪽으로는 싱가포르, 남쪽으로는 뉴질랜드

까지, 말 그대로 태평양 세계의 전역을 오가며 범선의 운임이나 적하를 갈취하는 등 온갖 나쁜 일에 손을 댔다.[48]

헤이스는 1860년대 남북전쟁 시기 남부 연방의 해군 대령 제임스 워델이 통솔하는 셰넌도어 호에 수병으로 승선한다.[49] 이 셰넌도어 호는 사략선과 같은 기능을 수행하는 해상파괴선commerce raider이었고 1865년에 서태평양에서 북태평양, 오호츠크 해를 거쳐 베링 해를 순항했으며, 북부 연방을 모항으로 하는 포경선이나 상선을 공격·약탈하면서 항해한 것으로 알려져 있다.[50] 이미 1854년에 체결된 파리 선언으로 영국·프랑스·러시아 등은 사략 인가장 발행을 중지하기로 합의했다. 하지만 해군력이 서구 나라들에 비해 상대적으로 열세였던 미국은 이에 동조하지 않았고, 특히 남북전쟁 시기에 남부 연방은 민간 선박에도 사략 인가장을 남발했기 때문에, 태평양이나 북미 대륙 주변에서 사략 행위가 횡행하게 되었다.[51]

혼에 의하면 그 후 헤이스는 범선으로 상하이·샌프란시스코·시드니 등 태평양의 기항지와 태평양의 섬들을 오가며 평생 수천 명의 카나카들을 농장 경영자에게 팔아 넘겼고, 당시 태평양 세계에서 가장 악명 높은 블랙 버더로 알려지게 된다.[52]

헤이스는 1870년대, 사모아의 영국 영사에게 해적 행위 혐의로 체포된다. 그러나 고스의 기록에 따르면 곧 동료인 '벤 피즈'라는 남자가 섬에 나타나, 일부러 헤이스와 싸워 영사를 안심시키고는

그를 섬에서 무사히 빼돌렸다고 한다.[53]

헤이스는 그 후 수년간 블랙 버더로 암약하면서, 캐롤라인 제도의 쿠사이에(코스라에) 섬의 실권을 장악하여 공포정치를 폈고, 괌 상륙 때에는 스페인 당국에 체포되었다가 탈출했다. 그러나 헤이스는 결국 1877~1878년 무렵, 자기 배의 항해사·요리사와 선상 다툼 끝에 살해되고 바다에 버려진다.[54]

그럼, 영사를 속이고 헤이스를 도망시켰다는 '벤 피즈'는 어떤 인물이었을까? 벤 피즈는 "미해군 장교 출신이었는데 반란에 가담하여 파면된" 이력이 있다. 또한 그는 당시에 피지 제도 플랜테이션의 카나카 노동력 이입에 최초로 관여한 브로커로 유명했고, 폴리네시아나 멜라네시아 섬들에서 납치한 사람들을 미크로네시아의 캐롤라인 제도나 마셜 제도에 노예로 팔아넘기는 흉악한 블랙 버더로 태평양 세계에서 악명이 높았다. 악명에 대해서라면 피즈와 헤이스 모두 블랙 버더의 열 손가락 안에 드는 인물이었다.[55]

이 벤 피즈는 1869년 무렵 오가사와라 제도의 지치지마 섬에 상륙하여 여기에서 거주하기 시작한 벤저민 피즈와 동일 인물로 보아도 무방하다. 오가사와라 제도는 1863년에 막부의 관리단 등이 철수한 뒤, 다시 국가의 통치가 미치지 않는 곳이 되었고 피즈는 이것에 주목했을 것이다.

피즈는 오가사와라 제도를 태평양에서 자신의 활동 거점으로 삼았을 뿐 아니라, 지치지마 섬 주민에게 법을 선언하거나 땅문서

地券를 발행하는 등, 이 섬의 통치자로 군림하고자 했다. 그는 여기에 정착한 전직 선원들, 즉 비치 코머나 카나카들의 피난지를 점령한 것이다.

피즈와 적대관계였던 프랑스 출신 지치지마 섬 주민 루이 르쇠르는 요코하마의 프랑스 영사에게 고발장을 보냈는데, 거기에는 '해적' '블랙 버더'로서의 피즈의 모습이 강조되어 있다. 고발장에 따르면 피즈는 다른 섬들에서 수십 명의 카나카 남녀를 끌고 와서 지치지마 섬에 가뒀고, 기항하는 선박이나 다른 섬의 수장에게 그들을 노예로 팔아넘겼다고 한다. 또한 피즈는 오가사와라 제도를 거점으로 하면서 북쪽으로는 혼슈, 서쪽으로는 중국 대륙 연안부, 남쪽으로는 뉴칼레도니아 섬에 걸치는 서태평양의 넓은 범위를 돌아다니며 '해적질'에 열심이었고, 한 프랑스인 선주를 속여서 배와 적하를 양도받지만 대금을 지불하지 않고 선주를 독살하려다가 중상을 입힌 혐의로 고발당하기도 한다.[56]

또한 지치지마 섬에서 피즈는 자기 소유의 스쿠너 두 척으로 지치지마 섬의 후타미二見 항과 요코하마 항 사이에 교역로를 개척했고, 바다거북 등껍질이나 기름, 레몬 등 오가사와라 제도의 산물을 내지로 수출하는 등 서북태평양에서 상업 항로를 개발하는 데에도 열심이었다. 또한 피즈는 지치지마 섬에서 목장을 운영했는데, 하와이에서 소 20~30마리를 수입하거나 양을 사육해서 내지로 수출하기도 했다.[57]

그리고 피즈는 1873년 요코하마의 미국 공사관에 나타나, 자기는 미국 시민이고 오가사와라 제도 주민 과반수의 위탁을 받고 있다고 밝히며, 미국의 오가사와라 제도 영유를 요구했다고 한다. 그러나 찰스 드롱 공사의 이런 문의에 대해, 국무성은 피즈를 미국 시민으로 인정하지 않았고, 오가사와라 제도를 영유할 의사도 보이지 않았다.[58] 남북전쟁 후의 미국은 급격하게 공업, 농업 생산이 확대되고 있었고, 국내 시장도 확장되고 있었으며, 정부는 해군력 확충이나 해군 영토 획득에 대해서는 매우 소극적이었다.

한편, 피즈라는 존재는 오가사와라 제도의 (재)병합을 계획하는 일본 정부에게는 중요한 회유의 대상으로 주목받았다. 그때는 메이지 정부가 정권을 획득한 지 얼마 되지 않은 때였다. 이때 메이지 정부의 내무관료 등은 당시 '만국공법=유럽공법'의 논리로 오가사와라 제도를 파악한다. 그 논리에 따르면, 막부가 관리나 입식단을 철수시킨 오가사와라 제도의 영유권은 일본 정부에 의해 방기된 것으로 여겨졌다. 그렇기에 메이지 정부는 재영유와 관련해 가능한 한 저비용으로 계속 통치할 방법을 모색했다. 막부의 오가사와라 제도 영유 사업에 깊이 관계했고, 1870년대에 메이지 정부의 내무성 지리료地理寮의 관리가 된 오바나 사쿠스케는 피즈가 지치지마 섬을 사실상 통치하고 있다는 정보를 갖고 있었다. 그리고 만일 피즈가 일본 정부의 재영유에 저항한다면 피즈를 일본 정부의 관리로 임명함으로써 병합을 추진할 계획을 세웠다.[59] 오바나 본인의 자각이나 지식이 어느 정도였는지는 분명치 않지만 카나카 출신 만지로의 옛 동료였던 오바나는 결과적으로, 저팬 그라운드를 둘러싼 '해적' '블랙 버딩'의 경제를 일본 국가의 주권적인 힘에 연결시키는 작업에 착수한 것이다.

뒤에서 서술하겠지만 일본 정부는 1875년 말, 오가사와라 제도 영유를 위해 군함 메이지마루明治丸로 오바나를 비롯한 관리단을 파견했고, 선주자들에게 일본 국가의 법을 선언했다. 하지만 이때, 피즈가 지치지마 섬을 '지배'하고 있다고 알고 있던 관리단은 주민으로부터 피즈의 실종 이야기를 듣는다. 그 청취 기록에 따르면 피즈는 전 해인 1874년 가을, 지치지마 섬에서 카누를 타고 바다에 나가 행방불명되었고, 나중에 피즈가 탔던 카누만 해안에 밀려왔다고 한다.[60]

불리 헤이스나 벤 피즈 같은 19세기의 블랙 버더들은 범선으로 섬들을 이동하면서 노동력 브로커로서 납치나 인신매매 같은 해적활동을 했고, 태평양 세계에서 본원적 축적과정에 기생하여 축재를 하던 존재였다. 그들은 본래 비치 코머의 일부였을 뿐이지만, 태평양의 선원들에게 범선의 수용소적 환경으로부터의 도피처 역할을 했던 군도를 약탈했고 그것을 자신들의 사략 행위에 이용한 것이다. 그리고 16세기부터 약 400년에 걸쳐 '바다'의 세계화를 견인해온 외양범선 시대의 '마지막 해적' 벤 피즈는, 일본에서 막 형성 중이던 저팬 그라운드, 즉 서북태평양의 군도 근처에서 사라진 것이다.

한편, 포경선의 하층 선원인 카나카로서 태평양 세계로 나와 포경선의 상층 선원에까지 오르고, 해양세계의 경험이나 지식을 도쿠가와 막부에 제공하면서 결국 국가에 의해 사용되다 버려졌으며, 오가사와라 제도에서 근대 일본 국가 초창기의 식민지 관리로서 저팬 그라운드로 활동의 장을 펼치려 한 '위인' 존 만지로. 그리고 비치 코머 출신으로 태평양 세계로 진출해 블랙 버더로서 바다나 섬에서 인신 납치, 사기, 살인 행위 등을 하면서 저팬 그라운드에서 해상 교역 개발을 주도했고, 오가사와라 제도에서 일본 국가의 식민지 관리로 임명될 뻔했던 해적 벤 피즈.

만지로와 피즈는 확실히 그 인생이나 경력, 후세의 역사적 평가나 지명도에 있어 양극단에 위치하는 이들이라고 할 수 있다. 그러나 이 두 사람은 모두 저팬 그라운드가 자본제나 주권국가로 휘말려갈 때, '바다'에서 노마드와 주권자의 긴장관계를 체현해간 특별한 주체였던 것이다.

주권국가와 노마드의 포섭/월경: 오가사와라 제도와 해달, 물개의 경제

벤저민 피즈가 오가사와라 제도 근해에서 사라지고 20여 년이

지난 1893년, 나중에 대작가가 된 젊은 잭 런던은 '첫 외국 상륙'으로 오가사와라 제도의 지치지마 섬에 상륙했다.[61]

잭 런던은 1876년(마침 일본이 오가사와라 제도 병합에 사실상 성공한 해)에 샌프란시스코에서 태어났고, 가난과 중노동에 시달리던 유소년기를 거쳐 17세가 되던 1893년, 스쿠너인 물개 수렵선 소피 서덜랜드 호의 선원이 되어 태평양 세계로 진출했다. 그리고 베링 해 쪽으로 가던 중 지치지마 섬에 상륙한 것이다.[62]

그때 지치지마 섬의 후타미 항에는 소피 서덜랜드 호 외에도 식료와 물의 보급이나 선체 수리 때문에 기항한 "20척 이상의 우리 같은 바다의 방랑자sea-gipsies"들의 범선이 정박하고 있었다고 한다.[63] 런던은 이후 해양 노동자 경험을 그린 자전적 르포르타주 『존 발리콘: 알콜 중독자의 자전』에서 지치지마 섬 상륙 때의 모습을 다음과 같이 쓰고 있다.

코코넛 야자 아래 물결이 밀려오는 언저리를 넘어, 작은 마을을 향해 걷고 있었다. 조금 걸으면서 보니 전 세계에서 모인 수백 명의 시끄러운 선원들이 도를 넘는 음주가무에 빠져 있었다.—게다가 그들은 큰 거리 곳곳에서 사람들의 시선에 아랑곳않고 제멋대로여서, 꼼짝 못한 몇몇 일본 경관의 체면은 완전히 구겨졌다.[64]

큰 거리는 광기의 사막이었다. 수백 명의 선원들은 들떠 있었다.

경찰서장도 몇몇 경관으로는 어쩌할 수 없었고, 식민지 장관the governor of the colony은 해가 질 때까지 모든 부하를 배에 태우라고 선장들에게 명령했다. (…) 해가 지고 몇 시간쯤 지나 그들은 누가 자기들을 배에 타라고 지시한 것인지 알고 싶어졌다. 배에 타도록 시킬 수 있는 자라면 타지 않도록 할 수도 있지 않겠냐며 담당자에게 몰려갔다. 그들은 장관의 집 앞에 발디딜 틈 없이 빽빽하게 모여들었고, 바다의 노래를 부르거나 진을 돌려 마시거나 소란스럽게 춤Virginia Reel을 추었다. 경찰관들은 지원군과 함께 초라하고 보잘 것 없는 무리가 되어서는 그 자리에서 옴짝달싹 못하고 있었고, 머릿속이 뒤죽박죽되어 지시를 내릴 수 없는 장관의 명령만 기다리고 있었다.[65]

잭 런던이 상륙했을 때 지치지마 섬을 포함하여 오가사와라 제도는 일본의 입법권·행정권·사법권을 장악하는 통치 기관이 설치되어 관리가 상주했고, 이미 15년 이상 일본 국가의 계속적인 통치 아래 놓여 있었다. 여기에서 런던이 말하는 '식민지 장관'은 도쿄부 오가사와라 제도 도청島廳의 최고기관인 오가사와라 섬 도사島司를 가리킨다. 왜 오가사와라 제도는 일본에 병합된 지 17년이나 지난 시점인데도 이렇게 '경관의 체면은 완전히 구겨지고' 도사도 컨트롤할 수 없는 상태였던 것일까.

도쿠가와 막부로부터 정권을 빼앗아 '홋카이도 개척' 혹은 '류큐 처분'이라는 명분으로 점령·병합을 진행한 지 몇 년 안 된 메이지 정부는, 1875년 12월, 증기군함인 메이지마루로 오가사와라 제도에 관리단을 파견한다. 앞서 언급한 오바나 사쿠스케를 포함한 내무성, 외무성, 대장성大藏省, 해군성 등 4개 성으로 이루어진 관리단이었다. 이 관리단은 '외국인' 주민 전원을 메이지마루 선상에 소집했고 모든 세대 구성원의 거주지, 이름, 출신지, 나이 등을 조사한 뒤 그들 전원에게 영주를 허락하는 조건으로 다음 같은 서약서에 동의할 것을 요구했다.

나는 지치지마 섬의 주민이며 정부의 보호를 받을 것이고, 이후 발령되는 법 규칙을 존중하여 지키겠습니다.[66]

그들 대부분은 글자를 읽을 수 없었다. 따라서 이 문서는 이후 일본 국가가 도입하는 법을 받아들일 것을 사전 서약하게 하는, 사실상 공수표를 의미했다. 관리단은 하하지마 섬의 주민에게도 같은 절차를 밟게 한다.

다음 해 1876년 4월에는 영주를 허가받은 외국인 전원의 호적이 완성되고, 이것은 내무경內務卿에 보고된다.[67] 또한 일본 바깥에서의 새로운 전입, 즉 영주를 허가받은 외국인 이외의 외국인이 오가사와라 제도로 이주하는 것은 일절 금지되었다.[68]

1876년 10월, 메이지 정부는 구미 공사들에게, 오가사와라 섬 규칙, 오가사와라 항 규칙, 오가사와라 섬 세칙稅則에 기반하여 오가사와라 제도를 배타적으로 통치하겠다고 통보했다. 다음 해 1877년 1월에는 통치 기관인 내무성 오가사와라 섬 출장소가 설치되었고, 2월에는 출장소장인 오바나小花가 주민 전체를 소집해 이 법들을 정식으로 선언한다.[69]

그리고 오가사와라 제도 영주를 허락받은 외국인은 내무성 오가사와라 섬 출장소와 그 후속 기관인 도쿄부 오가사와라 섬 출장소의 회유와 명령으로, 1882년까지 전원 일본 신민, 즉 국민으로 귀화되었다. 그러나 그들은 일본 국민의 일원이 되었음에도 행정기관에서는 계속 '귀화인'이라는 범주로 묶였다.

서북태평양의 제국으로서의 근대 일본 국가가 시작된 이 시기, '홋카이도 개척' '사할린樺太·지시마千島 섬 교환 조약' '류큐 처분'이라는 명목 아래 점령·병합 사업이 진행된다. 그리고 그에 따르는 선주자의 국민화 과정과 병행하여 '오가사와라 섬 회수' 명목으로 오가사와라 제도 점령·병합과 선주자 귀화가 진행된 것이다.

한편 1877년 이후, 일본 정부의 재정적 뒷받침을 받아 내지 섬들에서 오가사와라 제도로의 입식 정책이 실행된다. 이 정책은 여러 면에서 오가사와라 제도보다 몇 년 앞서 시작한 홋카이도 입식 정책을 모델로 삼았다.

메이지 정부는 이주민 급여 규칙과 기류민寄留民 대여貸與 규칙에 따라 입식을 추진했다. 이 법들은 '홋카이도 개척' 사례를 참조하면서 만들어졌다. '이주민자력가작급겸후자移住民自力家作及兼候者'[이주 신청자 혼자 힘으로 집 지을 능력과 재력이 없는 자]에 대해서도 남성 1명 혹은 부부당 집 건축비로 50엔이 10년간 연부年賦로 대여되었고, 가구·취사용구·농구 등의 구입비로 25엔이 지급되었다. 또한 개발 사업에 종사하는 일시 기류자에게도 국비로 지어진 공공임대가옥의 무상 입주가 허락되었을 뿐 아니라 여러 일용품이 8개월간 무상으로 대여되었다.[70]

또한 오가사와라 섬 규칙은 애초 외국 출신 영주자가 종래 개간한 토지라든지 외국 출신자나 내지 출신자가 통치 기관의 허가를 얻어 새로 개간한 토지에 대해서는 유휴지遊休地가 아닌 한 개인 소유를 거의 제한 없이 허락했다.[71] 그 후 신규 개간할 경우, 사유가 허가된 토지에는 조금씩 제한이 가해지지만, '홋카이도 개척'의 사례처럼 신규 개간지의 사유 자체는 오랫동안 허락되었다.[72]

내지에서 오가사와라 제도로 이주한 사람 중 가장 많은 수는 하치조 섬의 농민 출신자였다. 또한 보신戊辰 전쟁의 패배나 지쓰로쿠秩祿 처분으로 생계 수단을 잃은 토족 층도 많았다. 이런 면에서도 오가사와라 제도의 병합·입식은, 당시 나란히 진행된 홋카이도의 병합·입식 과정과 관련되어 있음을 알 수 있다.

그러나 오가사와라 제도의 병합·입식을 둘러싼 상황이 홋카이도의 경우와 다소 달랐던 점은, 선주자(의 자손)들과 내지 출신 새로운 이주자들 사이의 경제적인 힘의 관계에서 찾아볼 수 있다. 즉, 홋카이도에서는 내지로부터의 입식자들도 생계 유지가 어려운 사람이 적지 않았지만, 선주자인 아이누 족은 아예 일본 국가에 의해 생업이었던 수렵을 제한받거나 강제 이주·강제 노동의 대상이 되어 대부분이 근대 홋카이도 사회의 최저변층으로 편입되었다. 그러나 그에 비해 오가사와라 제도에서는 주민 가운데 정치적·인구적으로 소수인 선주자(의 자손)들의 대다수가 20세기 초까지 내지 출신자에 비해 경제적으로 우위를 점했다. 왜냐하면 오가사와라 제도에서는 일본의 영유 선언 뒤에도 사반세기 이상, 저팬 그라운드를 거점으로 한 선주자들의 경제활동이 일본 국가의 법이나 통치 기관 관리의 묵인하에 국경을 넘으며 계속되었기 때문이다.

우선 오가사와라 항 규칙, 오가사와라 섬 세칙稅則 같은 일본 국가의 예외적인 법은, 오가사와라 제도에서 '외국선'의 자유로운 입항, 외국인 선원의 자유로운 상륙, 상륙한 선원과 섬 주민의 자유로운 접촉이나 거래를 사실상 용인했다. 또한 외국선의 입항세나 외국선 승무원과 도민 사이의 교역에 대한 관세도 징수되지 않았다.[73]

또한 오가사와라 제도에서는 1870년대 이후에도 구미를 모항으로 하는 범선의 기항이 급감하지 않았다. 북미 대륙에서 원유가 채굴되기 시작하자 그 영향으로 세계 시장에서 고래기름의 시세는 1860년대부터 하락하기 시작했다. 저팬 그라운드에서 향고 래 남획으로 큰 이익을 얻은 구미의 선주들은 서서히 포경업에서 손을 떼기 시작했고, 오가사와라 제도의 포경선 기항도 감소했 다. 그러나 뒤에서 이야기하겠지만 저팬 그라운드를 경유하여 북 방 해역으로 가는 해달 수렵선이나 물개 수렵선은, 땔감과 음식 을 보급하거나 선원들을 잠시 해방시켜줄 목적으로 오가사와라 제도에 기항하게 되었다.

1870년대에 들어서면서 포경에서 손을 뗄 수밖에 없게 된 미 국과 유럽의 선주 중 다수는, 당시 세계 시장(런던 시장)에서 고가 로 팔릴 모피를 얻을 수 있는 해달 사냥으로 손을 뻗쳤다. 19세 기 후반에는 앞 장에서 서술했듯 '골든 라운드'의 주요 교역품이 던 북미 대륙 태평양 해안의 해달은 남획으로 이미 씨가 말라갔 고, 해달 수렵선은 지시마千島(쿠릴) 열도 북부에서 캄차카 반도, 알류샨 열도 연안으로 몰려들고 있었다. 1880년대 들어 이 해역 들의 해달 수가 남획으로 감소하자, 사할린 섬樺太 동해안부터 쿠 릴 열도 북부, 캄차카 반도, 알류샨 열도에 걸친 연안과 육지를 사냥터로 하는 물개 수렵이 성행했다.[74]

표1: 오가사와라 제도의 외국 선박 입항 횟수(연장 횟수) 추이[75]

연도	1877	1878	1879	1880	1881	1882	1883	1884	1885	1886	1887	1897	1898	1899	1900
횟수	3	6	4	4	8	3	5	8*	8	4	3	1	0	1	2

* 이 밖에 항구 외에 정박하여 도민으로부터 식량을 구입한 사례가 1회.

　　오가사와라 제도에 외국 배가 입항한 횟수는 통치 기관인 내무성 오가사와라 섬 출장소·도쿄부 오가사와라 섬 출장소·도쿄부 오가사와라 섬 도청에서 기록했는데, 그 내용은 표1과 같다. 여기에서 1888~1896년 입항 횟수는 기록되어 있지 않다. 그러나 앞서 말했듯 잭 런던은 1893년에 소피 서덜랜드 호가 지치지마 섬의 후타미 항에 기항했을 때 물개 수렵선을 포함한 외양범선이 '20척 내지 그 이상' 정박하고 있었다고 기록했다. '소설가' 잭 런던의 과장이었을 가능성도 있지만, 1893년 5월의 『도쿄아사히신문東京朝日新聞』의 기사에도, 같은 해 3월부터 고작 두 달 사이에 "오가사와라 지치지마 섬에 정박한 외국 수렵선은 크고 작은 선박 17척, 미국선 15척, 영국선 2척"이라고 나와 있다. 또한 다음 해인 1894년 6월 같은 신문에도 그해 2~4월에 지치지마 섬에 기항한 "밀렵선은 25척이고 대부분 영국과 미국 선적船積에 속한다"는 기사가 있듯,[76] 여러 사정으로 통치 기관이 보고하지 않은 입항자는 실제 기록의 몇 배에 이르렀다고 생각해볼 수 있다. 이런 상황에서 오가사와라 제도의 외국 출신자(의 자손)들은, 기항하는 외국선 승무원과의 사이에서 계속 국경을 넘어 무관세로 교역했던 것이다.

잭 런던의 기록에서도 이렇게 일본 국가의 예외적인 법이나 현장 관리의 판단에 따라 월경적인 접촉이나 교역이 묵인되는 상태를 엿볼 수 있다. 즉, 저팬 그라운드를 왕래하는 범선의 선원들이 처한 수용소적 환경(상륙 중인 선원들이 선상의 가혹한 노동 조건이나 상층 선원의 횡포를 못 이겨 도망을 꾀하거나, 폭주·폭식·육체적 폭력·기물 파손 같은 행동으로 일상적 노동 환경의 돌파구를 찾거나 성욕을 풀 곳을 찾는 경향)에서 기인하는 경제는 계속해서 오가사와라 제도로 이어지고 일본 국가의 내부에 월경적으로 파급된 것이다. 잭 런던이 지치지마 섬에서 경험한 일은 이런 조건 아래에서 빈번하게 일어났다.

외국선과의 월경적인 교역으로 많은 이익을 얻은 이는 주로 선주자(의 자손)들이었다.[77] 그것은 그들의 커뮤니케이션 능력 때문이었다고 할 수 있다. 앞서 다루었듯 오가사와라 제도에 상륙하는 외국선 승무원의 대다수는 태평양 세계를 오가는 선원 사이에서 만들어진 '태평양 선상 영어'나 '태평양 피진 영어'를 공용어로 사용했고, 오가사와라 제도의 선주자(의 자손)들 사이에서는 이들 '영어'와 관계 깊은 '보닌 크레올 영어'가 공용어가 되었기 때문이다.[78]

그러나 이런 월경적 교역활동이 선주자(의 자손)에 의해 주도되면서 내지 출신자도 점점 편입되어갔다. 예컨대 1894년 6월 『도쿄아사히신문』에는 다음과 같은 기록이 있다.

[미국·영국 국적 해달·물개 수렵선의 승무원은] 정박 중 상륙하여 술을 마시고 유흥을 즐기는데 섬 주민들 역시 이 선박을 기름선油船이라 칭하며 그 입항을 환영했고 (…) 소위 기름선이 들어올 때 양주, 과일, 잡화 등을 갖고 가서 그들에게 팔거나 혹은 선원으로 고용되기를 희망하는 자도 적지 않다.[79]

1885년 1월에는 샌프란시스코에서 홍콩으로 귀환하는 '중국인' 노동자 약 800명을 태운 미국 국적 증기군함선 샌파블로 호가 연료가 떨어져 지치지마 섬의 후타미 항에 긴급히 기항했다. 이때 연료용 목탄 확보를 위해 "섬 전체가 벌채에 동원되었고 관리吏員도 이를 지휘 감독하는" 상황이었다. 또한 많은 승객이 음식을 요구하며 상륙했고, 섬 주민이 배로 행상하러 가는 경우도 속출했으며, 섬의 식량이 될 물품들은 점점 더 고가에 팔려서 고작 보름만에 섬의 임시 수입은 4100엔이라는 엄청난 액수를 기록했다고 한다.[80]

1890년대 들어서면 지치지마 섬에서는 사탕수수 재배와 제당糖業을 중심으로 하는 영농이, 그리고 하하지마 섬에서는 당업과 채소 재배를 중심으로 하는 영농이 정착한다. 이에 따라, 내지 출신 입식자의 생계는 차츰 안정되지만, 1880년대까지 내지 출신자 대부분은 합법과 위법을 불문하고 온갖 잡다한 일에 손을 뻗쳤다. 다음 장에서 언급하겠지만, 삼림 자원 남획이나 신천옹 포획 같이 자연환경을 수탈적으로 이용하는 것뿐 아니라, 급증하는 남성 도항자 및 이주자를 대상으로 매춘업에 종사하는 여성도 늘어나게 되어, 도쿄부 오가사와라 섬 도청 문서에는 "밀매음의 발호跋扈가 심각하다" "매춘이 매우 유행처럼 번지고 있다"고 인정할 정도였다.[81] 이런 생업뿐 아니라, 선주자(의 자손)들이 예전부터 월경적·자율적인 경제에 기생한 것도, 내지 출신자의 생계수단에서 한 부분을 차지했던 것이다.

또한 오가사와라 제도 선주자(의 자손)들의 중요한 수입원이 된 것은 북방 해역에서의 돈벌이 어업 노동이었다. 1870년대 이후, 오가사와라 제도 선주자(의 자손)의 남성 대부분은 매년 4~10월경, 오가사와라 제도를 출발하여 요코하마·하코다테函館 등을 거쳐 북방 해역으로 가는 외국 국적 해달 수렵선이나 물개 수렵선에 총포수로 임시 고용되곤 했다.[82]

이들 수렵선에 고용된 오가사와라 제도 선주자(의 자손)들의 노동환경이나 보수는 꽤 괜찮았던 것 같다. 정주 1세대가 포경선 위에서 익힌 사격 기법, 연안 어업에서 익힌 카누 조종법 등이 숙련 노동력으로 중요하게, 여겨졌기 때문이다.[83]

당시 북태평양, 오호츠크 해, 베링 해 등에서 해달 수렵선이나 물개 수렵선은 대부분 '밀렵선'이었다. 해달의 주요 서식지는 연안 10킬로미터 이내이기 때문에 해달 사냥은 종종 3해리 이내가 영해로 정해져 있던 당시 각국의 국경을 '침범'하며 이루어졌다. 물개 사냥도 육상이나 연안부에서 행해졌기 때문에 '밀렵'이 되는 경우가 적지 않았다.[84] 따라서 오가사와라 제도의 외국인 출신자(1882년 이후는 전원이 귀화해서 일본 국민이 된다)들은 외국 국적 선박의 승무원으로 지시마(쿠릴) 열도·캄차카 반도·알류샨 열도·알래스카 연안 등의 수렵장을 순항하는 과정에서, 미국이나 러시아 그리고 일본 국가 스스로의 '국경을 침범'하는 일에도 자주 가담한다. 이들의 궤적은 대단히 복잡하고 월경적이었던 셈이다.

오가사와라 제도에 기항하여 섬 주민과 교역하거나 선원을 고용한 해달·물개 수렵선도 대부분 '밀렵'에 관여하고 있었다. 실제 1890년대 신문에는 오가사와라 제도에 기항하는 '밀렵선'에 관한 기사가 자주 보인다. 도쿄부 관리의 보고에 따르면 일본 통치기관의 관리도 밀렵선이 기항하거나 귀화인이 밀렵에 가담하는 상황을 알면서 묵인하고 있었음을 알 수 있다.[85]

19세기 초에 북태평양의 국제상품은, 해달·물개 등의 바다 동물(의 모피)에서 고래(기름)로 바뀌었다. 그러다가 19세기 말에는 고래에서 바다 동물로 다시 바뀌었다. 이 과정에서 오가사와라 제도의 선주자와 그 자손들은 저팬 그라운드를 거점으로 하는 이동민의 경제를 재조직했고, 일본의 주권적인 질서에서 탈구되면서 자율적인 생계 수단을 유지하고 있었다. 또한 내지에서 오가사와라 제도로 이주한 사람도, 생업 기반이 안정되기까지는 선주자들의 월경적인 경제에 종종 기생했다. 그리고 오가사와라 제도를 통치한 일본 국가의 관리들은 계속 임기응변적으로 법적 대응을 하면서 이런 월경적이고 자율적인 경제를 주권적인 힘에 어떻게든 묶어놓고자 했던 것이다.

생성과 포섭의 역학관계

이와 같이 서북태평양 해역에서 주권을 확립하는 19세기 후반부터 세기 전환기에 걸친 일본 국가의 에이전트는, 저팬 그라운드에서 이동민의 경제를 포섭하려는 온갖 방법을 통해 오가사와라 제도의 병합·영유를 기정사실화하고자 했다. 우선, 도쿠가와 막부의 영유 사업 과정에서 포경선 선원 출신인 존 만지로가 나서서 비치 코머나 카나카라 불린 전직 포경선 선원 주민들에게 법을 선언하고, 일본 국가 주도의 상업 포경(과 그 사업에 비치 코머나 카나카를 동원)을 기획한다. 즉, 일본의 관리들은 태평양 세계 포경업의 경제를 일본 국가의 주권적인 힘에 연결시키고자 했다. 또한, 메이지 정부의 영유 사업 때 만지로의 옛 동료인 오바나 사쿠스케가 벤 피즈를 통치 기관의 관리로 임명하려 했던 것에서 알 수 있듯, 태평양 세계 해적의 경제를 일본 국가의 주권적인 힘과 연결시키려 하기도 했다. 그리고 메이지 정부의 영유 선언 이후에 오바나를 비롯한 관리들이 오가사와라 제도를 고유의 대상으로 삼는 예외적인 법을 도입·운영하면서 시행착오를 겪은 것에서 알 수 있듯, 태평양 세계의 해달 및 물개 사냥(과 그것에 수반되는 월경적인 교역이나 이동)의 경제 역시 일본 국가의 주권적인 힘에 묶어두려 했다. 저팬 그라운드에서 이동민(노마드)의 경제를 포섭하려는 온갖 방법을 통해 일본 국가의 에이전트들은 오가사와라 제도의 병합·영유를 기정사실화하고자 했던 것이다.

즉, 저팬 그라운드의 중심적 기항지인 오가사와라 제도를 둘러싸고 국경선이 형성되는 과정에서 초점이 된 것은, 세계 시장의 파도에 몸을 싣고 바다로 나간 선원 곧, 노마드들이 이 군도를 거점으로 하여 시장이나 주권의 힘과 겨루면서 만들어온 자율적인 경제와 아나키한 사회 영역을 주권국가가 어떻게 포섭해가느냐의 문제였던 것이다.

그리고 이런 문제의식을 통해 생각할 때, '제국'이나 '식민지'를 대상으로 해온 '제국사'나 '식민지사'라 불리는 연구 영역에서 거의 다뤄오지 않은 관점이 부상하게 된다.

종래의 제국사나 식민지사는 주권국가가 제국으로 확대되는 과정에서 전근대적 '구습'이 타파되고 유통(세계 시장)의 장벽 내지 경계가 없어졌다는, 혹은 구습을 재편하여 장벽 내지 경계를 수탈에 이용했다는 식의 시각을 갖는다. 이것은 어떤 영역을 변방화하여 종속적으로 묶어두는 메커니즘에 주목하는 것이다. 이른바 일본 내 식민지론도, 기본적으로는 이런 문제에 속한다고 할 수 있다.[86]

그러나 일본 국가가 오가사와라 제도를 점령·병합하는 과정은 전근대적인 구습을 타파하며 유통(시장)을 연 것도 아니고, 구습을 재편하고 이것을 유통에 이용한 것도 아니다. 오히려 이 과정은, 근대적 장치들에 맞춰진 유통으로부터 이탈하려는 사람들 사이에서 생성되는, 자율적이고 유동적인 힘을 포섭하는 과정이었다. 그리고 포섭의 표적이 된 사람은, 이런 주권국가의 전략과 겨루면서 스스로의 경제와 자율성을 계속 재조직화해간 것이다.

물론, 이런 생성과 포섭의 역학관계는 '바다'의 이동민과 국가뿐 아니라 '육지'의 이동민(떠돌이 장인, 예인, 행상인, 산적 등)과 국가를 둘러싸고도 발생할 수 있다. 하지만 모든 주민이 이주자와 그 자손으로 구성되어 있는 서북태평양의 작은 군도와 근대 일본 국가, 즉 제국의 관계성에서는, 이런 생성과 포섭의 역학관계가 매우 분명한 모습으로 나타났다고 할 수 있다.

제 3 장

제국의
배출구와
버리는 돌

입식지에서
전장戰場으로

"오가사와라 군도는 남태평양 해면과 맞닿아 있고
제국의 남진에 유리한 자연적인 발판이나 돌 같은 것인데,
남방 경략을 꾀함에 있어 어찌 이 군도에
무게를 두지 않을 수 있겠는가."[1]

근대 일본은 국가의 확장과정에서 서북태평양의 섬들을 제국의
과잉 인구를 배출하는 용도로 이용했고, 제국 침략/진출의 '징검
돌'로 이용한 뒤 제국의 총력전에서는 '버리는 돌'로 삼았다.

앞 장에서 서술했듯, 일본 국가의 오가사와라 제도 입식 정책
은 몇 년 앞서 시작된 홋카이도 입식 정책을 모델로 삼았다. 그러
나 이 책의 문맥에서 좀더 중요한 것은, 내지(이즈伊豆 제도를 포함
한다)에서 오가사와라 제도로의 입식 정책이 근대 일본 국가의
태평양 세계로의 과잉 인구 이동에 있어 효시가 되었다는 점, 그
리고 세기 전환기 '남양' 입식 및 개발 열기(근대 일본 최초의 남진
론)가 고조되는 와중에 이 입식 정책이 일본의 남양 진출 모델로
간주되었다는 점이다.

20세기 전후의 세기 전환기, 일본 국가에서 '남양'이라 불리는
범위는 대략 오가사와라 제도를 기준으로 북쪽의 이즈 제도, 서

쪽의 다이토大東 제도, 동쪽의 미드웨이 제도로 둘러싸인 영역을 가리켰다. 오키나와 현에 속하는 다이토 제도는, 오키나와 섬에서 동쪽으로 약 400킬로미터, 지치지마 섬에서 서쪽으로 약 1100킬로미터 떨어진 곳에 위치한다. 하지만 모치즈키 마사히코望月雅彦에 따르면 당시 남진론자에게 다이토 제도는 오키나와(현)의 일부라기보다 남양의 여러 섬 중 하나로 여겨졌다고 한다.[2] 오가사와라 제도 남쪽은 거의 무제한적으로 남양이라는 말이 사용되었는데, 실제 남양의 한계는 불명확했으나 근대 일본 국가에서 남양이란 19세기 중반에 저팬 그라운드라 불린 서북태평양의 해역과 상당 부분 일치했다.

오가사와라 제도를 중심으로 하는 저팬 그라운드 해역이 일본의 남양으로 장악되는 과정은, 이들 해역에 속하는 섬들이 우선 일본 내 과잉 인구의 '배출구'로 이용되는 것을 의미했다. 자연환경이 수탈적으로 이용된 뒤에는 극소수의 정주자만이 남게 되었고 아예 정주자가 사라지기도 했으나, 오가사와라 제도와 이오硫黃 열도 등에는 농업 입식지로서 인구 규모가 비교적 큰 정주사회가 형성되어 있었다. 그러나 이것은 오가사와라 제도나 이오 열도가 일본의 총력전에서 '버리는 돌'로 다뤄지는 결과를 초래하게 된다.

제국에 편승한 해적: 오가사와라 제도와 남양 진출의 경제

메이지 정부의 오가사와라 제도 입식 정책은 1877년에 시작되었는데, 이것은 초창기 일본 내지로부터 태평양 세계로 과잉 인구를 조직적으로 이동시킨 정책이었다. 그러나 내지에서 온 입식자들의 생계는 좀처럼 안정되지 않았다. 선주자(의 자손)들은 근해에서 어업을 하거나, 육지에서 수렵·농업·축산업을 하는 등 이 군도를 거점으로 다양한 생업을 꾸려갔고, 나아가 오호츠크 해, 베링 해 방면으로 돈벌이 어업 노동을 나가는 등 다양한 생계 수단을 가지고 있었다. 그러나 내지 출신 입식자들의 경제 상태는 이들과 뚜렷하게 대조되었다.

특히 지치지마 섬에서는 내지에서 온 도항자가 가구·취사도구·농구 등의 구입비로 지급된 돈을 받은 뒤 바로 내지로 돌아가버리는 일이 자주 있었다. 그 때문에 1879년에는 오가사와라 제도로의 도항·이주가 금지되었고, 입식은 1883년에 재개된다.[3]

오가사와라 제도에서 내지 출신자의 생계 수단은 1880년대까지도 안정되지 않았고 특히 맨 처음 이주자는 연안에서 어류나 바다거북을 잡거나, 육상에서 간단한 수렵 및 채집을 하면서 굶주림과 싸웠다.[4] 또한 오가사와라 제도의 고유종을 포함하여 삼림 자원이 점점 벌채되었고 깃털 채취를 목적으로 새들을 닥치는 대로 잡는 등 자연환경이 파괴되어갔다. 특히 뒤에서 말하겠지만 다마오키 한에몬玉置半右衛門을 비롯한 내지에서 온 초기 도항자·이주자들은, 당시 세계 시장(런던 시장)에서 고가에 거래되었던 깃털로 이득을 보고자 경쟁적으로 신천옹을 남획했고, 지치지마 섬에 서식하던 신천옹은 순식간에 전멸 위기에 처해버렸다.[5] 내지 출신자들은 이렇게 자연환경을 수탈적으로 이용하면서, 앞 장에서 다루었듯 선주자(의 자손)들이 주도한 월경적인 교역활동에 기생하는 등 불안정하고 잡다한 생업에 종사했던 것이다.

하하지마 섬에서도 내지 입식자의 생업은 안정되지 않았다. 내지에서 하하지마 섬으로 입식이 시작된 직후인 1879년, 이즈 제도의 니지마新島 섬에서 이주해온 오리타 세이자부로折田清三郎와 그 가족이 하하지마 섬에서 어떤 생활을 했는지에 대해서는 『절전가총괄록折田家總括錄』이라는 귀중한 기록이 남아 있다. 이 기록에 따르면 오리타 가족은 이주한 뒤 먹을 것이 없어 굶주렸고, 먼저 하하지마 섬에 입식한 독일 출신 프레데리크 로허프스의 집에 가서 옥수수를 구걸하면서 (1장에서 언급한 선주자 제임스 모틀리는 이미 세상을 떠났다) 지치지마 섬에 있는 내무성 오가사와라 출장소에서 쌀이 운송될 때까지 간신히 버텼다고 한다. 오리타 가족은 1880년대 중반이 되어서야 씨앗류·채소류·면화 등을 재배하며 영농을 안정시킨다.[6]

강조할 것은 내지에서 오가사와라 제도로 온 초기 도항자 및 입식자의 개발 방식이 세기 전환기 근대 일본의 남양 개발 모델이 되었다는 점이다. 특히 오가사와라 제도 병합 이후 약 15년간 지치지마 섬에서 이루어진 개발은 자연환경의 수탈적 이용을 큰 축으로 삼았다. 근대 국가 확장과정에 편승한 해적적 행위라고도 할 수 있는 개발 수법이 들어오면서, 19세기 말부터 세기 전환기에 걸쳐 저팬 그라운드 즉, 남양 섬들은 서서히 개발되었던 것이다.

일본 국가의 병합 직후 오가사와라 제도 개발 사업을 기점으로, 19세기 말부터 세기 전환기에 걸쳐 남양 섬 개발을 전적으로 관여·주도하고 막대한 재산을 모은 사람이 있다. 다마오키 한에몬(당시에는 한에몬半右衛門)이라는 인물인데, 그는 하치조 섬에서 태어났고 1860년대에 도쿠가와 막부가 존 만지로를 '통역사'로 보낸 오가사와라 제도의 병합·입식 사업 과정에서 하치조 섬의 이민단에 목수로 참가한 바 있다.

다마오키는 메이지 정부의 오가사와라 제도 병합·입식 사업 초창기였던 1870년대 후반에, 내지 출신 도항자·이주자에게 공급할 식료의 저장 공간, 내무성 오가사와라 섬 출장소의 임시 청사, 도항자·이주자를 입주시킬 공동임대주택이나 '임시 소학교' 등을 건설하는 등 대규모 공공사업을 출장소로부터 수주했다. 다마오키는 임시 청사 건설 관계비로 출장소로부터 1600엔이 넘는 돈을 받았고, 출장소에 수송용 카누를 매각하여 250엔 정도를 벌었다. 또한 다마오키는 출장소 측에 공동임대주택 건설비로 약

700엔, '임시 소학교' 건설비로 약 300엔을 청구한다.[7]

다마오키가 이런 공공사업을 수주할 있었던 데는, 만지로와 함께 막부의 관리로서 오가사와라 제도 병합·입식 사업을 담당한 오바나 사쿠스케(당시에는 오바나 사쿠노스케)가, 메이지 정부의 내무성 관리로 1870년대 오가사와라 제도 병합 정책의 책임자가 된 덕이 컸다.

또한 다마오키는, 오가사와라 제도에 서식하던 신천옹 남획에도 관여했다. 앞 장에서 언급했듯, 북태평양 해역에서 나오는 해달, 물개 등 바다 동물의 모피는 당시 국제상품으로서 세계 시장(런던 시장)에서 고가에 거래되었다. 참고로, 히라오카 아키토시平岡昭利가 지적하듯, 신천옹을 비롯한 바닷새의 깃털은 당시 파리를 중심으로 하는 의류 시장의 확대에 있어 중요한 국제상품이었다. 사실 19세기 말부터 세기 전환기, 일본이 프랑스로 수출한 액수의 상위를 점하고 있던 것은 명주生絲 - 구리 - 장뇌 순이었는데, 그 뒤를 이어 4위가 깃털이었다.[8]

이렇게 다마오키는 근대 일본 국가가 남양에 대해 최초로 본격적 병합·입식 사업을 펼친 오가사와라 제도의 초기 개발과정에서 큰 이익을 얻었다. 이어서 다마오키는, 고향인 하치조 섬과 오가사와라 제도 지치지마 섬의 거의 중간에 위치해 있던, 예전 존 만지로가 표착하여 살아간 무인도 도리시마 섬 개발 계획을 도쿄부에 신청한다.

1887년 11월, 도쿄부지사인 다카사키 고로쿠高崎五六를 단장으로 하는 남양 시찰단은 (12년 전 오바나 등의 메이지 정부 관리단을 태우고 오가사와라 제도 영유를 선언한 증기군함인) 메이지마루호를 타고, 이즈 제도에서 오가사와라 제도를 거쳐 이오 열도까지 순항했다. 이때 다마오키는 역시 남양에서 일확천금을 노리는 스즈키 쓰네노리鈴木經動 등과 함께 부하를 거느리고 메이지마루에 승선을 허락받았다.[9]

이 남양 순항은 '남양공회 설립 대의'를 기초로 남진론의 이데올로그가 된 요코오 히가시사쿠橫尾東作 등이 당시 체신遞信대신 에노모토 다케아키榎本武揚에게 이오 열도의 개발을 건의해 실현시킨 기획이었다.[10] 요코오는 전 센다이仙台 번사藩士였고 에노모토가 지휘한 보신戊辰 전쟁(하코다테 전쟁)에 종군한 바 있는데, 패전 후에 사면되어 메이지 정부의 관리가 되었다. 또한 에노모토는 오가사와라 제도의 병합·입식 사업에도 관여한 존 만지로에게 영어 개인 지도를 받은 일이 있었는데, 막부 해군의 지휘관으로 보신 전쟁에서 패배하고 사면된 뒤, 메이지 정부의 유력 관리 중 한 명이 되었다. 그는 '홋카이도 개척' 사업이나 '사할린樺太·지시마千島 섬 교환 조약' 체결을 주도하면서 스페인으로부터 마리아나 제도를 매수하려는 메이지 정부에 제언하는 등의 일을 했다.[11] 즉, 에노모토가 지휘한 막부 해군 함대에는 이미 증기기관을 없애고 범선이 된 간린마루鹹臨丸도 참전했는데, 이는 메이지 정부 측에 나포된 것으로 알려져 있다.[12] 뒤에서 서술하겠지만 에노모토가 지휘한 이 남양 순항을 계기로 일본은 이오 열도의 영유를 선언한다.

다마오키는 부하인 마쓰오카 고이치松岡好一와 함께 도리시마 섬에 상륙한 직후부터 신천옹을 마구잡이로 잡아 그 깃털을 상품으로 보내기 시작한다. 그리고 다음 해인 1888년에는 도쿄부에 농어업 개척 실적을 강조한 허위 보고를 했으며, 도리시마 섬 10년간의 차지권借地權을 지대地代 무상으로 허가받는다. 그리고 다마오키는 거느리던 노동자 125명 전원이 1902년 도리시마 섬의 화산 폭발로 사망할 때까지 약 15년간, 약 600만 마리에 이르는 신천옹을 잡아 막대한 부를 얻었고 이때 일본 유수의 부호로 벼락출세했다.[13]

다마오키는 그 후 새로운 신천옹 번식 섬을 찾다 남양 서쪽 끝에 있는 무인도 다이토大東 제도를 주목한다. 그리고 1900년 요리오카 쇼조依岡省三(후술하겠지만 그는 메이지마루 남양 순항단의 일원으로 이오 섬의 초창기 개발에도 관여했다)를 중심으로 하는 돈벌이 이민단을 미나미다이토南大東 섬에 파견했고 개발에 착수한다.

또한 다마오키의 성공에 영향을 받아 미즈타니 신로쿠水穀新六 등이 주도한 미나미토리南鳥 섬(마커스 섬) 개발, 고가 다쓰시로古賀辰四郎 등이 주도한 센카쿠尖閣 제도 개발, '일본인'의 미드웨이 제도 진출 등 남양 섬들에 대한 개발 열기는 고조되고 있었다.[14] 이들 개발 계획의 대부분이 다마오키의 수법을 모방한 것이었는데, 농어업을 개척하겠다고 신고하여 차지권을 얻고, 실제로는 신천옹이나 조어(준치鰹鳥) 남획으로 큰 이익을 얻으려 했다.

히라오카平岡가 이야기하듯, 다마오키 등은 종종 관료 기구를 사칭했고 "공적 자금을 이용하여 횡재를 노렸다"고 할 수 있다.[15] 근대 일본 국가가 저팬 그라운드(남양)로의 확대에 편승하면서 섬의 자연환경을 수탈적으로 이용한 이 '해적'적인 개발 수법은 오가사와라 제도에서 기원한 것이다.

이렇게 다마오키가 오가사와라 제도 개발을 기본형으로 하여 남양의 섬들에서 자연환경의 수탈형 개발을 주도했다면, 똑같이 오가사와라 제도를 모델로 하면서 19세기 말부터 세기 전환기에 걸쳐 남양 교역권의 개발을 주도한 인물이 있다. 그는 바로 일본의 정치경제학 창시자이기도 한 다구치 우키치田口卯吉다. 주지하다시피 다구치는 애덤 스미스 학파의 자유주의 정치경제학의 영향을 받으면서 근대 일본에서 자유무역론을 체계적으로 주창한 최초의 이론가 중 한 명이다.

다구치는 앞서 얘기한 남양 순항단에는 참가하지 않았지만, 그 순항에서 귀환한 도쿄부지사 다카사키 고로쿠高崎五六로부터 도쿄부 사족士族 장려금을 오가사와라 제도의 수산업 개발에 운용해줄 것을 의뢰받는다.[16] 이 사족 장려금은, 지쓰로쿠秩錄 처분으로 고정 수입을 잃은 사족이 새로 사업을 도모할 때 빌려주거나, 빈곤 구제금 조로 지원될 것이었는데, 사족 층의 반란을 억제하고 근대 일본 초기의 과잉 인구 문제를 완화시킬 목적으로 편성된 예산이었다.[17]

에노모토 다케아키의 강한 권유로 이 요청을 받아들인 다구치는 도쿄부에서 장려금 약 4만 5000엔을 위탁받아 남도南島 상회를 조직한다. 그리고 스쿠너인 덴유마루天佑丸를 구입해서 1890년 남양 순항단에 다마오키와 함께 선승한 후 스즈키 쓰네노리 등과 함께 오가사와라 제도의 지치지마 섬으로 향했다. 그런데 다구치가 이 배에 수출용 주류·통조림 등의 공업 제품을 실은 것에서도 알 수 있듯, 당초 그는 오가사와라 제도의 수산 개발 사업에 관여할 생각이 없었던 것 같다. 다구치는 지치지마 섬 체류 이후에 덴유마루를 마리아나 제도의 괌 섬, 팔라우(벨라우) 제도, 캐롤라인 제도의 포나페(폼페이) 섬 등 미크로네시아의 섬들로 순항시켰고, 각 섬에서 스페인 당국자나 왕, 수장 계급과 교섭하면서 교역로 개척에 힘을 쏟았다. 다구치 등은 결국 포나페 섬에 미나미시마南島 상회의 지점을 설치하여 주재원을 두었고, 바다거북 등껍질이나 팜유 등을 구입하여 내지로 돌아온다.[18]

이렇게 내지-미크로네시아 사이의 교역로 개척을 주도한 다구치는 지치지마 섬 체류 중에 쓴 경과 보고나 내지로 돌아온 이후에 쓴 논설에서 근대 일본의 이상적인 자유무역의 필드가 '남양 제도'에 있다고 강조하기 시작한다. 당시 다구치의 자유무역론에는 북태평양에서 독일과 미국이 영유권을 확장하는 가운데 일본 상인의 교역권을 어떻게 확보할지 그리고 일본 내지로부터의 입식을 어떻게 추진할지 등에 관한 문제의식이 담겨 있다.

이미 1850년대부터 독일계 상인이 남태평양에 진출해 있었고, 특히 고드프로이 상회는 사모아 섬의 아피아를 근거지로 하여 비스마르크 제도나 미크로네시아의 마셜 제도, 캐롤라인 제도 등에서 코프라[코코넛의 말린 알맹이 혹은 열매]를 거래하거나 코코아, 커피, 사탕수수, 면화 등의 플랜테이션을 경영하고 있었다. 그리고 독일은 1885년 영국과의 협조로 마셜 제도·나우루 섬·비스마르크 제도·솔로몬 제도 북부·뉴기니아 섬 동부 등을 세력권에 두었고 1886년에는 이 섬들에 보호령을 선언했다.[19]

한편 하와이 제도에서는 미국계 '백인' 이주자들이 사탕수수 농장의 경영자가 되어 경제적·정치적 영향력을 높여갔고, 하와이 왕실의 실권을 서서히 침탈하고 있었다. 하와이 왕실은 1885년 이후 사탕수수 농장 노동력 확보를 위해 일본(오키나와를 포함)으로부터의 이민을 본격적으로 받아들이기 시작했는데, 이런 일본계 이민자 인구의 급증을 이유로 미국의 하와이 병합을 주장하는 세력은, 미국계 '백인' 이주자 층을 향해 일본 위협론을 한창 선전하게 되었다.[20]

이런 중에 다구치는, 유럽 나라들이 '소속을 선언'해가던 남양 제도를 일본인이 '이식移殖' '개발' '통상 무역'하려면, 오가사와라 제도를 모델로 해야 한다고 주장한다.[21] 다구치는 당시 오가사와라 제도의 수산업 개발에 도쿄부 사족 장려금을 유용한 것과 관련해서, 부府 관할지역 사족 층에게 일종의 용서를 구하라는 압박을 받고 있었던 것 같다.[22] 그러나 다구치의 오가사와라 제도 경황 보고와 미크로네시아 개발론의 관계는, 그의 자유무역론에 비춰볼 때 그런 피상적인 수준에 그치지 않았던 데다 예리한 전망을 지니고 있었다.

즉, 다구치는 '내지잡거'가 도입되지 않아 개항장에서만 대외 무역을 인정했던 당시의 일본 국가에게 오가사와라 제도가 특이한 자리에 있음을 강조한다. 오가사와라 제도의 항구들은 일본의 법문상으로는 '내지의 한 섬'이었기 때문에, 관세법상 '불不개항장'의 하나였고 '외국 통항선'은 통상을 허가받지 못했다. 그 때문에 오가사와라 제도에 자주 기항하는 미 국적의 수렵선은 세관 규칙상으로는 '피난 때문에 기항한 것으로 간주해야' 했다. 그리고 다구치는, 오가사와라 제도에 "밀수상인密商이 있다 해도 두려워할 것 없다"고 말했고, "오가사와라 섬의 귀화인 대부분은 내지인으로서 몸소 외국선에 승선하여 해외로 나가는 자"가 많음을 언급한다.[23]

여기서 다구치는 오가사와라 제도의 '귀화인'이나 '내지인'이 기항하는 외국선과 무관세로 월경 교역을 했고, 해달 사냥이나 물개 사냥을 하는 외국선에 고용되어 해외로 월경하듯 이동했으며, 그것을 도쿄부 오가사와라 섬 도청島廳이 묵인하던 상황, 즉 오가사와라 제도가 사실상 자유무역항이 된 실태를 꽤 정확하게 파악하고 있다. 그리고 다구치는 오가사와라 제도를 '일본의 홍콩', 즉 무관세 자유무역항으로 정식 개방하여 거점·모델로 삼아 '남양' 교역을 전개시켜야 한다는 주장을 펼친다.[24]

즉, 다구치는 이미 미크로네시아에 독일 주권이 미치고 있는 상황을 고려하면서, 일본 상인이 저팬 그라운드에서 미크로네시아 쪽으로 상권을 확대하려면 당시 일본의 주권 아래 있으면서 사실상 자유무역이 이루어진 오가사와라 제도를 모델로 해야 한다고 주장한 것이다.

이후, 미나미시마 상회의 경영권은 다구치 등이 도쿄로 돌아온 뒤에 도쿄부 사족 총대회總代會로 계승되었지만 결국 상회는 해산되었고, 그 자산은 처분된 뒤 부의 사족들에게 배분된다.[25] 그러나 그 후에도 덴유마루天佑丸는 오미다 도시노리小美田利義의 이치야一屋 상점으로 넘어가면서 일본 상인의 미크로네시아 교역이 확대되었다.[26]

20세기 들어서는, 이치야 상점을 대신하여 일본과 마리아나 제도·캐롤라인 제도 등과의 교역을 장악했던 남양무역 히오키日置 합자회사, 그리고 일본과 사이판 섬·팔라우 제도·캐롤라인 제도 서부와의 교역을 장악했던 남양무역 무라야마村山 합명合名회사가 코프라나 나마코 거래를 중심으로 상권을 급속하게 확장했다. 1906년에는 미크로네시아가 여전히 독일령이었음에도 불구하고 무역액의 80퍼센트 이상을 일본과의 거래가 차지하기에 이르렀다.

1908년 남양무역 히오키 합자회사와 남양무역 무라야마 합명회사는 과잉 경쟁을 피하기 위해 합병하여 남양무역 주식회사가 된다. 마크 피티가 잘 정리하듯, 이 남양무역 주식회사는 곧 잴루잇Jaluit 회사가 교역의 독점권을 쥐고 있던 마셜 제도, 그리고 (독일 남양 인광燐鑛회사가 장악한 앙가울 섬을 제외하고) 미국령 괌을 포함하는 미크로네시아 중부에서 서부의 섬들로 지점망을 확대했고, 어업에서 우편·여객 사업에 이르기까지 모든 경제 분야에서 독점적 지위를 확립한다. 그리고 놀랍게도, 일본 상업자본의 이런 독점적 상황에도 불구하고, 1914년 제1차 세계대전 개전 직전 독일령 미크로네시아 전역의 일본 내지 출신자 인구는 겨우 백 수십 명이었다.[27]

즉, 다구치 우키치의 일본–미크로네시아 교역로 개발은, 한정된 규모에 머무르긴 했지만 다구치가 오가사와라 제도의 상황을 모델로 하여 독일 영유하의 미크로네시아에서 구상한 일본 상업자본의 자유무역망은, 겨우 수십 년 만에 실현되었다고 할 수 있는 것이다.

이처럼 19세기 말부터 세기 전환기의 오가사와라 제도는 자연

환경의 수탈을 기조로 한 '해적'식 남양 개발 모델로, 혹은 자유
무역을 기조로 한 상업자본의 남양 개발 모델로 주목을 받았다.
그러나 오가사와라 제도는 그 후 저팬 그라운드, 즉 남양의 많
은 섬과는 달리 통합된 인구를 거느리는 농업 입식지로 발전하게
된다.

표1: 오가사와라 제도의 인구 추이(단위: 명)[28]

연도	1875	1880	1885	1890	1895	1900	1905	1910	1915	1920	1925	1930	1935	1940
인구	71	357	531	2,004	4,012	5,520	3,677	4,105	4,370	4,399	4,561	4,590	5,572	6,207

표1에서도 읽을 수 있듯, 오가사와라 제도의 인구는 1890년대
부터 급증한다. 오가사와라 제도에서는 1890년대에 안정된 영농
의 기반이 형성되었기 때문이다.

1883년에 내지에서 오가사와라 제도로의 도항·이주가 다시
풀리자 메이지 정부의 권농 정책 차원에서, 오가사와라 제도에
서도 몇 가지 상품작물의 재배가 이루어졌다. 커피, 레몬, 바나나,
파인애플을 비롯하여 각종 농산물이 실험적으로 재배되기 시작
했는데, 결국 1890년대 이후 지치지마 섬에서는 사탕수수 재배
와 제당이, 하하지마 섬에서는 당업과 더불어 채소류의 재배가
내지에서 입식한 사람들의 주요 생계 수단이 된다.[29] 오가사와라
제도에서 당업 종사자는 거의 내지 출신자(의 자손)에 한정되었

고 선주자(의 자손)들은 대체로 관여하지 않았다. 이런 경향은 아시아태평양전쟁 중 강제 소개疏開 때까지 거의 일관되었다.

한편 앞 장에서 살펴본 오가사와라 제도의 선주자(의 자손)들이 주도하는 월경적이고 자율적인 교역과 이동은 세기 전환기에서 제1차 세계대전 사이, 북태평양 섬들이 구미와 일본에 의해 분할되는 과정에서 점차 국가의 규제 대상이 되었다.

우선 1890년, 그때까지 '외국인' 선원의 자유로운 상륙이 묵인되었던 오가사와라 제도에서 '외국인' 선원의 상륙을 원칙적으로 금하는 법적 장치가 처음 선포되었다. 당시 도쿄부 오가사와라 섬 도사島司가 부지사府知事와 외무성에 올린 보고서에는 '외국인' 선원이 상륙하여 '귀화인'과 접촉하는 것이나, 범선의 수용소적 노동 환경에서 기인한 경제(선원의 도망, 폭력이나 기물 파손 등 통제할 수 없는 일)가 섬의 육지에 미칠 영향을 '분란紛擾'이라 쓴 기록이 있다.[30] 오가사와라 제도의 현장 관리들에게 '귀화인'이 '외국인' 선원과 아무렇지 않게 접촉하고 월경적인 교역활동을 하는 것이 예전처럼 오가사와라 제도에서 일본의 주권을 정착시키는데 부득이한 비용으로 여겨진 것이 아니라, 이제는 일본의 주권 유지를 위협하는 것으로 여겨지게 된 것이다.

그러나 그 후에도, 잭 런던의 르포르타주에서 보았듯, 도청島廳·도사島司가 '외국선' 승무원의 상륙을 금한다 해도 실효성이 없었던 사례가 적지 않았던 것 같다. 1894년 『도쿄아사히신문』 기사에는 외국인 선원과의 교역에 관여하는 도민의 '탄원'으로 인해, 도청이 정한 날짜에만 선원의 상륙을 허가한다고 쓰여 있다.[31] 그러나 제1차 세계대전 중에 일본이 독일로부터 미크로네시아의 섬들을 탈취하면서 미·일 간 지정학적 긴장이 고조되고 1920년대에 지치지마 섬에서 일본군에 의한 사실상 군정이 개시되자, 오가사와라 제도로의 '외국선' 입항은 거의 폐쇄된다. 이렇게 오가사와라 제도의 선주자 자손들이 주도해온 월경적인 교역활동은, 태평양 세계에서 일본의 제국적 확대와 이에 따르는 국경 재편 과정에서 축소된 것이다.

이에 따라 선주자의 자손들에게도 공법/국제법상의 개정이 일어났다. 제1차 세계대전 전야인 1911년, 미국의 제창으로 해달과 물개의 해상 포획을 전면 금지하는 국제조약인 해달및물개류보호국제조약North Pacific Fur Seal Convention of 1911이 체결된 것이다. 1905년 러일전쟁의 포츠머스 강화조약으로 미나미 가라후토南樺太(남사할린)와 함께 오호츠크 해 물개의 번식 섬인 추레니 섬을 주권에 편입시킨 일본도, 영국 및 러시아와 함께 조약에 서명했다.[32] 포경업이 종식된 후 해달·물개 수렵선을 타고 돈벌이 어업으로 생계를 꾸려온 오가사와라 제도의 선주자 자손들은, 북태평양에서 일본의 제국적 확대와 국경 재편의 움직임 속에서 풍부한 생계의 기반을 갑자기 잃게 된 것이다.

당시 신문기사 등을 보면 1910년대 후반에 이미 선주자 자손

중, 재산을 모으는 데 성공한 일부를 제외하고 대부분의 사람은 생활에 곤란을 겪었던 것을 알 수 있다.[33] 19세기 전반 이후 오가사와라 제도를 중심으로 하여 저팬 그라운드에서 이루어진 '바다' 이동민의 자주관리 영역은 이 시점에서 일본 국가에 거의 완전히 포섭되어버렸다고 할 수 있다.

이와는 대조적으로 20세기에 들어서며 오가사와라 제도 내지 출신자(의 자손)들의 경제 상황은 상대적으로 풍요로워졌다. 가장 큰 요인은 표2에서처럼 그들의 주요 수입원이었던 농업, 특히 설탕의 생산액이 비약적으로 증가했기 때문이다.

표2: 오가사와라 제도 내 설탕 생산액의 변천(단위: 엔)[34]

연도	1882	1885	1890	1895	1900	1905	1910	1915	1920	1925
생산액	363	3,429	260,153	315,552	196,892	108,854	205,297	236,030	797,339	595,752

1920년대 중반이 되면 세계 시장의 당류 가격 폭락으로 오가사와라 제도의 설탕 생산 농가도 위기에 처한다. 당시 역시 당업을 주요 생산으로 삼은 오키나와 제도 농민들은 '소테쓰 지옥'[다이쇼 말기부터 쇼와 초기에 걸쳐 일어난 공황. 당시 오키나와 인구의 70퍼센트가 살던 농촌에서는 극심한 불황으로 쌀도 감자도 없어서 야생 소철蘇鐵을 먹으며 버텼다. 독성이 있기 때문에 잘못 조리하면 죽음에까지 이르렀는데, 그럼에도 굶주림 때문에 식용할 수밖에 없을 정도로 피

폐한 시절이었다]이라 불리는 빈곤에 빠졌고, 많은 사람이 내지의 대도시나 일본의 국제연맹 위임통치하에 있던 '남양 군도' 등으로 생계의 터를 찾아 이주했다.[35] 오가사와라 제도에서도 얼마간 '남양 군도' 혹은 이오 열도로 (재)이주하는 사람이 증가했다.[36]

표3: 오가사와라 제도 내 농산물 생산액의 변천(단위: 엔)[37]

연도	1926	1927	1928	1929	1930	1931	1932	1933	1934	1935	1936	1937	1938	1939	1940
토마토	5,246	5,653	6,472	5,907	5,924	23,413	87,214	118,536	153,844	153,766	136,672	139,021	98,375	135,765	181,854
단호박	8,826	8,061	10,629	15,425	13,194	36,893	46,473	132,801	133,568	186,281	218,963	251,600	274,702	387,654	600,905
오이	1,755	1,450	1,507	4,411	1,652	5,669	8,301	22,049	33,177	39,830	55,392	12,832	31,717	30,058	28,858

그래도 오가사와라 제도는 오키나와와 달리 1930년대 들어 많은 농민이 다시 생계를 꾸릴 수 있었고, 인구의 유출도 멈춘다. 이것은 오가사와라 제도의 영농이 당업에서 채소 재배로 바뀌었기 때문이다. 표3과 같이 내지의 겨울철에 맞춰 출하되는 토마토, 단호박, 오이, 가지, 동과冬瓜, 수박 등의 재배가 성행하게 되었다. 1930년대의 오가사와라 제도에서 채소 재배는 내지 대도시 시장을 타깃으로 하는 속성 재배의 초창기 성공 사례가 되었고, 오가사와라 제도는 1943~1944년 '남양 군도'에서 일본군의 전황이 악화될 때까지 유례없는 경제적 번영을 맞이했다.

제국의 '배출구'로: 이오 열도와 척식 플랜테이션 경제

이오 열도(가잔 열도)는 나카이오中硫黄 섬, 기타이오北硫黄 섬, 미나미이오南硫黄 섬으로 이루어져 있다. 그리고 아시아태평양전쟁 말에 지상전이 있었던 이오 섬은, 도쿄에서 남쪽으로 약 1250킬로미터, 지치지마 섬으로부터 남쪽으로 약 250킬로미터, 사이판 섬에서 약 1100킬로미터 북쪽에 위치한 화산섬이다.

이오 열도도 오가사와라 제도처럼 본래는 무인도였는데, 앞서 서술했듯 1887년 도쿄부지사인 다카사키 고로쿠를 단장으로 하는 '남양' 시찰단이 메이지마루를 타고 이즈 제도에서 오가사와라 제도를 거쳐 이오 열도까지 순항한 바 있다. 그리고 다음 해인 1888년, 에노모토 다케아키의 허락을 받아 이 순항에 다마오키玉置와 함께 참여한 요리오카 쇼조나, 이 순항에 자극받은 지치지마 섬 주민 다나카 에이지로田中榮次郎 등이, 어업이나 유황 채굴 시험을 위해 이오 섬에 도항한다. 그리고 1891년 9월, 일본 정부는 칙령으로 이오 열도의 영유를 선언했고, 지치지마 섬의 도쿄부 오가사와라 섬 도청의 관할로 두기 시작했다. 다음 해인 1892년부터는 이오 섬에서 유황 채굴을 목적으로 한 본격적인 개발이 이루어졌고, 1898년에는 기타이오 섬의 개발도 착수된다.[38]

이오 열도의 영유 및 개발의 배경에는, 앞에서 서술했듯 1880년대에 일어난 근대 일본 최초의 남진론이 있었다. 이오 열도는 도리시마 섬과 함께, 오가사와라 제도에 이어 근대 일본이 추진한 '남양' 개발의 목표가 된 것이다.

표4: 이오 열도의 인구 추이[39]

연도	1895	1900	1905	1910	1915	1920	1925	1930	1935	1940	1944
이오 섬 마을 세대	1	1	8	52	129	169	196	-	-	184	216
인구	6	30	43	246	679	983	1,144	1,028	1,065	1,051	1,164
기타이오 섬 마을 세대	-	-	36	37	43	33	17	-	-	21	17
인구	-	-	179	169	212	179	75	124	92	103	90

이오 열도의 정주자 수는, 처음엔 유황 채굴 등 자연환경 수탈형 개발이 중심이었기 때문에 매우 소수였지만, 농업경제 발전으로 1910년경부터 표4와 같이 입식이 급증했다. 입식자 중에는 하치조 섬 출신자와 함께, 먼저 개발이 진행된 오가사와라 제도의 지치지마 섬·하하지마 섬에서의 (재)이주자가 높은 비율을 차지했다. 1938년에 지리학자인 이와사키 겐키치巖崎健吉가 이오 섬의 다이쇼 심상 고등소학교 학생들에게 '학부형 원적지' 조사를 실시했을 무렵, 절반의 '원적지'가 이 세 섬에 집중되어 있었다고 한다.[40]

이오 섬에는 하천이 없을 뿐 아니라 샘물湧水도 지하수도 없었기 때문에 입식자는 콘크리트 수조에 수도관을 연결해 빗물을 저장했고, 급한 대로 이것을 생활용수나 농업용수로 사용했다.[41]

그래도 이오 섬의 주요 산업은 강제 소개 때까지 거의 일관되게 농업이었다. 1944년 강제 소개 직전의 직업별 호수와 인구를 참조하면, 이오 섬 주민 1164명 중 582명, 기타이오 섬 주민 90명 중 33명이 농업을 주요 생계 수단으로 삼았다.[42]

이오 열도에서는 개발이 시작되고부터 20세기 초까지 유황 채굴과 어업, 채소류 재배를 통한 자급자족적 경제가 지속되었다. 그 후 1907년경부터 일시적으로 면화 재배가 주류를 이루었지만, 1910년대에는 사탕수수 재배와 정당精糖에 특화된 단일경작 monoculture 경제가 정착했다.

1920년대 후반에는 세계 시장에서 당가가 하락한다. 이오 열도에서도 오가사와라 제도에서처럼, 당업 단일경작 경제를 유지하기가 어려워졌기 때문에, 당업 이외에 코카인의 원료가 되는 코카, 향수의 원료가 되는 레몬그라스, 농업용 살충제의 원료가 되는 데리스를 재배하거나 정제精製했고, 내지 시장에 내다 팔 채소류를 재배하는 등 농산물의 다각화를 꾀했다. 특히 코카의 이출액은 1930년대 들어서면서 사탕砂糖의 이출액을 상회한다. 단, 앞서 말했듯 하천이나 용수가 없었기 때문에 쌀은 재배할 수 없었고 계속 이입에 의존할 수밖에 없었다.[43]

또한 한마디로 농업경제라 하더라도 이오 열도민의 경제에는 특이점이 몇 가지 있었다. 다음 표5에서 일목요연하게 말해주듯, 우선 소규모 자작농의 비율이 높았던 오가사와라 제도와 달리,

이오 열도의 개척 농민은 대개 소작인이었다. 게다가 그 대부분은 척식 자본인 구보타久保田 척식합자회사(1913년 설립)와 이곳을 매수한 이오 섬 척식제당회사(1920년 설립), 그 후신인 이오지마 산업주식회사(1936년 회사명 변경)의 소작인 혹은 그 경영자 일가의 소작인으로 일하고 있었다.

표5: 1939년 이오 열도에서 자소작自小作별 농가 호수·인구[44]

종별	전업				겸업			
	호수	인구			호수	인구		
		취업자	종업자	계		취업자	종업자	계
자작	2	25	12	37	-	-	-	-
자작 겸 소작	1	2	8	10	-	-	-	-
소작	22	50	135	185	61	158	218	376
계	25	77	155	232	61	158	218	376

또한 이오 열도의 소작인 과반수는 척식회사의 종업원을 겸하고 있었다. 이들 겸업자는 농사짓는 짬짬이 회사의 제당 공장, 코카 제조 공장, 레몬그라스 정제 공장이나 관련 창고에서 힘든 일에 종사했을 뿐 아니라, 정기선에서 이출입되는 상품의 항만 하역 일을 할 것도 요구받았다.[45] 게다가 이오 열도의 소작인들은 내지의 소작인 이상으로 지주의 간섭을 적잖이 받고 있었다.

1933년 11월 『도쿄아사히신문』 기사에는, 이오 섬 척식 제당회사의 소작인인 이토 히토시노마쓰伊東仁之松와 다키자와 히데키치瀧澤秀吉가 내지에 가서 도쿄부 소작관에게 자기들의 '궁핍'을 호소하는 쟁의조정을 의뢰했다는 보도가 실려 있다. 이 두 사람은 1932년에 결성된 이오 섬 소작인 조합의 대표였다.

기사에 의하면 이오 열도의 소작인은 일부 자급자족용으로 허가받은 식물을 제외하고 자유롭게 작물을 재배하지 못했고, 이오 섬 척식 제당회사가 지정한 사탕수수나 코카 등의 상품작물 재배를 요구받았다. 또한 수확물도 가정에서 식료로 필요한 양 외에는 모두 회사에 납입해야 한다거나, 시장가격이 안 좋을 때에는 수확물의 일부를 폐기할 것 등을 요구받기도 했다. 회사는 매상 중 소작료를 제한 액수를 소작인에게 건넸지만, 소작인들은 '자기 손으로 만든 것에서 도대체 얼마나 공제됐는지도 모르는' 상황이었다.[46] 게다가 수확물의 매상이나 회사 관련 노동에 대한 보수를 회사가 지정한 점포에서만 사용할 수 있는 금권金券으로 지불하기도 했다고 한다.[47]

또한 이오 열도의 정기선 입항이 2개월에 한 편 뿐이었던 적도 있었고, 소작인들은 쌀이나 학용품 등 생필품을 포함하여 섬 바깥에서 물건을 들여올 때 신바시新橋에 있는 계열 자본의 제산업堤産業 창고에 회사가 위탁하고 매입해둔 물품을 구입해야만 하는 입장이었다. 게다가 이런 상품의 소매가는 통상적 가격보다 더

비쌌다.[48] 소작인들 가운데는 회사가 소작료를 공제한 데다가, 이들 생필품 구입비까지 공제되었기 때문에 빚을 질 수밖에 없었던 사람도 많았다고 한다. 이토伊東와 다키자와瀧澤는 『도쿄아사히신문』의 기자에게 "어쨌든 빚이 없는 이는 최근 [소작인에] 뛰어든 고작 2~3명에 불과하다"고 호소했다.[49]

즉, 이오 열도의 소작인들은 생산과정에서는 내지 소작인 측면과 농업 노동자적 측면을 함께 갖고 있었을 뿐 아니라, 유통·소비 과정에서는 대부분 지주 측에 장악되었기 때문에 지주 측에게 수탈당하기 쉬운 입장이었던 것이다.

이렇게 이오 열도는 척식 자본이 지배하는 플랜테이션형 사회였다. 일본의 법문상 '내지'에 속하는 섬들에서 이런 척식 자본의 플랜테이션형 사회가 형성된 사례로는, 세기 전환기 오가사와라 제도–이오 열도와 관련해 '남양'의 일부로 여겨진 다이토大東 제도를 들 수 있다.

다이토 제도의 개발은 이오 열도보다 10년 정도 더 늦게 다마오키 한에몬의 주도로 시작되었다. 다마오키는 1900년, 범선인 가이요마루回洋丸를 계약한다. 그리고 초창기 이오 섬 개척에도 관여한 요리오카 쇼조를 단장으로 하여 하치조 섬 주민을 중심으로 하는 돈벌이단을 조직해 미나미다이토 섬에 파견한다. 다마오키가 다이토 제도를 개발하려 한 것은 도리시마 섬에서 본인이 주도한 남획으로 신천옹의 수가 격감했기 때문에 신천옹이 서식하는 섬을 새롭게 찾기 위해서였다. 그러나 미나미다이토 섬은 본래 신천옹 수가 적었기에 다마오키의 계획은 빗나간다.

그러나 오가사와라 제도 등에서의 당업 성공 사례를 숙지한 요리오카의 조언에 따라, 다마오키는 다이토 제도의 개발 방침을 자연환경 수탈형에서 농업 입식지 건설로 전환한다. 1903년에는 기타다이토 섬의 개척도 시작되었다. 다마오키 상회는 입식자에게 의식주 관련 비용과 물품을 제공하면서 이들로 하여금 무상으로 개척 노동에 종사하게 했고, 대신 개간한 토지의 소작권을 부여했으며, 개간 후 30년 뒤에 경작지의 소유권을 양도한다는 약속을 구두로 주고받아 개척지를 늘려갔다.

그런데 다마오키 한에몬 사후에 아들인 나베타로鍋太郎가 경영권을 인계한 다마오키 상회는, 1916년에 스즈키 상점의 알선으로 다이토 제도의 사업권을 갑자기 동양정당주식회사에 팔아넘긴다. 히라오카 아키토시平岡昭利의 지적대로, 다마오키 상회는 다음 해인 1917년, 정부로부터 다이토 제도의 토지를 불하받은 뒤 그 토지 전체를 같은 가격으로 동양정당에 전매한다. 즉, 다마오키 상회는 처음부터 토지를 전매하고 자산 가치가 높아진 사업을 양도하여 이익을 얻을 계획이었던 것이다.

이렇게 다이토 제도의 개척 농민들은 개간 30년 후에 경작지의 소유권을 양도한다는 구두 약속을 파기당하고, 동양정당 및 이것을 매수한 대일본정당주식회사의 반영속적인 소작인이 되어

더 혹독한 관리를 받게 되었다. 이오 열도에서처럼 다이토 제도도 다마오키의 개발이 시작된 이래로, 섬 내에서의 노임은 척식회사가 발행하는 금권으로 지불되었고, 섬 내의 유통·소비 과정에서 소학교나 경찰의 운영까지 모두 척식자본이 지배했는데, 동양정당·대일본정당의 소유로 넘어가면서는 아예 소작인의 자주적 제당이 전면적으로 금지되는 등 생산과정까지도 철저하게 통제받게 된 것이다.[50]

한편, 이오 열도의 소작인들과 관련하자면, 앞서 서술한 수탈 상황이나 채무 상황에서도 기아로 고통받거나 생존이 어려운 세대世帶가 존재했다는 기록은 별로 볼 수 없다. 그 이유는 이오 열도의 소작인 세대가 척식회사의 소작인이나 종업원으로서 일하는 것과는 별개로 채집, 농업, 축산, 어업 등의 자율적 생산활동으로 자급용 식료를 얻을 수 있었기 때문이다.

예를 들면, 대부분의 소작인 세대는 고구마, 단호박, 동과, 오이, 토마토 등의 채소류나 바나나, 파인애플, 파파야, 망고, 패션 프루트, 수박 등의 과실류 재배와 같이 소규모 농사를 지었다. 이때 상품작물로 지정된 수확물은 회사 납입을 요구받았지만, 대부분 세대는 회사로 납입할 분량을 제하고도 자급으로 돌릴 만큼의 수확을 거두었다고 한다.

아사누마 히로유키淺沼頎行는 1929년에 이오 섬 북쪽 부락에서 태어났고 9세까지 이오 섬에서 자랐다. 2008년 내가 아사누마를 인터뷰했을 때, 양친이나 조부모가 사탕수수 이외에 레몬 그라스, 코카, 단호박, 동과 등의 작물을 재배했다고 회상했다.[51] 이런 자급용 농업에는 아이들도 큰 역할을 했다고 한다.

> 파인애플은 말이죠, 제대로 된 밭이 아니라 작물 수확을 할 수 없는 산에다가 심었는데…… 애들은 부모에게 '밭'을 좀 얻어서 거기에 심었어요. 손이 많이 가지 않아도 키울 수 있었죠.

또한 소작인을 포함하는 대다수 세대가 소, 돼지, 닭 등을 방목해서 키웠고 그것들의 우유, 고기, 계란의 상당수는 자급 식료로 소비되었다. 소에게는 섬에서 자라는 풀이, 돼지에게는 문어가, 닭에게는 섬 안 모든 곳에 서식하는 게가 먹이가 되었기 때문에 가축 사육에는 금전적 부담이 거의 없었다고 한다.[52]

아사누마의 집에서도 마루 밑에서 돼지를 키웠다. 돼지는 근처 4~5가구의 소작인 세대와 공동 소유였고, 집집마다 1년씩 돌아가며 돌봤으며, 잡을 때는 전 세대가 모여 고기를 나누었다고 한다.

> [이오 섬의 집들은] 마루가 높아요. 지열 때문에…… 그 밑에서 돼지를 키웠죠. 거기에 뜨겁게 익힌 문어를 통째로 놓아두곤 했는데…… 그대로 두면 [돼지가] 알아서 잘라 먹더라고요.

또한 카누를 이용한 연안어업으로 잡는 날치(봄), 전갱이(여름에서 겨울), 참치·삼치(여름에서 가을) 등의 풍부한 수산물도 섬사람들에게 단백질을 공급했다. 이오 열도에서 어업을 주로 생계수단으로 삼던 세대는, 1944년 4월의 강제 소개 직전에 이오 섬이 7세대 44명, 기타이오 섬이 8세대 48명이었다. 또한 수산물은 이 섬들 내에서 소비되었을 뿐 아니라, 갈고등어를 손질해서 수산 가공업에도 공급했다.[53]

그런데 단백질 공급이라는 측면에서는 오히려 섬 주민들이 다른 일을 하는 짬짬이 연안에서 낚시하면서 수산물을 얻었다는 사실이 중요하다. 이오 섬 주민이었던 오사다 유키오長田幸男는 청년학교 졸업 후 형의 사탕수수 재배를 돕는 한편 바다가 잔잔할 때는 아버지, 형과 함께 카누를 타고 고기잡이에 나갔다고 한다.[54] 아사누마도 소작인으로 농사를 지을 뿐 아니라 어업 등의 일을 겸하던 아버지를 '만능 선수'로 회상한다.

다랑어 시기가 되면 [카누] 다랑어잡이 배에 타셨어요. 그리고 [10~11월] 설탕 만드는 시기에는 설탕 일을 하시고……

또한 아사누마는 어릴 적 먹은 음식에 대해 다음과 같이 이야기한다.

먹는 거라…… 밥은 아침만 먹었고. 낮에는 고구마였죠. 근데 그 고구마는요, 집 앞에 증기가 나오는 데가 있는데, 봉투에 넣어서 거기에 두면 학교에서 돌아왔을 때 푹 익어 있어요. 낮엔 거의 고구마를 먹었고, 그리고 날치 말린 것, 상어 말린 것도 먹고. 밤에는 생고구마 잘라서 말린 걸 먹었는데, 그걸 설탕 넣고 찌면 단팥죽같이 돼요. 그리고 단호박도 설탕을 넣어서 찌고. 뭐 밥이나 반찬 같은 건 모르겠네요, 하하하. 그리고 날치 말린 거나 상어 말린 거, 그런 건어물은 거의 1년 내내 먹었지요.

다무라 데루요田村照代는 1933년에 이오 섬 중심 집락인 겐잔元山 부락에서 비공식적 소작인이었던 하치조 섬 출신 아버지와 이오 섬 출신 어머니 사이에서, 14명의 남매 중 장녀로 태어났다. 다무라도 아이들이 바위 아래에서 내뿜는 분화噴火의 증기를 이용해 고구마를 쪄 먹었다고 증언한다.

고구마는 집에서 가까운 밭에서 캤고 근처 증기 분화구 쪽에 넣어뒀어요. 그러고는 분화초라는 풀이 있는데, 그걸 위에 올려놓았죠. 분화초는 키가 30~40센티미터 정도 되는 풀인데, 뿌리가 옆으로 얇고 넓게 자라요. 그게 뿌리째 쉽게 뽑히는데, 덮개로 딱 좋죠. 그걸 고구마 위에 덮어놓고는 실컷 놀고 돌아와서 분화초를 치워보면 고구마가 푹 익어 있어요. 그러면 고구마 삶은 걸 꺼

내서 애들하고 바위에 앉아서 먹었죠.

이렇게 이오 열도 사람들은 대부분 소작인이었기 때문에, 척식 회사에 유통과정을 장악당해 수탈 대상이 되면서도 세대마다(경우에 따라서는 복수의 세대 단위로) 그 유통과정에서 상대적으로 자율적인 경제를 영위하며 살아갔음을 알 수 있다.

1870년대 일본 국가의 저팬 그라운드 병합을 시작으로 20세기 초까지 일본, 미국, 독일 등 신흥 제국들의 북태평양 섬 분할이 진행되었다. 그 분할과정에서 일본 국가의 과잉인구 '배출구'로 이용된 장소가 오가사와라·이오·다이토 제도였던 것이다. 19세기 말 '남양'이라고 범주화된 이 섬들은 처음에는 내지인이 수탈적으로 자연환경을 이용하면서 개발되었지만, 서서히 당업을 축으로 하는 농업 입식지로 발전했고, 그렇게 내지로부터의 이주자를 흡수해간 것이다.

제국의 '징검돌'에서 '버리는 돌'로: 총력전과 동원/난민화

이처럼 오가사와라와 이오 열도는 정비된 인구 규모를 가지는 농업 입식지가 되었다. 하지만 20세기 초부터 아시아태평양전쟁 때까지 태평양 세계를 둘러싼 일본과 미국의 지정학적 긴장관계가 고조되면서 이들 섬은 일본의 침략/진출의 '징검돌'로, 나아가 일본의 총력전에 있어서는 '버리는 돌'로 취급당하게 된다.

앞 장에서 다뤘듯 미국은 남북전쟁 때부터 1880년대까지 해군력 확장이나 영토 팽창에 대해 소극적이었지만, 1890년대 들어 해군력 확장 및 태평양을 향한 해외 영토 획득에 힘을 기울이기 시작한다. 그 신호탄은 1885년 설립된 해군대학교에서 해군사海軍史 담당 초대교관을 지낸 해군사가인 앨프리드 메이핸에게서 찾을 수 있다. 메이핸은 1890년대에 간행한『해상 권력 역사에 미친 영향: 1660~1783』에서 17~18세기에 영국이 해상 권력sea power을 축으로 세계 제국이 된 조건들을 분석한다. 그는 해군력을 핵심으로 한 미美 제국 건설의 이데올로그로 이름을 날렸고, 함대 결전주의 등 그의 군사 사상은 일본 해군의 전략에도 큰 영향을 미쳤다고 알려져 있다.[55]

1897년에 해외 팽창론자인 시어도어 루즈벨트가 해군차관으로 임명되자 메이핸은 그 브레인이 되어, 당시 미국계 '백인' 세력 주도의 쿠데타로 공화국이 수립된 하와이 제도의 병합을 강력하게 추진했다. 그리고 미국은 1898년 쿠바와 필리핀의 독립운동에 개입한 미서 전쟁(미-쿠바-필리핀-스페인 전쟁) 과정에서 하와이 제도를 병합하는 데 성공한다.[56] 나아가 미 해군은 쿠바와 필리핀 독립운동을 진압하면서 쿠바를 보호국화했고 필리핀을 점령했으며, 스페인으로부터 해군 증기군함의 저탄소로 사용한 괌 섬의 영유권도 획득했다.

한편, 독일은 미서 전쟁에서 패배한 스페인으로부터 괌 섬 이외의 마리아나 제도, 팔라우 제도, 캐롤라인 제도를 구입하면서, 미크로네시아 대부분을 통치하게 된다. 그러다가 1914년 시작된 제1차 세계대전에서 연합국 측에 참전한 일본 해군은 이 독일령들을 탈취하는 데 성공한다. 일본은 전시에 맺은 구미 각국과의 밀약 및 베르사유 강화조약의 결과, 오가사와라 제도와 이오 열도의 남쪽에 위치하는 적도 북쪽의 구 독일령을 획득할 수 있었으며, '남양 군도'라 칭하는 국제연맹의 C식 위임통치령으로 통치하기 시작한 것이다.[57]

이렇게 북태평양의 섬들은 미국과 일본에 의해 대부분 분할되었고, 태평양 세계의 해군제국으로 대두한 양국의 지정학적인 긴장관계도 점점 더 고조되었다. 미국은 병합한 하와이 제도 오아후 섬의 진주만에 해군기지를 건설했고, 군사적 이용을 위해 괌 섬을 폐쇄했으며, 필리핀에도 군사시설을 건설했다. 한편 일본은 미크로네시아 점령 직후에 트루크Truk(Chuuk) 환초環礁에 '해군 임시 남양 군도 방위대 사령부'를 설치했고, 이후 '남양 군도'를 해군의 군사적 전선前線으로 취급한다.

'남양 제도'의 점령으로 오가사와라 제도는 내지-미크로네시아 사이의 교통 요충지로서 새로운 경제적·군사적 의미를 갖는다. 대전이 끝난 1917년, 해군성은 일본 우편선이 오갈 수 있도록 요코하마·요코스카橫須賀 –지치지마 섬–사이판–트루크를 왕복하는 '남양 항로'를 취항시켰다. 그 후 '남양 항로'는 기항지와 편수가 확대되었고, 1932년에 이르러서는 모지門司·고베神戶·오사카大阪·요코하마橫濱 –지치지마 섬–사이판–티니언을 왕복하는 정기편이 연 17편에 달하게 된다.[58]

당시 일본의 '남양'론에서 오가사와라 제도, 이오 열도의 위치를 가장 명료하게 보여주는 것이 있다. 그것은, 대전 중인 1916년에 두 섬을 시찰 여행차 방문한 야마다 기이치山田毅一의 저서 『남진책南進策과 오가사와라 군도』다. 이때 야마다는 『국민신문』 기자라는 민간인 입장이었지만, 이 책 서문에 『국민신문』의 주재자인 도쿠토미 소호德富蘇峯를 비롯하여 당시 도쿄부지사·도쿄부 내무부장·도쿄부 오가사와라 섬 도사와 이름을 나란히 올린 것에서 알 수 있듯, 당시 위정자 측의 지지를 받은 입장이기도 했다.

야마다는 다음과 같이 주장한다. 1914년에 일본이 '남양 군도' 점령을 시작한 이후 '제국의 발전책은 남방으로 뻗어 식민지를 획득함과 동시에 태평양의 해상권을 제압하는 것'이고, '장래의 일본'이 '태평양에서 활약'하기 위해서는 '해군 대확장의 급무를 부르짖어야' 한다. 왜냐하면 이미 미국령이 된 괌과 필리핀이, 일본의 '남양 군도' 점령으로 '독립의 모습을 갖추면' '미국이 불쾌감을 가질' 것은 당연하고, 대전에서 당장 중립국 입장을 취하는 미국이 군 확장에 힘쓰는 것은(야마다 집필 당시 아직 미국은 참전하지 않았다), 독일이나 오스트리아-헝가리와의 전쟁 준비에 그치지 않고 '[일본]제국을 가상의 적으로 삼기 때문임은 숨길 수 없는 사실'이기 때문이다.[59] 흥미로운 것은, 이런 야마다의 주장은 앞서 서술한 메이핸의 해군력 확충론이나 태평양 인식을 그대로 일본 측에 이식한 듯한 논조라는 것이다.

그리고 야마다는 이렇게 태평양을 둘러싼 미·일의 긴장감이 높아지는 중에 대형 함선이 정박 가능한 '오가사와라 군도'야말로 태평양에서 '우리 남방 경략經略의 근거지' 내지 '제국 국방의 요충지'라고 설파한다. 여기에서 '오가사와라 군도'는 '제국의 남진'에 있어서 '자연스러운 스텝이자 스톤', 즉 발판으로 표현되었고 그 지정학적 중요성이 반복적으로 강조되고 있다.[60]

앞에서 보았듯, 19세기 말부터 세기 전환기에 활황한 일본의 남진론 속에서 오가사와라 제도는 조류 남획 같은 자연환경의 수탈적 이용, 무관세 자유무역, 내지 과잉 인구의 배출 등을 축으로 하는 '남양' 개발의 거점·모델로 주목받았다. 그런데 제1차 세계대전을 거치며 일본에서 오가사와라 제도는 더 '남양'으로의 군사적·경제적 확장을 겨냥한 '징검돌'로 파악되었던 것이다.

이런 와중인 1920년, 일본 육군은 해군의 지원을 받아 지치지마 섬에 요새를 건설하기 시작한다. 1922년의 워싱턴 해군 군축 조약(해군 군비 제한에 관한 조약)에서 오가사와라 제도의 군사시설은 불확충, 현상 유지 대상에 포함되었지만, 일본군은 다음 해

1923년 4월의 조약 발효 직전에 육군 지치지마 섬 요새 사령부를 개설하고 군사 기능을 유지시키고자 했다. 그 후, 국제연맹 탈퇴와 함께 1934년 일본은 워싱턴 해군군축조약의 파기를 통보하고, 1936년 이 조약이 효력을 잃을 때까지도 부속 시설의 건축·정비가 비밀리에 이루어지면서 비밀기지화·요새화가 진행되었다.[61]

또한 요새 건설을 시작한 다음 해인 1921년에는, 지치지마 섬에 요새지대법이 적용되면서, 주민 생활이 사실상 요새 사령부의 군정하에 놓이게 되었다. 요새지대법이란, 일본군이 요새 지대로 지정한 영역에서 치안 관리나 주민 생활을 관리함에 있어서, 경찰을 포함하는 행정기관보다도 요새사령부에 우선권을 부여하는 것이다.[62] 그러나 요새지대법이 적용되는 중에도 지치지마 섬에 살고 있던 내지 출신자(의 자손) 대부분은, 1941년의 대對 미국·영국·네덜란드 개전과 함께 요새 확장 공사가 시작되고 주둔 부대가 대폭 증강될 때까지, 섬의 군사화를 일상생활 속에서 그다지 의식하지 않았던 것 같다.[63]

그러나 지치지마 섬에 주재한 선주자 자손들의 상황은 상당히 달랐다. 나는 2000년경부터 여러 해 동안 1920년대에 지치지마 섬에서 태어난 주민을 대상으로 집중적으로 인터뷰를 한 적이 있는데, 그중 선주자의 자손 상당수가 1930년대 어떤 시점부터 요새사령부 직속 헌병이 말을 타고 '귀화인'으로 간주된 집들을 연일 순회했던 일을 기억했다.

예를 들면, 어머니 쪽 선조가 '외국' 출신자인 이케다 미노루池田實의 가족은 요새사령부로부터 '귀화인'으로 간주되어 경계 대상이 되었다. 미노루는 1927년 군마群馬 현 출신 아버지와 지치지마 섬 출신 어머니 사이에서 현재의 도쿄도 항구에서 태어났고, 현재 시부야澁谷 구에서 6세까지 살았다. 하지만 "어머니는 아무래도 이 섬(지치지마 섬)에서 태어나 자랐고, 도쿄의 추위도 몹시 힘들어서" 그리고 "아버지는 하던 일을 그만둔 뒤 새로 일도 찾을 수 없고 해서 여기(지치지마 섬)에 함께 왔다"고 한다. 미노루는 '전쟁 시작 전'부터 요새사령부의 헌병이 '귀화인 집'에는 '거의 매일 하루도 빠짐없이' '실태 파악'을 하러 오곤 했다고 이야기했다. 그리고 미노루의 부친은 헌병대에 끌려간 적이 한 번 있었다고 하는데 잠시 그 대화를 소개한다.

이시하라: 헌병이라고요?…… 그런데 아버지는 일본, 그러니까 내지 쪽 분이잖아요?

미노루: 그렇죠. 그런데 하루는 헌병대에 불려가서 안 돌아오시는 거예요. 사무소에 계실 땐데 그땐. 그래서 왜 간 거냐고 물어보니까 그건 끝내 돌아가실 때까지도 말씀하지 않으시더라고요. 그날은 불려 가시고는 밤새 돌아오지 않았는데. 술·담배도 안하던 분이고, 사무소에서는 그냥 배급 담당 일을 하셨어요. 그랬는

데 뭣 때문인지 헌병한테서 호출이 와서 가신 거죠. 우리도 다들 걱정이 되어 잠을 못 잤어요. 아무래도 아버지를 부른 게 헌병이 다보니까.

이시하라: 집에 언제 돌아오셨나요?

미노루: 저녁쯤에 오셨어요. 헌병이 할 이야기가 있다고 했다네요. 어머니는 이유도 모르니 무서워서 울기만 하셨고요. 밤새 돌아오지 않으니까 '분명히 죽었을 거야'라고 생각하셨죠. 아무튼 그랬고요. 아버지는 왠지는 모르겠는데, 말할 수 없으셨던 거예요.

이시하라: 무사히 돌아오신 건지……

미노루: 그렇죠. 그런데 아무 말도 없으셨어요. 진짜 아무 말도 안 하셨어요. 죽어도 말을 안 하시더라고. 돌아가실 때까지도 아무 말 안 하셨어요. 모르겠어요. 뭔 조사를 받긴 한 건데…….

이렇게 선주자의 자손들은 일본 군정 당국에게 '귀화인=잠재적 스파이'로 간주되었고 혹독한 관리와 감시의 대상이었다.

그리고 대 영국-미국-네덜란드 전 개전 직전인 1941년 7월, 선주자의 자손들에게 호적을 일본식으로 개명하라는 요새사령부로부터의 명령이 떨어졌다.[64] 일본 통치하의 조선이나 타이완에서 실시한 창씨개명은 널리 알려져 있지만, 이 '오가사와라 제도판 창씨개명'은 별로 알려져 있지 않다. 세보레→세이보리瀨堀, 웹

→우와베上部 같은 변경에는 뭔가 이전 성씨에 가까운 발음을 남겨두고자 한 흔적이 보인다.

한편, 이오 열도의 군사화는 1932년에 해군의 이오 섬 비행장 착공에서 시작된다. 워싱턴 해군 군축조약으로 이오 열도의 군사시설도 불확충, 현상 유지의 대상에 포함되었기 때문에, 이오 섬 비행장은 '도쿄부 제2농장'이라 이름 붙여져 착공되었다. 하지만 1941년의 미-영-네덜란드 전쟁의 개전 후에도 육군의 강력한 요새가 지어진 지치지마 섬 등에 비하면 이오 섬의 군사화는 매우 더뎠다.[65] 이오 섬의 군사화가 급격하게 진전된 것은 '남양 군도'에 미군이 본격적으로 들어온 1944년 들어서부터다. 가옥 일부를 병영으로 제공하라고 요구받은 세대도 많았고 도민의 일상 생활에까지 군사가 깊숙이 침투했다.[66]

오가사와라 제도, 이오 열도의 남방에 위치하는 '남양 군도'는 1933년에 국제연맹을 탈퇴한 뒤에도 일본이 '연맹에 협력하는 비가맹국'으로서 계속 위임통치했다. 그리고 1940년에 독일·일본·이탈리아 삼국동맹이 체결될 때, 일본 측과 독일 특사 사이의 부속비밀교환공문에 의해 독일에서 일본으로 정식 양도되었다. 일본 해군이 삼국동맹 체결을 강력하게 지지한 이유는, 남진 노선을 얻는 과정에서 불가피해진 대영 결전의 전략 거점으로 사용하기 위해, '남양 군도'의 직할화를 통한 군사화를 목표로 했기 때문이다. 도마쓰 하루오笭松春夫가 논하듯, 이를 알고 있던 독일 특사 하인리히 슈타머는, 삼국동맹을 체결하기 위해서 '남양 군도'의 주권이 독일에 귀속하는 것을 일본이 일단 승인한 이후에 독일이 일본에 '남양 군도'를 양도한다는 비밀공문을 본국 외무성에 무단으로 작성해 보냈다.[67]

'남양 군도'가 (적어도 일본 측 인식에서) 명실공히 일본 직할지가 되자, 일본 해군은 죄수나 주민까지 동원해서 항공기지와 항만시설 건설에 박차를 가했다. 일본 해군은 러일전쟁에서 동해 해전을 승리로 이끈 함대 결전주의를 모델로 삼았는데, '남양 군도'를 '불침 항공모함'화하여 미 함대에 피해를 주면서 일본 근해에서 양쪽 주력 함대를 중심으로 함대 결전으로 몰고 가면 승리할 가능성이 있다고 계산했기 때문이다.[68] 이런 전략은 아이러니컬하게도 '적군'인 미 해군 앨프리드 메이핸이 일찍이 주창한 조력 함대 결전론을 경직적이고 초역사적으로 원용한 것이었다.

그러나 이 일본 해군의 무모한 전략은 일본의 10배 이상 경제 규모로 지구전에 압도적으로 유리했던 미국에게는 통하지 않았고 일본군은 패퇴를 거듭했으며, 1944년 들어 미군은 일본군에게서 '남양 군도'의 섬들을 하나씩 탈취하고 있었다. 미군은 1944년 6월부터 8월까지 사이판이나 티니언 등 마리아나 제도의 주요 섬들을 거의 수중에 넣었고 일본군에 점령된 미국령 괌 섬도 거의 탈환했다.

일본군 대본영大本營[전시에 일본 천황 직속으로 두었던 최고 통수부統帥部]은 마리아나 제도를 빼앗은 뒤, 내지 방위 전선前線으로 강력한 요새를 정비한 오가사와라 제도의 지치지마 섬이나, 여러 개의 활주로 때문에 미군의 표적이 되리라 예상된 이오 섬에서 지상전 수행을 꾀했다.[69] 한편, 미군 합동참모본부는 마리아나 제도의 다음 침공 경로로 처음에는 필리핀에서 타이완을 경유하는 루트를 검토했으나, 1944년 10월에 이오 섬에서 오키나와로 향하는 루트를 최종 결정했다.[70]

사이판을 제압한 시점에서 일본의 패전은 확정적이었지만, 일본의 전쟁 지도자들은 '국체 보존'을 포함하는 유리한 조건에서 강화할 목적으로 항복을 계속 유보했다. 그 결과 주지하듯, 오키나와에서의 지상전, 내지 공습, 히로시마·나가사키 원폭 투하, 소련 참전으로 인한 '만주' 입식자 박해가 이어진다.[71] 하지만 오가사와라 제도나 이오 열도의 주민이 강제 소개되어 난민이 되거나 지상전 참가 등의 군무 동원을 강요받은 일은, 현재 일본 내에서도 별로 알려져 있지 않다.

미군이 '남양 군도'를 장악한 1944년 4월, 오가사와라 제도, 이오 열도에서 내지로의 강제 소개가 본격 시작되었다. 6월 15일, 이 두 제도는 미군으로부터 최초의 대공습을 받는다. 그리고 제109사단장(오가사와라 병단장)인 구리바야시 다다미치栗林忠道는 육군대신에게 비전투원 '귀환'을 요청했고, 그 결과 6월 26일에는 도쿄도 장관이 내무·후생 두 차관의 통첩에 기반하여 도쿄도의 오가사와라 지청장에게 '귀환 명령'을 발동했다. 결국 1944년 4월부터 7월까지 약 4개월간, 오가사와라 제도민 6457명 중 5792명, 이오 열도민 1254명 중 1094명이 내지에 소개되었다.[72]

두 제도의 소개자 중에는, 도쿄도 장관의 '귀환 명령' 이전에 소개한 2014명이 포함되어 있다. 이것은 '자발적 의사'의 소개이지 강제 소개가 아니라고 하는 견해도 있다.[73] 그러나 1944년 2월, 미군이 마셜 제도를 침공하자, 대본영은 이미 오가사와라 제도와 이오 열도를 내지(도쿄) 방위를 위한 전선으로 사용할 작전을 세웠고, 그 뜻을 받아들인 육군이 오가사와라 사무소와 경찰에게 주민의 소개를 내밀하게 권고했기 때문에, 6월 26일 이전의 소개도 포함해서 섬 전체 강제 소개라고 표현하는 쪽이 적당할 것이다.

두 제도의 주민은 휴대가 허용된 작은 짐을 제외하고 집, 밭, 선박 등의 모든 재산을 포기해야 했다. 아시아태평양전쟁 말기의 '소개'라는 말은, 내지의 도시 주민이 공습을 피해 농어촌으로 피난하는 것을 연상시킨다. 하지만 오가사와라 제도나 이오 열도에서의 강제 소개는 실질적으로 강제 추방이었고, 이들 군도의 주민들은 '소개 난민'이 된 것이다. 두 제도민은 오랫동안 일구어온 생활·생업의 기반을 국가로부터 뿌리 뽑혀 난민이 된 것이다.

내지로 강제 소개된 두 제도 주민들은 주로 관동 지방의 친척을 찾아 흩어졌다. 오가사와라 제도의 강제 소개자 중에는 지치지마 섬에 거주하던 선주자의 자손도 포함되었다. 선주자의 자손들은 내지에 친척이 없는 사람이 많았고, 도쿄·군마의 기숙사에 살면서 방적 공장이나 군수 공장에서 일했다. 군마의 시가지가 대규모 공습을 받은 뒤 그들 대부분은 사이타마埼玉의 무사시란잔武藏嵐山 쪽으로 소개됐지만, '생김새가 다르다'고 해서 먹을 것을 구하기 어려운 적도 많았고, 말 그대로 생존 투쟁을 계속 강요받은 것이다.[74]

한편, 오가사와라 제도와 이오 열도의 남자 청장년층 대부분은 강제 소개의 대상에서도 제외되어 군속으로 징용되었다. 1944년 7월 말에 오가사와라 제도에 남겨진 도민은 665명, 이오 섬은 160명이었다(단, 기타이오 섬은 잔류자가 없었다).

이오 섬에서 16세부터 60세까지의 남자는 원칙적으로 현지 징용 대상이었다.[75] 잔류한 도민 중에는 지상전이 소개될 때까지 군명령으로 지치지마 섬으로 이송된 사람도 57명(이 57명에는 뒤에서 이야기하겠지만 이오지마 산업주식회사의 '징용'으로 남은 22명 중 6명이 포함된다) 있었는데, 남은 103명의 도민은 해군 204설영대設營隊[주력 부대가 전진하여 작전이 예상되는 새로운 위치에 주력 부대가 도착, 그곳을 점령하기 이전에 미리 확보하고 정찰하여 사전에 지역을 편성하기 위하여 대표로 파견된 부대]나 육군 이오 섬 임시 야전 화물 기지에 군속으로 지상전에 동원된다.[76] 해당 연령 남자라 해도 부양 가족이 있는 사람은 현지 징용을 면해줬다는 기록도

남아 있지만, 이오 도민의 현지 징용 면제에 어떤 기준이 적용되었는지는 분명히 밝혀져 있지 않다. 강제 소개 경험자 앙케트 결과에 따르면 첫아이를 임신 중인 아내가 있는 와중에 현지 징용 대상이 되고 그대로 죽음으로 내몰린 사람도 있었다고 한다.[77]

오가사와라 제도에서는 결과적으로 지상전은 비껴갔지만, 격렬한 공습으로 주요 도로가 거의 파괴되었고 많은 장병이 희생되었다. 오가사와라, 이오 열도 주민 중 최종적으로 지치지마 섬, 하하지마 섬에 배속된 544명의 피징용자 중 일본군이 항복할 때까지 죽은 사람도 44명에 이른다.

오가사와라 제도 선주자의 자손 중에도 군속으로 동원된 사람이 5명 있었다(당시에는 징용 공원으로 동원된 사람도 있었다). 그 한 명이 제프리 길리(호적상에는 노자와 유키오野澤幸男)인데 그는 2009년까지 생존했고, 사망하기 전까지 약 10년간, 여러 번 그의 집에 방문하여 이야기를 들을 기회가 있었다. 제프리는 당시 징용 공원工員으로 소속된 부대의 상관인 한 기사技師에 의해, 미군 공습 때에 방공호 바깥에서 '인간 방패'로 몰아세워진 일 등의 혹독한 학대를 받은 경험을 몇 번이나 내게 이야기했다.

제프리: 난 징용 공원이었어요. 거기에서 6개월 정도 (해군 군속으로) 209설영대에 들어갈 때까지. 정말 힘들었죠. 그 사람 말이지…… 아, 정말 너무했어. 사람을 어떻게 그렇게 할 수 있어…….

이시하라: 처음, 그 6개월이 심했다는 건…….

제프리: 뭐 그러니까, 뭐라 해야 할까…… 음, 사람 중에는 나쁜 사람들이 있잖아요. 나도 생김새가 다르다고 해서, 뭐 영어는 전혀 사용하지 못하게 했고, 또 그게 의무이기도 했어요. 그런 건 이해할 수 있었다 쳐도, 그냥 생긴 게 달라서였다는 게. 그런데 공습이 있을 때면 나만 밖에 몸을 묶어 놓고…… 그 뭐야, 그냥 기둥에 날 묶어 놓는 거예요.

이시하라: 밖에 묶어놨다고요?

제프리: 네. 밖에…… 물속에 들어가게 해서…….

제프리는 해군 209 설영대 소속으로 패전을 맞았다. 그런데 그는 무장 해제 이후에 전 상관으로부터, 제프리가 미군의 전범 수사 협력자가 될 것을 두려워한 109사단 간부들이 그를 '스파이' 혐의로 '처분＝살해'할 것을 검토했다는 얘기를 듣게 되었다고 한다.

또한 이오 섬사람 103명 잔류자 중에는 당초 군속으로 정규 징용되지 않고, 이오지마 산업주식회사 업무에 종사했던 22명이 포함되어 있다. 그중 5명은 이오 섬 여성과 결혼한 오키나와 출신자도 있었다.[78] 이 22명 중에 지상전에 동원되어 살아남은 5명 중 3명, 지상전 시작 전에 내지로 이송된 6명 중 3명, 그리고 전사한 11명 유족의 일부가 모여서 1960년대에 이오지마 산업주식회사 피해자지지연맹을 결성한다. 연맹은 회사에 대해, 미납 임금 지급, 전사자 유족 위자료 지급, 부상자 치료 위로금 지급 등을 요구했다.

이 연맹이 작성한 팸플릿의 주장을 보자. 주장에 의하면 이 22명은 1944년 7월 초순, 이오 섬의 촌장이나 마을 사무소 병사 담당으로부터 군 명령으로 '징용' 대상이 되었다는 통보를 받고 섬에 남았다. 하지만 실제 군으로부터 징용 문서 교부나 업무 지시는 전혀 없었다고 한다. 그들은 이오지마 산업주식회사의 현지 책임자였던 상무常務 단속관의 감독하에 코카 채취나 코카인 제조·포장·운반 등 회사 업무에 종사한다. 그러나 상무는 코카인 제품이출 절차가 끝나자 22명 중 몇 명에 대해서만 내지 도항 편의를 봐주었고 그들만 7월 말에 군용기에 태워 내지로 피란시켰다. 그렇게 '징용' 대상자 16명이 이오 섬에 남게 되었다.

남은 16명은 9월 27일에 군사령부에 불려갔고 그때 처음으로 자기들이 군으로부터 정규 징용을 받은 것이 아니었음을 알게 된다. 그러고는 "이 섬도 드디어 전장이 될 가능성이 생겼다. 그리고 도민이 제멋대로 이동하면 군기가 무너지므로 오늘부터 제군을 징용한다"는 선고와 함께, 정식 군속으로 현지 징용되어 징용 문서와 임명을 받았다고 한다.

진상 확인과 관계자 보상을 요구하는 연맹 측에 따르면, 당시 주둔군 장교의 설명이나 이오 섬 마을회 전 의원의 증언 등을 종합할 때 이오지마 산업주식회사는 군수 공장으로 지정되지 않았다고 한다. 그런데도 회사 측은 군 의료용으로 공출할 코카인 제조 명목으로 주둔군에게 신고했고, 당시 이오 섬 촌장에게 이 '징용'을 고지했다는 것이다.[79]

이오지마 산업주식회사 피해자지지연맹의 대표는, 이오 섬 소작인 조합 대표를 맡았던, 앞에 언급한 다키자와 히데키치瀧澤秀吉였다. 필자는 2009년 다키자와 히데키치(패전 뒤 아사누마 히데키치淺沼秀吉로 개명)의 딸인 후유키 미즈에多木瑞枝는 1923년 이오 섬 북쪽 부락에서 태어났다. 미즈에는 강제 소개 전에 이오 섬의 동쪽 부락 출신자인 후유키 집안사람과 결혼하여 세 명의 아이를 낳았는데 남편은 강제 소개 대상이 되지 못하고 이오 섬에서 군속으로 징용되어 지상전 중에 사망한다.

강제 소개 대상이었던 미즈에는 패전 뒤 아버지 히데키치와 함께 살면서 도쿄에서 점령군 장교의 가정부 일을 했는데, 당시 점령군 시설에서 취사를 하던, 현재의 오타大田 구 출신의 다다요시忠義를 알게 되어 재혼했다. 결혼 뒤에는 다다요시가 후유키의 성을 따르기로 했다. 미즈에, 다다요시는 오가사와라 제도의 시정권 반환 뒤 바로 히데키치와 함께 지치지마 섬과 하하지마 섬으로 이주했다가 2004년에 내지로 돌아갔다. 미즈에에 따르면 히데키치는 102세가 되던 1994년까지 살았는데 이 '사기 징용' 문제에 대해 '죽을 때까지 항의했다'고 한다.

1945년 2월 19일, 미 해병대는 이오 섬 상륙작전을 시작했다. 1개월 이상의 지상전을 펼친 뒤 구리바야시 다다미치가 약 400명의 장병을 통솔하여 미군 진영 돌격을 결행한 3월 26일에 일본군의 조직적인 저항은 끝났다고 한다. 그러나 「NHK 스페셜」 '이오 섬 옥쇄전 – 생환 61년째의 증언' 취재에서 인터뷰한 생환자들의 증언에 따르면 3월 26일 이후에도 7월까지 미군의 투항 권고를 거부하거나 부하·동료의 투항을 저지하면서, 통일된 지휘 계통 없이 방공호 안에서 잠복과 저항을 계속한 일본군 장병이 대부분이었다.[80] 미군은 투항 권고에 따르지 않은 장병에 대하여 가차 없는 소탕 작전을 펼쳤다.

후생노동성의 조사에 따르면 이오 섬의 지상전에서 일본군 측의 사망자 및 실종자 수는 2만129명, 미군 측은 6821명이었다고 한다. 지상전에 동원된 이오 섬사람 1033명 중 93명이 사망했고, 미군 포로가 되어 지상전이 종결될 때까지 생존한 섬사람은 불과 10명이었다.[81] 이중에 이오지마 산업주식회사의 '징용'으로 이오 섬에 남은 16명 중 생존자는 5명이었다.[82]

그리고 1945년 3월 말 이후, 미군은 이오 섬에서 소탕 작전을 계속하면서 오키나와 섬과 그 주변의 섬들을 침공한다. 여름 동안의 지상전 중 일본·미군 장병 및 군부나 '위안부'로 징용·연행된 조선인 9만 명 이상이 희생되었고, 약 50만 명의 주민이 전투 과정에서 난민이 되었으며 그중 약 15만 명이 사망했다.

또한 난민이 된 오키나와 주민들은 패퇴를 반복하는 일본군 측에게 잠재적 '스파이'로 간주되었고, 미군의 보호를 받은 적이 있거나 오키나와어를 사용했다고 여겨지는 다수가 일본군 장병에 의해 학살되었다. 게라마慶良間 제도, 이에 섬伊江島, 요미탄 촌讀谷村 등은 일본군의 비밀 기지가 되었고 주민 대부분도 전투원으로 동원되었기 때문에, 군법의 영향력이 상대적으로 강한 지역에서는 미군이 상륙했을 때 주민들이 '집단 자결'하기도 했다.[83]

한편, 사키시마先島 제도에서는 지상전은 없었지만 많은 섬이 지상전의 병참기지가 되었고 주민의 소개나 군무 동원이 강제되었다. 가령 일본군이 식량 기지로 이용하려고 한 하테루마波照間 섬에서는 도민 전체가 이시가키石垣 섬의 내륙으로 강제 이주(난민화)되었고, 그중 3분의 1 이상인 461명의 도민이 말라리아로 사망한다.[84]

더욱이 오가사와라·이오 열도민이 강요받은 상황은 오키나와 제도의 상황 및 '남양 군도'나 괌 섬 주민의 상황과 같은 선상의 일로 파악해야 한다. '남양 군도'에서는 1940년 일본의 사실상 직할화 이후, 그리고 괌 섬에서는 일본군의 점령 시작 이후, 많은 주민이 군령에 따라 식량 생산이나 비행장 건설 같은 병참 업무에 종사했다. 미군의 공격이 본격화되자 각 섬에서 전투 중 사상자가 급증했고 또한 지상전에 섬 주민들과 조선인의 강제 이주나 군무 동원이 있었으며, 주민과 조선인 징용자 학살도 빈번했다.[85]

특히 괌 섬에서는 미군 공격에 쫓기자 일본군은 전 주민을 섬의 중부로 강제 이주시켰고, 그 과정에서 일본군에게 '스파이'로 간주된 수백 명의 주민이 학살당한다.[86]

마에다 데쓰오前田哲男가 간명하게 지적하듯 일본 해군은 1942년 여름 미드웨이 해전 패배 이후에도 섬들을 '불침항모不沈航母'로 이용하면서 결국 함대 결전에 휩쓸리게끔 하는 경직된 전략을 포기하지 않고 '조금씩' 철수를 거듭했다. 그러나 실제로 미·일 양군의 태평양 결전은, 미군의 항공기지 확보를 둘러싼 도서 쟁투전이 중심이 되었다. 그리고 양쪽의 싸움은 많은 섬들을 격전지로 만드는 최악의 결과를 초래했다.[87] 일본 국가는 패배과정에서 '남양 군도'나 괌 섬, 오가사와라 제도, 이오 열도나 오키나와 제도의 주민을 군무에 동원하거나, 강제 소개로 난민이 되게 하거나, 지상전으로 난민이 되게 하는 등(그 연장선상에 '스파이' 학살이나 '집단 자결'이 있었다) 이 섬들을 어떤 식으로건 제국의 총력전에서 '버리는 돌'로 내몰았던 것이다.

근대와 전쟁 경험의 기록

한때 오가사와라 제도를 중심으로 하는 서북태평양의 섬들은 저팬 그라운드라 불렸다. 이곳은 근대 일본 최초의 '남양'으로 파악되었고 무엇보다도 자연환경을 수탈적으로 이용하는 개발의 대상이 되었다. 그중에서도 오가사와라 제도나 이오 열도 등 몇 개의 섬은 정리된 인구 규모의 농업 입식지로 발전하지만, 결국 이들 섬은 일본의 침략/진출의 '징검돌'로, 나아가 총력전의 '버리는 돌'로 취급되었다.

패전 뒤 일본 사회에서 '유일한 지상전'이라는 표상은 오키나와에 덧씌워져왔다. 그러나 오키나와에 유일한 지상전의 이미지를 덧씌우면서 '이오토(이오 섬)'[이오 섬은 전쟁 중 섬 주민과 육군 사이에서는 '이오토'로, 해군 사이에서는 '이오지마'로 불렸다. 그 후 '이오토'와 '이오지마'가 혼용되다가, 구 도민과 자손들의 희망이 반영되어 2007년 이후 공식적으로 '이오토'로 바뀐다]는 더욱 잊혀졌다. 또한 '주민을 동원한 유일한 지상전'이라는 언설을 오키나와에 덧씌울 때는 더 기묘해진다. 이 언설은 '이오토'에 정주사회가 있었다는 것, 주민 중에 지상전에 동원된 사람들이 있었다는 것, 그리고 지상전으로 고향이 파괴되었다는 사실을 지워버릴 수 있기 때문이다. 또한 일본군이 지상전의 전장 또는 병참으로 이용하기 위해 주민을 강제 소개시킨 오가사와라 제도나 하테루마波照間 섬, 다이토 제도 주민들의 경험도 지워져버린다.

그러나 무엇보다도 유의할 것은 '유일한' 혹은 '또 하나의'라는 형용사가 암묵적으로 국가적 구조를 전제로 하고 있고, 결국 현재의 국경이나 국민의식을 특권화하는 효과가 있다는 것이다. 많은 주민을 죽음으로 내몬 마닐라의 시가전이나 괌 섬의 전투는, 분명 일본이 일으킨 전쟁 속에서 일본이 수행한 지상전이었다. 10년 이상의 중국 대륙 침략은 현지 주민에게는 일관되게 지상전으로 경험되었고, 동남아시아나 태평양의 섬들에서 미국-영국-네덜란드군과 일본군이 수행한 전투도 지상전이었다.[88] 당연한 것이지만 일본이 일으킨 전쟁에 의해 지상전에 휘말려간 영역은 지금 일본의 국경 내부에 한정되지 않는다.

그러나 또 한편으로 지상전을 역사화·맥락화하는 이런 작업을 두고 '전쟁에서 지상전은 부속물'이라거나 '지상전은 어디에나 있었다'는 식으로, 마치 죽음(죽은 자)을 교환 가능한 것인 양 상대화·일반화하는 언설로 귀착되는 것도 경계해야 한다.

우리는 지금, 오가사와라 제도나 이오 열도를 고향으로 삼고 살아온 사람들 혹은 이들 군도=고향에서 떨어져 타지에서 살 수밖에 없었던 사람들의 전쟁 경험을 그들의 전체적 근대 경험에 제대로 위치시킴으로써 아시아태평양의 근대를 부단히 다시 써나가야 하는 것이다.

제4장

냉전의
필요한 돌과
버리는 돌

점령과
기지화 · 난민화

群島の歴史社會學

리키시リキシ 대좌는 미리 섬의 역사에 대한
정보를 제공하면서 다음과 같이 말했다고 한다.
"여기[지치지마 섬에 주둔하고 있던 일본군 부대]에는
세이보리 집안사람이 있을 것이다.
세이보리 사람을 여기로 데려와라!"[1]

패전 이후 근대 일본은 서북태평양의 섬들을 매각하고 거기에
사는 사람들을 '버리는 돌'로 삼아 패전을 처리했다.

이런 상황은 다음의 매우 기묘한 조문에 상징적으로 나타나
있다.

일본은 미국이 국제연합에 제시한 북위 29도 남쪽의 남서 제도
(류큐 및 다이토 제도를 포함), 소후간孀婦巖 남쪽의 남방 제도(오
가사와라 제도, 니시노西之 섬 및 가잔火山 열도를 포함)와 오키노
토리沖ㅊ鳥 섬 및 미나미토리시마南鳥島 섬을, 유일한 통치 당국인
미국의 신탁통치하에 두려는 어떠한 제안에도 동의한다. 그러한
제안이 실행되고 가결되기까지 미국은 그 영해를 포함한 섬들의
영토와 주민들에 대해 모든 행정, 입법 및 사법권을 행사할 권리
를 갖는다.

이것은, 1951년에 미일안전보장조약(미국과 일본 사이의 상호 협력 및 안전 보장 조약)과 나란히 조인되어 다음 해에 발효된, 샌프란시스코 강화조약(일본과의 평화조약) 제3조다. 이미 미국은 일본과의 지상전 결과, 오키나와·아마미奄美 제도 등의 '남서 제도'나 오가사와라·류큐 제도(가잔 열도) 등의 '남방 제도'를 군사적으로 점령했다. 그리고 이 조문에 의해 미국은 오키나와·아마미·오가사와라·류큐 제도에 대한 배타적 시정권(입법·행정·사법상 통치권)과 군사 이용을 기정사실화하는 데 성공했다.[2]

일본은 이 조문을 통해 사실상 이 섬들의 시정권을 미국에 양도한 셈이다. 그러나 샌프란시스코 강화회의 자리에서 미국의 존. F. 덜레스 국무장관은 일본이 이들 섬에 대해 '잠재 주권residual sovereignty' 즉 영토 및 주민에 대한 처분권을 갖는다는 유명한 발언을 남긴다. 그러나 제3조에는 이 섬들의 주권 귀속처가 명기되어 있지 않다. 그렇다면 덜레스는 왜 이런 발언을 한 것일까?

그 이유는 미야자토 세이겐宮里政玄의 논의를 참고해서 다음과 같이 설명할 수 있을 것이다. 제3조와 덜레스의 발언에 따르면 '남서 제도'나 '남방 제도'에 대한 '잠재 주권'을 가지는(가지게 된) 일본은, 재독립하면서 자주적 형식으로 미국에 이 섬들을 무기한 임대한 셈이다. 즉, 3조와 덜레스의 발언은 분명 법문으로서는 무리가 있었다. 그런데 이는 섬 주민이 일본이나 미국, 국제연합 등 소위 주권국가 체계에 대해 영향력을 미칠 기회, 즉 자신들의 미래에 관해 정치적 자기결정권을 행사할 기회를 최소한으로 억압하기 위한 교묘하기 짝이 없는 법 조작이었던 것이다.[3]

또한 덜레스의 발언이 미국 입장에서는 결코 조문에 넣어서는 안 되었다는 점에 유의할 필요가 있다. 샌프란시스코 강화조약 발효 이후, 일본 정부는 소련 정부와 강화조약을 위한 교섭을 시작했고, 하보마이齒舞 제도와 시코탄色丹 섬 등 '두 섬의 반환'으로 '북방 영토 문제'가 타결될 조짐이 보였다. 그러자 덜레스는 강화조약 제3조에서 오키나와의 주권 귀속처가 불분명한 점을 이유로 들어, 당시 하토야마 이치로鳩山一郎 정권에 대해 구나시리國後 섬과 에토로후擇捉 섬을 포함한 '(북방) 4개 섬 반환'을 주장하지 않으면 오키나와의 '잠재 주권'도 보장할 수 없다는 위협을 가한다. 이 위협에는 일본과 소련의 화해를 방해하여 오키나와를 포함해 일본 내에서의 미군 주둔의 정당성을 확보할 목적이 있었다. 제3조에 '잠재 주권'이 기입되지 않은 것은 이렇듯 일본 정부를 협박할 중요한 재료였던 것이다.[4]

하라 기미에原貴美惠가 설득력 있게 논했듯, 샌프란시스코 강화조약이 만들어낸 '샌프란시스코 체제'는 단지 아시아태평양전쟁 이후 일본의 국제적 입장을 의미하는 데 머무르지 않는다. 이 체제는, 미국과 두 나라 사이 혹은 세 나라 사이의 군사동맹 체제와 더불어 '예전에 일본이 지배를 확장한 지역, 즉 동아시아 태평양 거의 전역에 걸친 냉전 체제'를 결정지은 질서였다. 이렇게 아시아태평양 각국과 지역이 미국의 군사적 주둔에 종속적으로 연결되는 냉전 체제는, 제2차 세계대전 이후 북대서양조약기구NATO라는 다국 간 군사동맹 체제를 형성한 서구와도 매우 다른 성격을 지닌다.[5]

샌프란시스코 체제가 형성되는 과정에서 일본은 '남서 제도'나 '남방 제도'를 미국에 자주적으로 임대했다. 그리고 냉전의 군사적 전선을 그 주민들에게 강요하면서 미국의 군사 주둔하에서 '평화주의'를 내걸었고, '조선 특수'를 계기로 경제적 부흥과 고도 경제 성장을 달성한다. 이 대단히 교묘한 조문(과 덜레스의 발언)에는 오키나와, 오가사와라, 이오 열도 등의 '전후'와 관련된 시간성과 공간성이 응축되어 있는 것이다.

이번 장에서는 일본의 세력권을 점령하여 태평양 세계의 헤게모니 국가가 된 미국과 미군 주둔하에서 부흥을 이룬 일본에 의해 아시아태평양전쟁이 끝난 뒤에도 군사적 점령이나 군사기지화·난민화를 강요당한 사람들에게 '전후'란 어떤 의미였을지를 생각해보려 한다. 구체적으로는 샌프란시스코 강화조약을 통해 '남방 제도'로 범주화된 오가사와라 제도나 이오 열도에서 당시 주민이 처해 있던 상황을, 동시대 오키나와 제도나 미크로네시아의 상황과 관련하여 살펴고자 한다.

'남양'에서 '미국의 호수'로: 오가사와라 제도·류큐 제도에서 본 '전후'의 기점

일본의 패전 이후, 20세기 중반 이후의 태평양 세계에서는 서태평양에서 일본의 세력권을 가져간 미국에 의해 '미국의 호수'화가 진행된다.

오가사와라 제도·이오 열도 등의 '남방 제도'는 일본 패전 이후 '남양 군도'와 함께, 미군 합동참모본부의 지시로 해군 태평양 함대 최고사령관이 관할하는 군사적 점령 아래 놓였고, 일본군이 강제 소개한 주민의 귀환도 금지되었다. 전범용의자로 사이판 섬 등에 억류된 자나 전범 재판의 증언자를 제외하고 오가사와라 제도에 있었던 일본군 관계자는, 무장 해제된 뒤 1945년 11월부터 다음 해 1월까지 미군에 의해 내지로 이송되었다.[6] 또한 이오 열도에서 포로가 되어 괌·하와이나 미국 본토로 보내진 일본군 관계자도, 1947년에 차례로 내지로 이송되었다.[7] 이송 대상에는 두 제도에서 일본군으로 징용된 주민도 포함되었다. 이 이송은 내지 출신 장병에게는 '복귀'를 의미했지만, 군무에 동원된 주민에게는 고향으로부터의 격리를 의미했음에 유의해야 한다.

그러나 미국 국무성·육군성·해군성 조정위원회SWNCC는, 오가사와라 제도의 선주자 자손과 그 가족 중 희망자에 대해 지치지마 섬에서의 재거주를 허가하는 예외적 조치를 발동했다. 이에 따라 약 124명(내지 출발 전에 출항지인 구리하마久里濱에서 태어난 아이 2명을 포함하면 126명)이 1946년 10월, 미군이 접수한 일본 해군 구축함 '게야키' 호로 귀향한다.[8]

이때 미군은, 오가사와라 제도에서 '귀화인'으로 불린 선주자의 자손이 아시아태평양전쟁 시기에 섬 사회에서 인종주의적 취급을 받은 일을 이용/역이용해서 자신들의 협력자가 될 것을 기대하여 오가사와라 제도민을 분열시킨다. 가령, 제프리 길리가 일본 신민, 일본군 군속이었지만, 1945년 9월에 무장 해제를 위해 입항한 미군 간부에게 다음과 같이 이례적인 특별 대우를 받았던 사실을 통해서도 이를 알 수 있다.

제프리: 8월 15일에 [전쟁이] 끝났죠. 그리고 9월 중순에 이미 미국 함대가 들어와 있었는데, 후타미 항에는 40척 정도가 왔나. 순양함인지, 구축함인지…… 어쨌든 구축함하고 순양함, 한 척씩 들어왔고 나중에 작은 배들이 40척 정도 왔어요. 미국 배들이 들어온 거죠. 그리고 나서 오가사와라는 전부 무장해제 됐어요. 들어오고 바로요. 저항하면 저쪽에선 공격했고. 아무튼 들어왔어요. 그리고 아직 무장해제 전이었던 맑은 날이었는데 미국인들이 들어왔어요. 들어왔을 때 함선을 봤는데 처음에 '아, 역시 이거 전쟁 끝나서 전부 온 거구나. 우릴 죽이지는 않을까' 생각했죠. 그리고 사흘 정도…… 아니지 이틀인가 지나고 [일본]

해군 쪽 사령관한테서 연락이 왔고, 미국 쪽 함선에서 호출이 왔어요.

이시하라: 개인적으로요?

제프리: 네, 개인적으로 부르더라고요. 내일 아침 8시에 내화정內火艇을 타고 부두에서 미국 배 쪽으로 가라고 말이죠. 뭐 그래서 같이 갔는데, 육군 쪽에는 세 명이었나, 네 명이었나 구미계 사람이 있었어요. 나 말고 다른 세 사람은 육군 선박의…… 어로반漁撈班이었어요. 난 해군이었는데요. 명령을 받고 나서 해군 쪽에서 내화정을 타고 미국 배로 갔어요. 그리고 다른 사람들은 부두에서 육군 내화정으로 같이 간 거죠, 네 명이. "다들 배에서 내려"라고 하더라고요. 그래서 모두 배에서 내리는데, 그 왜 총 있잖아요? 다들…… 총을 겨누고 있었는데, 어휴 엄청 무서웠죠. 이거 어떻게 될 건가 생각하니까. 그러고는 트랩에 오르니까 그중에, 그 뭐라더라 커널Colonel…… 커널이었나, 릭시Rixey였나. 소령, 아니 대령인가 하는 미 해병대였는데, 그 사람한테 초대를 받았어요. 그쪽 사람들은 전부 총을 갖고 있었어요. 그들이 '다른 사람, 일본 사람은 배에 올라오지 말'고 하고, 날 기다리고 있더라고요. 사령실에 들어가라기에 들어갔더니 큰 테이블이 있었어요. 성조기가 있고. 거기에 가서 경례를 했죠. 그랬더니 상대편에서 [릭시가] "Glad to meet you, glad to meet you!" 하더군요. 상대편도 내가 누군지 알았으니까요. 그러고는 "Sit down, sit down" 그러는 거예요. 그래서 앉았죠. 그랬더니 책상 위에 성경이 있는 거예요. 먼저 그 사람이 성경에 [손을] 올리고, 기도하라고 하더라고요. 이렇게 [손을] 올리고…… 이야기를 해보니 럭시 대장隊長이라고 해요. 그러곤 그럽디다. "당신들의 집, 그 기록, 역사 전부 갖고 있다"고. "배에 책이 있다"고 그러더라고요. 성이 뭐냐고 묻기에 길리Gilley라고 하니까, "어디 보자 길리……" 하고 보더라고요. 보니까 이미 집안 사람들이 전부 실려 있더군요. 내 이름까지 실려 있던 건 아니었는데, 내 조상들이 전부 있었어요. 그걸 보더니 "와, 제대로 찾았군" 하더라고요. 다행이라고. 그러고는 악수를 하자고 해서 막 손을 흔드는데 아플 정도로 꽉 움켜쥐고는 "제대로 찾았다, 잘 살아 있었군" 그런 말을 해요. 그리고 그때 [일본 해군 부대 안에서] 어떤 식으로 대우받았는지 얘기해달라고 했는데, 그땐 말하지 않았어요. 아무한테도…… 그 대장한테도. 그 얘기[징용 공원으로 일할 때 상사로부터 받은 학대 이야기]는 따로 할게요. 아무튼 그래서 1시간 정도 지났나. 아…… 이제부터 어떻게 할 건지, 지금 어디로 갈지[거기 가볼 테니까], 지금 해군의 어디에 있는지 물어보니까, "내일부터 미군 숙소가 있으니까 당신들은 거기로 옮기라"고 하대요. 거길 나오래요…… 일본 거기에서 나오라고 (…) 나하고 다른 3명, 육군[군속이었던 '구미계' 사람들]이었어요. 대우도 전부 미국식으로 해주겠다고. 그런데 난 오쿠무라奧村로 다시 돌아가야 한다고 하니까. 오쿠무라

쪽은 이제 전부, 출입금지, 일본 병사는 들어갈 수 없다고, 오무라大村 쪽으로는 들어가면 안 된다는 명령이 내려졌다고 합디다.

선주자 자손과 그 가족이 섬으로 돌아갈 수 있게 된 것은 그들 중 일부 그룹이 GHQ 당국에 진정활동을 한 덕이라는 속설이 있지만, 로버트 엘드리지의 연구에 따르면 실제로는 그 진정 효과라는 게 매우 의심스럽다.[9] 뒤에서 서술하겠지만 이미 미 국방성이나 미군 합동참모본부는 오키나와·오가사와라·이오 열도 등을 배타적으로 군사 이용하고자 했고, 그들이 미국 군사주의의 협력자로 여겨지지 않으면 특별 귀도는 아예 허가되지 않았다.

섬으로 돌아간 제프리, 오히라 교코大平京子(이디스), 이케다 미노루池田實 등의 증언을 종합하면, 지치지마 섬으로 귀도한 사람들은 처음에 미 해군으로부터 의류(남성에게는 군복이 지급)나 옷감, 미싱, 비누, 담배 같은 생활필수품 외에 설탕·버터 등의 식료품, 소·돼지·닭 등의 가축·가금류를 공급받았고, 주로 어업, 채소류 재배, 가축·가금류를 사육하며 자급자족 생활을 꾸렸다고 한다. 또한 일본군이 무장해제되고 해자壕에 남겨진 엄청난 통조림 고기나 주류를 식용 혹은 가축·가금류의 먹이로 이용했으며, 지치지마 섬에서 생산할 수 없는 생활필수품은 미국령 괌에서 미 해군 소형운송함AKL이 부정기적으로 지치지마 섬에 기항하여 공급했다고 한다(1952년 4월에 지치지마 섬에 미 해군 시설이 설치되어 해군 부대가 본격적으로 주둔하자 AKL은 월 1회 정기편을 운항한다).

섬에 돌아온 선주자 자손들은 1947년 무렵부터 강제 소개 전에 카누나 보트를 이용한 근해 어업을 재개했고, AKL의 부정기편을 이용하여 현금 수입을 얻기 시작했다. 처음에는 대규모 냉동 시설이 없었기 때문에 삼치, 황줄깜정이, 참치 등을 건조시켜 AKL로 출하했다고 한다. 냉동 시설이 설치된 다음에는, 당시 지치지마 섬 근해에서 풍부하게 포획할 수 있던 대하를 냉동해서 출하했다.

제프리와 이케다 미노루에 따르면 지치지마 섬에서 괌으로 출하되는 해산물의 중개를 독점한 것은 선주자 자손인 한 남성이었다. 이 사람은 강제 소개로 내지에 있었지만 오가사와라 제도에 주둔했던 일본군의 무장해제 협력을 위해 미 해병대에 의해서 지치지마 섬으로 끌려왔고, 전범수용자 조사와 재판에 관여한 뒤에는 미국령 괌 영주를 선택했다.

이렇게 지치지마 섬으로 돌아온 선주자 자손들의 생활은, 미국이 일본에게서 탈환한 괌이나 미국이 일본으로부터 탈취하여 군사 점령 아래에 둔 구 '남양 군도'(1947년 이후에는 '태평양 제도 신탁통치령')처럼 '미국의 호수'에 있는 섬들과 관련된 조건에 놓여 있었다.

한편 오가사와라 제도로 돌아오지 못하고 남은 사람들은

1947년 7월에 도민 대회를 열어 오가사와라 섬, 이오 섬 귀향촉진연맹을 결성했고 GHQ, 미국 정부, 해군을 상대로 귀도·재거주를 요구하며 조직적 운동을 시작했다.[10] 고향에서의 생활·생업의 기반이 뿌리 뽑힌 그들은 타지인 내지에서 살아남고자 했지만, 고도 인플레이션의 영향 등으로 많은 이의 생계가 매우 어려웠다.

다무라 데루요田村照代는 1944년 강제 소개 당시 소학교 5년생이었고, 부모님과 함께 지치지마 섬을 거쳐 요코하마 항에 왔다. 그리고 도쿄의 네리마練馬에 머무르다가 가와사키川崎로 이동한다. 가와사키에서 데루요의 아버지와 형은 군수 공장에서 근무했다. 그리고 패전 후 데루요의 가족은 아버지의 고향인 하치조 섬으로 이주한다. 이오 섬으로 돌아갈 가능성이 보이지 않던 하치조 섬에서의 대가족 생활은 너무도 어려웠다고 한다.[11]

아사누마 히로유키의 가족도 네리마에서 패전을 맞은 뒤에 먹고살 일을 찾아 사이타마 현의 무사시란잔으로 이주했다. 아사누마는 '마부'나 장거리 수송 트럭 운전 일 등을 전전했는데, 아버지가 당시 장애를 입어 수입이 줄었고, 집을 빌릴 때 보증인도 구할 수 없었으며, 지치지마 섬으로도 이오 섬으로도 귀환을 허락받지 못해 극도로 빈곤한 생활이 계속되었다고 한다.

아사누마: 밥은 뭘 먹었더라. 그래, 가지…… 가지를 데쳐서 한 개

씩 먹었네요.

이시하라: 가지를 한 개씩이요? 한 사람이 가지 한 개씩이요?

아사누마: 그럼요, 한 개씩 먹었죠. 일하러 갈 때는 고구마를 도
시락으로 싸갔고. 그런데 일하러 간다고 해서 나만 도시락이었어
요. 집에선 뭘 먹었더라…….

이시하라: 일하러 갈 때도 고구마 한 개였나요?

아사누마: 그럼요.

이시하라: 그걸로 되나요? 다른 건 없었고요?

아사누마: 그거 말곤 아무 것도 없었어요. 아 그리고 옥수수 반
개. 그건 아침밥이었달까…….

이시하라: 아침에는 옥수수 반 개였다고요?

아사누마: 네.

아사누마는 내게 다음과 같이 이야기하며 몇 번이나 가족 동
반 자살을 생각했다고 말했다.

제대로 된 집에서 살지 못했어요. 여기저기 전전하면서 (…) 농가
행랑방 같은 데를 빌렸는데, 발을 뻗고 잘 수가 없을 정도의 생활
이었어요. 그땐 아무리 생각해도 '우리 다 같이 죽는 게 낫겠다,
우리 가족 전부 동반 자살해버릴까' 하는 생각도 했고 (…) 신사
神社에 가서 생각하고 또 생각하고. 그러다가도 막상 그러려고 할

땐 또 형제자매 자는 얼굴을 보면 그럴 수가 없고. 그래도 어쨌든 힘 내서 여기까지 온 건데 하는 생각이 들더라고요. 가족이 동반 자살한 집이 12집이나 되었다네요.[12]

1954년 2월 중의원 외무위원회에 참고인으로 불려온 귀향 촉진 연맹 상임위원인 후지타 호젠藤田鳳全이 강한 어조로 증언했듯, 오 가사와라·이오 열도에서 소개한 사람은 이미 경제적으로는 완전 히 추락해버렸다. 후지타에 따르면 1944년 강제 소개되고 1953년 까지, 두 제도민 중 연맹이 파악할 수 있던 범위에 한해도 '생활고 때문에 죽은 사람이 147명'이었고, '그중 가족 동반 자살, 자식과 동반 자살이 12건으로 합계 18명이 포함되어' 있었다.[13] 이오 열 도 주민 전체와 섬으로의 귀향을 허락받은 126명을 뺀 오가사와 라 제도민은 서서히 '소개 난민'에서 '전후 난민'이 되어간 것이다.

이렇듯 오가사와라 제도민이 섬으로 돌아갈 수 있는 사람과 돌아갈 수 없는 사람으로 나뉜 것은 미국에 의해서였건만, 이것 은 마치 선주자 자손 스스로의 책임인 듯한 인식이 만들어졌고 그 분열의 책임이 당사자인 도민들에게 전가되는 효과를 가져왔 다. 필자도 오가사와라 제도 현지에서 조사하는 과정에서, 강제 소개 경험이 있는 사람들 사이에서 그런 적대적 의식이 해소되지 않았음을 여러 번 통감했다.

오가사와라·이오 열도 주민 중에는, 귀농운동을 하며 도都의 알선으로 토지를 받고, 기타칸토北關東에 개척 농민으로 입식한 사람들도 있었다. 예를 들면 이오 섬에서 강제 소개된 후유키 미치타로冬木道太郎는 다른 도민과 함께 귀농운동을 펼쳤고, 1946년 봄에 도쿄도의 알선으로 도치기栃木 현 나스마치那須町에 6만 9421 제곱미터의 토지를 얻어 개간·입식했다.

후유키 다다요시冬木忠義와 미즈에瑞枝 부부에 따르면 이 토지는 황족의 소유지가 공동 조합 경유로 불하되었고, 귀농운동을 중심으로 맡은 것은 미즈에 전 남편의 아버지인 후유키 미치타로나, 미즈에의 친아버지인 다키자와 히데키치瀧澤秀吉(패전 뒤 아사누마 히데키치淺沼秀吉로 개명)였다고 한다. 그때 각 세대에서 한 채씩 주택을 지을 수 없는 입식자들은 한 채의 공간에서 공동생활을 했던 것 같다.

그 땅에는 이오 열도에서 소개된 사람 20세대가 입식했고, 앞서 서술한 이오지마 산업주식회사 간부에게 '징용'되어 지상전에 동원되었다가 생환한 5명 중, 다키자와(아사누마) 히데키치를 포함한 2명도 있었다. 또 이오 섬에서 강제 소개된 사람들 외에 '만주'에서의 귀환자도 입식했는데, 다다요시의 기억에 따르면 '이오 섬 쪽 사람이 많았다'고 한다.

그러나 나스那須는 한랭지여서 벼나 보리 수확에 적당하지 않았고 입식자는 거의 돈을 모을 수 없었다. 앞 장에서 서술했듯, 그들이 이오 섬에 살았을 때에는 척식회사의 수탈로 축재할 수 없을지라도 식료는 바로 조달되어 생계가 유지될 수 있었다. 그러나 저축된 돈이 없으면 생활할 수 없는 내지의 입식지 생활에 익숙해지지 않았고 경제적으로도 정신적으로도 고충이 컸다. 1957년 시점에는 나스 땅에 입식한 20세대 중 12세대가 남았고, 오가사와라·이오 열도의 시정권이 일본에 반환된 1968년에는 낙농으로 영농을 안정시킨 9세대만 남았다.[14]

후유키 다다요시 부부도 1948년에 도쿄에서 결혼하고 바로 히데키치를 따라 입식한다. 다다요시의 이야기에 따르면 정부의 입식자 보조 정책으로 채소, 옥수수, 고구마, 감자 등을 재배했지만 '출하까지 하지는 못했고' '자기들이 먹을 만큼만 짓기 때문에 최대한' 쌀, 된장, 간장 등은 배급에 의존할 수밖에 없었다고 한다. 그리고 다다요시는 한국전쟁 발발을 계기로 막 설립된 경찰예비대(자위대의 전신)에 지원하여 1950년에는 나스를 떠나 귀환했고, 미즈에와 아버지 히데키치도 1952년에는 나스를 떠난다. 이때 히데키치는 요코하마 시의 직원이었던 손자(미즈에瑞枝의 조카)에게 간다.

이렇게 개척 농민이 된 오가사와라·이오 열도 주민의 상황은, 일본 제국이 확대되는 과정에서 외지나 '만주'에 개척 농민으로 이주했다가 제국의 붕괴과정에서 귀환자로 난민화된 후 내지에서 개척 농민이 되는 궤적을 갖는다. 미치바 지카노부道場親信도 지적하듯, 이런 개척 농민 대부분은 영농 기반이 취약해서 어쩔 수 없이 조기 이농을 할 수밖에 없었고, 다시 난민화됐다.[15] 오가사와라·이오 열도에서의 강제 소개자·전후 난민 중에도, 내지 입식 이후 다시 난민이 된 사람이 적지 않았던 것이다.

필요한 돌에서 버리는 돌로: 군사기지화와 동원/난민화

1947년, 일본의 국제연맹 위임통치령이었던 '남양 군도'의 섬들, 즉 괌을 제외한 마리아나 제도와 팔라우 제도, 마셜 제도, 캐롤라인 제도는 유엔안전보장이사회의 결정대로 미국을 유일한 시정권자로 하는 유엔의 전략적 신탁통치령이 되었다. 전략적 신탁통치령이란, 제2차 세계대전 이후 11개 유엔 신탁통치령 중에서 유일하게 '태평양 제도 신탁통치령Trust Territory of the Pacific Islands' 이라 불린, 옛 '남양 군도'에 적용된 제도다. 이 제도는 시정권자가 구역을 임의로 군사 이용할 때에도, 그리고 그것을 위해 구역 내 임의 부분을 전략 지구로 지정하여 폐쇄하는 것에 대해서도 사실상 재량권을 주었다.[16] 뒤에서 자세히 이야기하겠지만 이렇게 미국은 이미 조금씩 진행 중이었던 미크로네시아 섬들의 배타적 군사 이용을, 미국 자신이 거부권을 갖는 유엔 안보리 결의를 통해 추인한 것이다.

이때, 장래의 주권 귀속처가 정해지지 않았던 오가사와라·이오 열도에는, 구 '남양 군도'의 역외임에도 불구하고 전략적 신탁통치령의 법적·정책적 체계가 조금씩 적용되기 시작했다. 두 제도는, 전략적 신탁통치령의 최고책임자인 고등판무관을 겸하는 태평양 함대 최고사령관의 사실상 관할하에 계속 놓였고, 그 관리 실무는 사이판 섬에 설치된 오가사와라 제도·마리아나 제도 군관구軍官區 사령관 겸 군정장관의 지휘하에 있던 당시 장교들이 맡았다.[17] 또한 민간인 거주자가 없는 이오 섬에는, 미 공군과 미 연안경비대의 보급기지가 건설되기 시작했다.[18]

그리고 1948년에는 한반도가 남북으로 분단되었고 1949년에는 중국 내전에서 공산당이 승리했으며 1950년에는 한국전쟁이 발발했다. 이렇게 동아시아에서 냉전 상황이 격화되는 와중인 1951년 9월, 샌프란시스코 강화조약이 미·일안보조약과 함께 체결되었다. 앞서 서술했듯, 미국은 일본 내에 군사 거점을 확보하기 위해 일본이 '잠재 주권'을 갖는 오가사와라 제도·이오 열도나 오키나와 제도를 미국에 대여하는 법적 수속을 밟게 하여 주민의 정치적 자기결정권을 극소화한 후에 일본을 재독립시킨 것이다.

그 결과 미군정에 의해 주민 토지의 대규모 강제 수용이 이루어진 오키나와는 이후 계속 미군의 군사 점령하에 놓이게 되었다. (통치 기구명은 류큐 제도 미국민 정부로 개칭되었다.) 여기에서 확인해둘 것은 가베 마사오키我部政明가 논증하듯, 미국의 동아시아·세계 전략상 오키나와에 미군 기지를 설치할 정치학적 필연성은, 아시아태평양전쟁 후에 일관되게 있었던 것이 아니라는 점이다. 예를 들면, 1950년대 한국전쟁 때 한반도에 파견된 해병대의 주력은 오키나와가 아닌 내지에 주둔하는 부대였다.[19] 1960년대 주 오키나와 해병대의 주요 파견지는 베트남 전쟁의 전장이었고, 1990년대 이후의 파견지는 거기에 한 술 더 떠서 먼 중동의 분쟁 지역들이었다. 즉, 지금까지도 오키나와 섬과 그 주변 섬에 미군 시설이나 군용지가 집중돼 있는 것은, 미군의 세계 전략과 미·일 안보 체제의 모순을 떠맡는 장으로 오키나와를 가장 쉽게 이용할 수 있었기 때문이다.

또한 오가사와라 제도와 이오 열도는 줄곧 외부로부터 차단되면서 미군의 비밀 기지로 사용되었고, 주민은 계속 귀향자와 난민으로 나뉘었다. 두 제도는 오키나와 제도와 함께 일본의 재독립과 부흥을 위해 '버리는 돌'로 다뤄졌다고 할 수 있다.

오가사와라 제도의 지치지마 섬에는 이미 한국전쟁 시기인 1951년 4월, 태평양 함대 최고사령관 지휘 아래 있는 군정 대표가 파견되었는데, 1952년 4월의 샌프란시스코 강화조약 발효에 앞서서 이미 3월에 해군 시설이 설치되어 해군 부대가 본격적으로 주둔하기 시작했다.[20] 통치 기구인 오가사와라 제도, 이오 열도의 미 해군 정부는 지치지마 섬에 돌아온 선주자의 자손들 중에서 희망하는 성인 전원을 해군 시설의 직원으로 고용했고, 생계를 꾸릴 수 있도록 충분한 급여를 지급하기 시작했다.[21] 또한 점령군을 위해 정비한 각종 인프라를 섬에 귀향한 이들에게 무상 또는 저가로 사용하게 했다. 미군은 섬 귀환자들의 의료비를 원칙적으로 무상으로 했을 뿐 아니라, 전기·수도도 매우 저가로 제공했다. 귀환자의 자녀들은 1956년 이후, 지치지마 섬에 주둔하는 미군·군속의 자녀를 대상으로 설립된 래드퍼드 제독 초등학교에 통학할 수 있게 했고 영어로 미국식 교육을 시켰다.[22] 이렇게 미군은 오가사와라 제도의 귀향자를 비밀 기지 운용의 협력자로 양성하면서, 오가사와라·이오 열도에 핵탄두나 관련 무기를 배치해온 것이다.[23]

미 해군 점령하 오가사와라 제도의 귀향자들은, 샌프란시스코 강화조약 제3조 및 덜레스의 발언에 의해 계속 일본의 '잠재 주권' 하에서 일본 국적과 호적을 갖게 되었다. 그러나 그들의 생활 동선은 일본 내지보다도 오히려 미국령 괌, 전략적 신탁통치령인 미크로네시아, 미국령 하와이 같은 '미국의 호수'에 있는 섬들과의 관계 속에서 형성되었다.

예를 들면, 아이들은 지치지마 섬의 래드퍼드 학교가 8학년까지만 있었기 때문에 9학년에 올라갈 때에는 미국령 괌의 중학교로 유학을 갔다.[24] 오가사와라·이오 열도의 미 해군 정부는, 괌 섬에 주둔하는 미 해군 장교의 군인·군속 가정을 '스폰서'로 붙여주었고, 지치지마 섬의 아이들이 가사 도우미나 베이비시터로 지내면서 통학할 수 있는 코스를 마련했다. 고교 졸업 이후에는 지치지마 섬으로 돌아와 해군 시설에 고용되는 사람이 많았지만, 괌·하와이·미국 본토의 대학이나 칼리지로 진학하는 사람도 많았고, 미국 병역 지원자도 큰 비중을 차지했다.[25]

또한 미 해군은 지치지마 섬의 귀향자 중 성인이 된 사람들에게도 괌이나 미크로네시아로 무상 유학할 기회를 주었다. 패전 이전에 무선 기술 관련 학교를 수료하고, 체신성의 전신국에 근무한 경험이 있는 이케다 미노루池田實는, 1948년 지치지마 섬 주둔군의 하이겐버클 담당 장교로부터 '반강제적'으로 무선 기술 유학을 권유받고 트루크 환초에 있는 미 해군 기숙학교에 파견되었다고 한다. 제프리도 1952년 영어 학습과 무선, 전기 관련 기술을 습득하기 위해 사이판 섬에 파견된다. 또한 제프리는 이때 다른 4명이 지치지마 섬에서 무선, 용접, 축산 등의 기술 취득을 위해 파견되었고, 그를 포함하여 5명이 한 군인 숙소에서 함께 살았다고 이야기했다.

한편, 계속 섬으로 돌아가지 못하고 내지에 억류된 오가사와라·이오 열도의 주민들 사이에서는 점점 더 빈곤해지는 생활 속에서, 금전적 보상을 요구하는 목소리가 높아지고 있었다. 그리고 귀향촉진연맹도 미국, 일본국, 도쿄도 등에 섬으로 돌아가게 해달라는 요구뿐 아니라, 섬으로 돌아갈 수 없어서 입은 손해에 대한 보상도 요구하기 시작했다.

이것을 수용하여 우선 1954년부터 1955년, 도쿄도는 약 3500만 엔을 '갱생 자금'으로 귀향 촉진연맹에 지불했다. 그리고 1954년부터 1956년, 일본 정부에서는 약 1억5700만 엔이 '정부위로금' 조로 귀향촉진연맹을 경유하여 지급되었다. 또한 1959년에는 미국 정부가 도민(과 그 법정상속인)의 청구권 포기를 조건으로, 오가사와라·이오 열도에 있는 '유·무형의 재산권 또는 이익을 사용, 수익 또는 행사를 불가능하게 한 것'에 대해 약 600만 달러를 보상할 것을 일본 정부와 합의했고, 1961년부터 귀향 촉진연맹을 경유하여 전체 도민(과 그 법정상속인)에게 배분하기 시작했다.

그런데 이들 보상금은 도민에게 직접 지급되지 않고 대부분 민간 단체인 귀향촉진연맹을 통해서 교부되었다. 또한 사람 수대로 배분된 것이 아니라, 배분액의 산출 기준에 강제 소개 전의 지주-소작 관계가 (두 제도에서 농지개혁이 실시되지 않았던 탓에) 반영되었다. 이 때문에 배분 기준을 둘러싸고 옛 지주층과 소작인 사이의 대립도 격화되었다.

이는 두 제도민 대부분의 난민 상태가 장기화되면서 생활이 빈곤해진 탓이기도 하다. 특히 미국으로부터 지급받은 600만 달러의 배분을 둘러싼 대립이 심화되었는데, 배분 기준을 둘러싸고 관계자의 조정이 일단 성립한 것은 1963년 말부터였다. 이 대립과정에서 귀향촉진연맹에서 3개 단체가 갈라져 나왔고, 결국

1964년 3월에는 귀향촉진연맹 자체가 해체되어버린다.[26]

　이 배분액의 산출 기준에 패전 전의 지주-소작 관계를 어떻게든 반영하고자 한 것은 이오지마 산업주식회사 등 지주 측이었는데, 이에 대해 마지막까지 완강히 저항한 사람이, 강제 소개 전의 이오 섬 소작인조합의 대표이자 (앞 장에서 언급했듯) 회사 간부에게 '징용 사기'를 당한 아사누마 히데키치(瀧澤秀吉에서 성을 바꾼 이름)였다. 히데키치의 딸인 후유키 미즈에는 내게 다음과 같이 말했다.

> 아버지는 재판도 받고 일이 참 많았는데 (…) 토지의 지대를 나눌 때, 소작이 되면, 소작을 해도 7대 3이라고 했어요. 전전戰前에는요. 7이 소작인이고 3이 지주였지요. 그런데 [보상금의 배분 기준을] 반반으로 해야 된다고 그러는 거예요. 결국, 정부 공무원인지 뭔지가 부추겨서 반반이 되어버린 거라니까요. [히데키치 등은] 동의하지 않았는데 말이죠. 모두 도장을 갖고 왔어요. 그러니까 반반으로 하는 데 찬성하면 돈을 주겠다고 지주가 얘기하고, 다들…… [도장을 찍어버렸죠]. 마지막까지 버틴 사람은 대여섯 명밖에 없었던 거예요.

　그 '대여섯 명' 중에서도, 마지막까지 도장을 찍지 않은 사람이 아사누마 히데키치였다. 미즈에와 남편인 다다요시는 다음과 같이 이야기한다.

미즈에: 그래서 반반으로 갖고, 돈 받고 싶으면 지금 주겠다는 건데. 내지에선 아무래도 [생활이] 힘드니까, [지주 쪽에서] 한 명 한 명 일이 가서 도장을 받고 그랬죠. 아버지[히데키치]는 제일 마지막까지 남았어요. 마지막까지 남았는데……

이시하라: 버티셨군요.

다다요시: 버티셨죠.

미즈에: 가와사키川崎 집까지 왔어요. 그 [지주 쪽] 변호사 T하고.

이시하라: T가 직접 왔나요?

미즈에: 네. 그런데 갖고 온 건 돌려주고 가라고, 아버지가 호통을 쳐서는…….

이시하라: 아, 그렇군요. 히데키치 씨 대단하셨네요.

미즈에: 네.

이시하라: 진짜 화가 나셨던 거군요.

미즈에: 뭐, 돈도 없었고(웃음)…… 그리고 또 그게요, [보상금을] 받았을 때 모두 반반으로 하니까, 아버지만 받지 않으면 가족들이 곤란할 거라 생각하셨던 거죠. 그래서 제일 마지막에 도장을 찍으신 건데, 그런데 그 돈[의 행방]이 말이죠, 우린 전혀 몰랐어요. 모두 귀향촉진협의회를 위해 쓴 거예요. 몰랐어요.

오가사와라·이오 열도 주민 난민화의 책임은 분명히 '미·일 합작'에 있었음에도, 두 제도민이 귀향하지 못하게 하는 보상금은 '미·일 합작'에서 나왔다. 그리고 그 배분을 둘러싸고 도민의 운동에 분열이 생겼다. 두 제도민이 난민화한 책임은 피해 당사자에게 전가된 것이다.

　　오키나와 섬과 그 주변 섬들에서는 동아시아의 냉전이 심화된 1949년경부터, 미군 군용지 내에서의 '묵인경작'이 금지되어 가옥, 묘, 농작물의 통관이 본격화되었다. 미군이 '총칼과 불도저'로 토지를 수용收用하는 일도 빈번했으며, 주거나 생업을 빼앗기고 난민화된 사람들이 계속 늘어났다.[27] 한편 오키나와 섬 중부를 비롯한 미군 기지 집중지역에서는, 주민 대다수가 미군 시설 건설업이나 종업원 그리고 미군·군속 대상의 서비스업 노동 시장에 동원되는 기지 경제가 형성되었고, 3차 산업에 편중된 수입輸入 소비형 경제로부터의 자율이 저해받는 상황이 된다.[28]

　　이처럼 1950년대부터 1960년대에 걸쳐 오키나와, 오가사와라, 이오 열도의 주민들은 아시아태평양 냉전 체제 하에서 '미·일 합작'의 모순이나 분열을 여러 겹으로 경험하고 있었다. 한편 일본 내지는, 이들 섬을 미국의 군사적 이용에 제공하고 민간 주도형 공업화를 이루면서 고도 경제성장을 이루어갔다. 이 섬들의 주민은 처음에는 일본 총력전 체제의 '버리는 돌'로 이용되었고, 그다음에는 미국의 냉전 체제와 일본 부흥의 '버리는 돌'로 이용되었다고 할 수 있는 것이다.

그리고 이 섬들이 기지화되면서 도민이 난민화되거나 군사주의에 동원된 일은, 미크로네시아 섬들이 강요받은 기지화, 핵실험장화, 난민화 등의 상황과도 연동되어 있었다.

1946년, 미군은 일본으로부터 탈취해 군사점령 아래 둔 마셜 제도의 비키니 환초나 에니웨톡Eniwetok 환초의 주민들을 다른 환초로 강제 이주시켰고, 원자폭탄·수소폭탄 실험에 착수했다.[29] 그리고 다음 해인 1947년, 샌프란시스코 강화조약 체결에 앞서, 일본의 구 '남양 군도'의 섬들은 미국을 유일한 시정권자로 하는 유엔의 전략적 신탁통치령이 된다. 원래 미 국방성과 미군 합동참모본부가 전략적 신탁통치의 적용 범위로 삼은 것은 구 '남양 군도'가 아니었다. 미국은 오키나와·오가사와라·이오 열도를 염두에 두면서 일본의 위임통치령이었던 미크로네시아를 병합하여 군사적으로 이용하고자 했다. 하지만 미국과 소련의 뒷거래 결과, 미크로네시아는 전략적 신탁통치 아래 놓이게 되었다.[30]

이렇게 해서 미국은 유엔을 통해 두 환초 사람들의 난민 상태를 정당화한 다음 1950년대에 총 67번의 핵실험을 실시한다. 특히 제5 후쿠류마루福龍丸도 피폭시킨 1954년 수소폭탄 실험에서는, 롱겔랍Rongelap 환초 등의 주민이 '생체 피폭/피폭 실험'의 피해자가 되었다는 의혹이 강하게 제기되고 있다.[31]

중요한 것은 노가미 겐野上元이 말했듯, 히로시마·나가사키로 이어지는 태평양 세계의 '생체 피폭/피폭 실험'의 피해자야말로 미·소 중심 냉전 질서의 희생양이었다는 점이다. 냉전을 말 그대로 '차가운 전쟁'으로 경험한 동서 진영의 중추국, 선진국의 중심부에서는 핵무기가 초래할 '상호 확증 파괴＝인류 멸망'이라는 '이미지'가 오히려 냉전의 '실재'를 형성했다. 그러나 이 '상호 확증 파괴＝인류 멸망'의 이미지는 어디까지나 핵실험의 피폭자와 관련 사진, 영상이나 의학적 데이터와 같은 '실재'적 인간 피해에 의해 뒷받침되고 있었다는 것을 잊지 말아야 한다.[32]

그 후 비키니·에니웨톡·롱겔랍 환초의 주민은 제염除染 작업이 완료되었다는 미국 측 보고를 듣고 하나둘씩 섬으로 돌아왔다. 그러나 롱겔랍 환초의 귀향자들은, 잔류 방사능의 증세가 서서히 나타났기 때문에 다시 피난할 수밖에 없었다. 비키니 환초도 잔류 방사능을 이유로 다시 폐쇄되었고, 사람들은 또다시 피난해야 했다.[33]

그 밖에 미국은 1950년대, 마셜 제도 콰절린Kwajalein 환초 내의 섬들에 미군 시설을 건설하기 위해 주민을 강제 이주시켰고, 콰절린 환초는 1960년 이후 미군의 대륙간탄도미사일ICBM 요격 실험의 거점이 되었다.[34] 또한 마리아나 제도의 사이판 섬은 미 중앙정보국이 중화민국 국민당군(타이완 군)에게 군사 훈련을 위해 제공했고, 사이판 섬 북쪽의 파랄론 데 메디닐라Farallon de Medinilla 섬은 미군의 폭격 연습장으로 배타적으로 사용되었다.[35] 또한 괌 섬도 해군의 직접 군정 아래 놓였던 1950년까지, 토지 강제 수용으로 섬 전체의 약 3분의 1이 군용지가 되었고, 핵탄두나 관련 병기의 배치가 이루어졌다.[36]

이 같은 미국의 군사주의는, 일본의 구 '남양 군도'에서 미 본토 자본을 포함하는 대외 자본을 추방했고, 기존의 최대 산업이었던 제당업의 부흥도 꾀하지 않았으며, 출입 제한 조치에 따라 미 해군의 허가를 받지 않은 사람의 출입을 금지했다. 괌 섬 역시 1962년까지 출입 제한 조치가 적용되었기 때문에 극단적인 기지 의존형 경제 체제가 확립되었다. 그리고 출입 제한 조치가 해제된 뒤 괌 섬은, 고도 경제성장 중이던 일본 내지로부터 관광객을 유치해야만 하는 상황이 되었다.[37] 이런 식으로 괌 섬을 포함한 미크로네시아에는 임금 노동자의 과반수가 공무, 미군, 관광 관련업에 동원되는 취로 구조를 갖게 되었고, 생활필수품의 상당수를 수입에 의존하는 소비형 경제가 형성된 것이다.

일본 내지가 냉전 질서 속에서 평화주의를 바탕으로 고도 성장하는 동안, '미국의 호수'의 모순에 집중 노출된 태평양 섬사람들은 계속되는 식민지주의나 군사주의 그리고 피폭이나 방사능 오염과 싸워야만 했다.

포스트 냉전의 필요한 돌을 버리는 돌로: 기지의 정리/고정화와 개발/난민화

1968년 6월, 오가사와라·이오 열도 등 '남방 제도'의 시정권이 일본국으로 반환된다. 시정권 반환에 앞서, 미국이 긴급 시에 두 제도에 핵무기를 반입할 권리를 갖는다는, 즉 일본의 '비핵 3원칙'을 허사로 만드는 암묵적 '밀약'이 오가면서, 지치지마 섬에 주재하던 미 해군은 섬을 반환하는 동시에 전면 철수한다.[38] 대신 일본의 해상 자위대가 지치지마 섬의 오무라大村에 주재하기 시작하는데, 부대의 규모는 매우 작았다. 또한 사반세기에 걸쳐 귀환을 허가받지 못한 지치지마 섬, 하하지마 섬의 주민과 그 자손(행정 용어로는 '구 도민')의 재거주도 차례로 허가되었다.

오가사와라 제도 반환의 배경에는, 미국의 베트남 전쟁 수행과 관련된 사정이 놓여 있다. 즉, 병참인 오키나와를 조기 반환하는 것이 곤란한 상황에서 일본 내의 반미 의식을 달래면서 1970년 미·일 안보조약을 유지하기 위해 오가사와라 제도민의 귀환을 밀어붙였던 것이다.[39]

그러나 군사 점령과 난민화로 오랫동안 붕괴된 오가사와라 제도민의 생업 기반을 재구축하는 것은 쉽지 않았고, 특히 강제 소개 이전 오가사와라 제도에서 최대 산업이었던 농업을 부흥시킨다는 것은 거의 불가능에 가까웠다. 일본 정부와 도쿄도는 시정권 반환에 앞서 미군 점령하의 귀향자와 그 자손(행정 용어로는 '재래도민') 중 희망자 전원이 공무원 또는 공공부문(전력 회사, 가스회사 등) 종업원으로 고용될 수 있게 했다.[40] 그리고 새로운 귀향자인 '구 도민' 대부분도 오가사와라 제도 부흥 특별조치법을 기반으로 하는 일본 정부의 개발 정책하에, 공무원이나 건설업 중심의 공무·공공사업 관련 일자리를 찾을 수밖에 없었다.[41] 이렇게 하여 오가사와라 제도의 노동 시장은 3차 산업에 치우친 산업 구조를 형성하게 된다.

총력전 체제하의 강제 소개와 냉전 체제에서의 난민화는, 주민들의 생활과 생업을 철저히 파괴했다. 하지만 동시에 이런 희생은, 시정권 반환 이후 아이러니하게도 오가사와라 제도의 경제활동에 '행운'을 가져온 것도 사실이다. 사반세기에 걸쳐 대부분의 주민이 추방된 데다, 미 점령군은 지치지마 섬의 미군 시설 주변을 거의 개발하지 않고 오가사와라 제도의 자연환경을 그대로 내버려두었다. 이런 이유로, 육상 생물이 독자적 진화계통을 겪어온 이 섬들의 생태계는 큰 피해를 입지 않았고, 결과적으로 1990년대 이후에 생태관광ecotourism을 골자로 하는 관광업이 발달하는 기반이 갖춰진 것이다.

1972년 5월, 오키나와의 시정권도 일본에 반환되었다. 그러나 시정권 반환과 관련하여 미군 기지의 기능은 거의 유지되었고, 오가사와라 제도와 이오 열도의 시정권 반환 때 일을 전례로 한 핵무기 반입에 관한 일본의 '밀약'도 존재했다.[42] 오키나와의 시정권 반환 배경에는 첫째, 장거리미사일 개발 등 군사 기술 혁신으로 미군이 핵탄두 배치 전선을 오키나와에서 미크로네시아까지 철수시킬 수 있게 된 점, 둘째로 오키나와의 기지를 베트남 전쟁의 거점으로 사용하면서 기지 철거운동의 압박을 받은 미국이 일본에 시정권을 반환함으로써 계속 오키나와의 군사 이용을 확보할 필요성에 쫓겼다는 점, 그리고 마지막으로 베트남 전쟁이 수렁에 빠지고 국제수지가 악화되면서 미국이 오키나와 점령 관련 지출을 줄일 필요에 봉착하게 된 점 등을 들지 않으면 안 된다.[43]

오키나와에 대해서도 일본 정부는, 오키나와진흥개발특별조치법에 기반한 개발 노선을 차용했다. 이 법 제정에 앞서 책정된 '오키나와 복귀 대책 요강' 등에는, 사반세기에 걸쳐 미군 점령으로 취약해진 2차 산업의 기반 정비나 '본토와의 격차 시정'이 언급된다. 그러나 일본 정부는, 오키나와의 미군 기지 철거나 축소를 미국에 거의 요구하지 않은 채, 공공사업을 중심으로 한 재정 조치를 강화하고, 오키나와 해양 박람회로 대표되는 대중 관광을 겨냥한 대형 개발을 장려한다. 그 때문에, 기지 경제 구조는 기본적으로 그대로 가면서, 3차 산업에 치우친 산업 구조가 고착화되었고, 2차 산업의 기반은 강화되지 못했다. 그리고 내지 쪽 관광 자본이 주도하는 리조트 개발은 오키나와 섬 북부의 얀바루山原 지구에서 사키시마先島 제도에 이르기까지, 오키나와 전역에 걸친

환경 파괴를 심각하게 진행시켰다.[44]

1950년대 이래로 일본 정부는 내지에서 개발주의적인 고도 경제성장 노선을 추진했다.[45] 그리고 1970년대 이후에는 고도 경제성장 와중에도 노동력으로 흡수되지 못한 과잉 인구 문제를 해결하기 위해서 보조금이나 공공사업을 통해 농어촌과 낙도에 고용을 창출하면서 의사擬似 재분배 시스템을 구축했다. 이 개발주의에 바탕을 둔 의사 재분배 노선의 궁극적 형태가 바로, 1970년대에 다나카 가쿠에이田中角榮 내각이 도입한 소위 전원3법電源三法 체제에 기반하여 원전을 증설하는 것이었고, 특히 가난한 항구도시나 어촌에 원전 의존형 경제를 창출하는 것이었다.[46]

원전 입지의 표적이 된 지역 중에는 18, 19세기 범선 시대에서 일본 제국기에 걸쳐 기항지나 물자의 집산지로 번영하다가, 일본 제국 붕괴 뒤 변방화되고 쇠락한 항구도시, 어촌이 적지 않았다. 그리고 원전 입지점과 병행하여, 진흥개발특별조치법하에서 이 의사재분배 노선이 가장 노골적으로 도입된 곳이, 시정권 반환 후에도 취약한 산업 구조와 과잉 인구 문제로 골치 아팠던 오키나와였고, 인구 규모는 작지만 군사 점령과 주민의 난민화로 생업 기반이 철저히 파괴된 오가사와라 제도였다.

한편, 이오 열도 주민 대부분도 오가사와라 제도와 비슷하게 고향으로 귀환할 수 있으리라 기대하고 있었다. 내가 지금까지 인터뷰한 이오 섬 전체 주민도, 시정권 반환 초에는 귀향할 수 있으리라 생각했다고 한다. 그러나 일본 정부와 방위청은 미 공군이 철수한 이오 섬에 해상 자위대, 항공 자위대를 주둔시키기 시작했고, 이어서 미 연안경비대의 주둔도 허가했다. 그리고 자위대가 주둔하지 않았던 기타이오 섬을 포함하는 이오 열도를, 오가사와라제도부흥특별조치법에 기반하는 부흥 계획에서 제외시키고 사실상 민간인의 거주를 금지한 것이다.[47] 이오 열도민은 더 난민 상태가 되었고, 지치지마 섬과 하하지마 섬으로 귀환을 허가받은 사람들 사이의 분열은 계속되었다.

마사키 쇼眞崎翔는 미국 측 공문서를 상세하게 독해하면서, 미국이 이오 섬에 연안경비대인 로란C 기지를 두고 일본 정부가 주민의 귀환을 거부하도록 하며 비밀기지화를 계속한 이유가, 폴라리스 원자력 잠수함에 탑재한 핵탄두가 목표물을 공격할 때 이 기지의 기능이 반드시 필요했기 때문이라고 한다.[48]

1969년 1월에는 이오 열도 '구 도민'이 뜻을 모아, 이오 섬 귀도 촉진협의회가 결성되고, 일본 정부와 도쿄도에 귀도와 재거주를 요구하는 진정을 넣기 시작한다. 도는 1972년, 1976년, 1980년 총3회에 걸쳐 '구 이오 섬 도민 귀도 희망 조사'를 실시했는데, 그에 따르면 1972년에는 39세대 117명, 1976년에는 65세대 182명, 1980년에는 134세대 244명이 귀도를 희망했다.[49] 1980년 조사에서는 설문지가 회수된 264 세대 575명 중 '돌아갈 의사가 있다'고 밝힌 사람이 134세대 244명, '돌아갈 의사가 없다'고 밝힌 사람이 115세대 235명, '미정'이라고 밝힌 사람이 51세대 96명이었다.[50] 1944년 강제 소개 이후 36년이 지나고도 여전히 42.4퍼센트('미정'까지 포함하면 60퍼센트)의 사람이 귀도를 희망하고 있었던 것을 알 수 있다.

그러나 1984년 5월, 나카소네 야스히로 수상의 자문기관인 오가사와라 제도 진흥심의회(야마노 고키치山野幸吉 회장)는 '화산활동'이나 '불발탄' 위험을 문제 삼아 이오 섬으로의 귀도·재거주는 곤란하다는 답신을 제출한다. 그 직후, 도쿄도는 '이오 섬 구 도민 위문금에 관한 검토 위원회'를 설치했고 다음 해인 1985년에는 '이오 섬 구 도민의 특별한 심정에 보답하기 위해' '구 도민(과 그 법정 상속인)' 1명당 45만 엔의 '위로금'을 현금으로 지급했다.[51]

또한 오가사와라 제도 진흥심의회의 답신이 나온 직후인 1984년 11월, 도쿄도는 이오 열도 '구 도민'을 대상으로 이오 섬 현지 시찰을 실시했다. 그 목적은 '이오 섬 구 도민과 함께, 이오 섬 내의 과거 집락 자취 등을 시찰하여 이후 귀도할 수 없게 된 이오 섬의 현상을 인식'시키기 위해서였다. 그러나 이렇게 섬으로의 귀향을 허가하지 않는 것을 기정사실화하려는 도都의 의도와 달리, 도가 시찰단 참가자를 대상으로 실시한 '이오 섬 구 도민 설문 조사'에서는 다음과 같은 바람을 엿볼 수 있다.[52]

- 화산활동이 활발하고 섬의 융기가 심하므로 귀도가 곤란하다

는 것은 알고 있지만, 전쟁이 시작되기 전부터 그러했기 때문에 특별히 문제될 것은 없다.

• 미처리된 불발탄은 물리적으로 제거 가능하지만, 자금 문제라고 생각한다.

• 전쟁 때문에 강제 소개된 것이므로, '귀도를 불허한다'는 조치는 납득할 수 없다.

적지 않은 이가 정부나 도에서 '불발탄'과 '화산활동' 때문에 귀도를 불허한다는 설명을 납득하지 않았음을 알 수 있다.

이와 같이 '남방 제도' '남서 제도'에서 기지를 정리하거나 고정시키는 데 따르는 개발 노선의 도입이나 난민 상태의 지속은, 미크로네시아를 둘러싼 상황과도 동시대성을 띤 것이었다.

1960년대에는 미크로네시아 각지에서도 '제3세계'의 정치적 독립 혹은 미국 본토의 공민권 운동, 선주민 운동, 베트남 반전운동과 연동하여 탈식민지화 운동이 고조된다. 로니 알렉산더가 논하듯, 미크로네시아를 포함하는 서태평양의 탈식민지화 운동에는 태평양 섬들에서의 식민지주의나 인종주의에 대한 저항, 군사주의적 강제 이주나 토지 강제 수용에 대한 저항, 핵실험 피폭이나 방사능 오염에 대한 저항 등이 뒤섞여 있는데, 이것은 지역마다 차이가 있으면서도 서태평양의 섬사람들 사이에서는 횡단적인 이슈를 형성했다.[53]

이런 상황에서 독립국 미크로네시아 연방 설립의 움직임이 커지는데, 앞서 기술했듯 미군 핵탄두 배치 전선, 즉 방위선으로서의 군사적 중요성이 높아지면서 섬들에서 개별적 군사 이권을 유지하기를 원한 미국은, 독립운동의 분열을 촉진시켰다. 그 성과도 있어서, 미크로네시아 연방과, 여기에서 이탈한 팔라우(베라우) 및 마셜 제도 3국은 미국과 각각 자유연합협정COFA을 체결하고 국민국가로 독립했다. 자유연합협정이란, 미국 내에서의 거주·취업의 자유와 개별 협약에서 정해진 미국의 개발 원조금을 교환함으로써, 군사·안전보장에 관한 권한을 미국에 위탁하고, 미국이 허가치 않은 제3국의 군대나 군인의 입역入域을 거부하는(팔라우에 대해서는 제3국 군대의 입역을 완전히 배제한다) 동맹관계다. 또한 마리아나 제도는 북 마리아나 제도 자치령common wealth으로 미국의 주권하에 남았다.

이렇게 해서 미국은 콰절린 환초 내의 미사일 요격 실험장을 포함하는 마셜 제도 내 미군 시설의 계속 사용권, 팔라우 및 마리아나 제도의 사이판 섬과 티니언 섬 미군 관할 영역의 계속 사용권, 파랄론 데 메디닐라 섬의 배타적 사용권 등을 확보했다.[54] 그리고 괌을 포함한 미크로네시아 각지에서도, 미국의 개발 원조금에 의존하는 재정 상황과 3차 산업에 치우친 산업 구조가 재생산된다.[55]

1991년, 일본 정부와 방위청은 미 해군 제7함대의 항공모함 이

발착륙 훈련Field Carrier Landing Practice, FCLP을 가나가와 현의 아쓰키厚木 기지에서 이오 섬의 해상 자위대 활주로로 '잠정' 이전시켰다. 항공모함의 기동력을 높이기 위해 행해지는 FCLP는, 미·소 냉전 체제의 종식에 따른 미군의 재편(미군의 하이테크화·효율화·기동화·분산화)과 관련하여 미군의 글로벌한 전개에 있어서 중요한 훈련으로 자리매김한다. 그러나 군용기의 터치 앤 고touch and go[비행기가 활주로에 접지하고 곧바로 이륙하는 동작] 때문에 엄청난 소음 공해를 일으키는 FCLP의 이전은, 계획이 공표될 때마다 각지 주민의 격렬한 반대에 직면하여 계속 공회전했다. 일본 정부는 아쓰키 기지 주변 주민의 항의운동 때문에, 미군이 주변 신경 쓰지 않고 훈련을 할 수 있게끔 이오 섬을 FCLP 실시 장소로 선정한 것이다. 이오 열도 주민이나 그 자손들을 귀향시키지 않고 있던 미·일 정부는, 이 상황에 편승하여 '미·일 합작'으로 이오 섬에 FCLP를 이전시킨 셈이다.

마사키 쇼眞崎翔는 이오 섬에서 미군 FCLP가 실시된 배경으로, 핵무기를 탑재하는 제7함대 항공모함에 있어 핵 반입에 관한 '밀약'이 적용되는 이 섬이 적합했다는 점을 들고 있다.[56] 이오 열도에서 지금까지도 도민이나 그 자손들이 귀향을 허가받지 못하는 이유 중 하나는, '미국의 호수'인 태평양 세계에서 이오 섬이 미군 핵 네트워크의 거점 가운데 한 곳이기 때문이기도 한 것이다.

지금까지도 이오 열도 주민과 그 자손이 고향 땅을 밟는 것은,

일본 정부, 도쿄도, 자위대 등의 후원으로 연 2회 실시되는 당일치기 '성묘'와 1995년부터 오가사와라 마을이 독자적으로 오가사와라 제도에 사는 이오 열도 '구 도민'을 대상으로 실시하는 방문사업 등에 한정되어 있다.[57]

마땅히 해야 할 일을 하지 않는 일본 정부의 이런 태도는, '이오 열도 주민 1세대가 모두 사망하기를 기다리는' 방침, 말하자면 '이오 열도 생활의 기억이 소멸되기를 기다리는' 방침이라고 해도 틀리지 않을 것이다. 포스트 냉전기 미군 재편의 일환으로 주일미군이 재편되는 과정에서 이오 열도(주민)는 '버리는 돌'이 된 것이다.

이상과 같은 미군의 재편과정에서 이오 열도를 둘러싼 상황도, 오키나와나 괌이나 미크로네시아의 주둔 미군이 재편되는 것과 연관해서 말해야 한다. 1990년대 이후 오키나와 미군 기지는, 세계적 규모의 미군 재편과정에서 '새로운 전쟁'이나 '대테러 전쟁'을 위한 병참, 훈련장으로 이용되고 있다.[58] 2000년대 들어서 미국을 비롯한 선진국은, '대테러 전쟁'이라는 이름으로 '불량 국가'나 '테러 지원 국가'로 지목된 나라에 대해 다국적군의 위협이나 공격, 국내 반정부 세력에 대한 군사 지원이나 개발 원조를 임기응변식으로 행했고, 그 국가의 일부 혹은 전체를 제압해왔다. 나아가 이 제도들은, 선진국을 거점으로 하는 다국적·초국적 자본의 상품 시장이나 자본 시장, 자원 조달처 혹은 그런 권리를 방어하기 위한 배후지로 정비되었다. 포스트 냉전기의 글로벌 자본주의, 신자유주의 시대와 보조를 같이하는 '대테러 전쟁'은 세르비아, 아프가니스탄, 이라크에 대한 군사 개입을 비롯하여 지금까지도 간헐적으로 계속되고 있다.[59]

또한 7000명 규모의 오키나와 해병대 이전이 예정되어 있는 괌 섬 미군 기지의 의미도, 주일 미군이 재편되는 것과 관련해 재정의되는 중이다.[60] 나아가 미사일 요격 실험장인 마셜 제도의 미군 시설도 미군 재편과정에서 부상한 새로운 미사일 방위 구상(MD 구상)의 맥락에서 점점 더 중요해지고 있다.[61]

서구를 중심으로 하는 좁은 의미의 냉전 체제가 종결되고, 미군의 정리 통치가 진행되는 중에도 미국은 '미국의 호수' 태평양의 군사적 권익을 결코 포기하려 하지 않는다. 태평양 세계의 사람들은 글로벌 차원의 미군 재편과정에서 새로운 군사주의의 전개에 휘말려가고 있는 것이다.

'미국의 호수'가 지닌 모순: 서로 다른 전후 체험

마지막으로, 다시 샌프란시스코 강화조약 제3조로 돌아가본다. 아시아태평양전쟁 결과, 일본의 세력권을 장악하며 태평양에서 압도적으로 군사적 헤게모니를 얻은 미국은, 냉전의 심화 속에서 일본 내지가 '식민지 없는 제국주의 국가'로 구 제국의 세력권에서 경제적 헤게모니를 갖는 것을 인정했다. 그 전제 조건이 바로 동아시아와 태평양 거의 전역에 이르는 '전후'를 결정지은 '샌프란시스코 체제'다. 모순과 사기로 가득한 제3조가 초래한 질서도 이런 '샌프란시스코 체제'의 일환이라고 할 수 있다.

오가사와라·이오 열도는, 아시아태평양전쟁에서 미크로네시아의 섬들이나 오키나와 제도 등과 함께 일본 내지의 방위와 '국체 보호'의 '버리는 돌'로서 이용되었고, 주민은 난민화나 군무 동원을 강요받았다. 그리고 두 제도는 '샌프란시스코 체제'의 형성 과정에서 오키나와 제도와 함께 미국의 군사 이용에 제공되었고, 일본의 재독립과 부흥의 버리는 돌이었다. 이에 따라 두 제도는 미군의 비밀기지로 사용되었고, 미국의 전략적 신탁통치하에서 핵실험 등으로 군사 이용된 미크로네시아의 많은 섬처럼 도민도 디아스포라(고향 상실, 이산)가 되기를 강요받았다. 나아가 일본에 시정권이 반환된 뒤에도 이오 열도 주민의 난민 상태는 계속되었고, 포스트 냉전기의 미군 재편의 와중에 그들은 귀향의 소망마저 거의 끊긴 채 철저히 버리는 돌이 되어갔다. 오가사와라·이오 열도 주민은 소위 '미·일 합작'의 결과 여러 의미에서 버리는 돌이 된 것이다.

일본 내지가 냉전 질서 속에서 횡재에 가까운 성장을 꿈꾸는 사이에 '미국의 호수'에 내재한 모순을 집중적으로 강요받은 태평양의 섬들은 계속되는 식민지주의·군사주의·회유주의적 개발 정책 혹은 피폭이나 방사능 오염과 일상적으로 싸워야만 했다.

아시아태평양전쟁 이후의 동아시아에 대해 야카비 오사쿠屋嘉比收가 한 말에도 주목할 필요가 있다. 그에 따르면, 미국이 주도하고 일본이 편승한 냉전 질서는 옛 식민지인 한반도를 전장과 냉전의 군사적 최전선으로 만들었고, 역시 옛 식민지인 타이완 및 미군에 대여하며 기지화된 오키나와에 냉전의 군사적 최전선(군사정권이나 군사 점령)을 강요했다. 나아가 전후 동아시아는 일본 내지에 민간 주도의 고도 경제성장을 이루기 위해 불평등하게 배치된 공간, 즉 전장/점령/부흥이라는 상황들이 상호 관련되면서 공시적으로 존재하는 공간이었다.[62] 또한 일본 내지는, 냉전이 심화되면서 전시 배상조차도 옛 병합지나 옛 점령지에 성립된 강권적 정체政體에 대한 '경제 협력' '개발 지원(이라는 이름의 경제 진출)'으로 바뀌었고, 미국의 비호 아래 강화를 체결했으며, 옛 병합지와 점령지에 대한 '식민지 없는 제국주의'에 입각하여 '고도 경제성장'을 달성했다.[63]

여기에 덧붙여, 군사 이용으로 인해 주민이 난민화를 강요받은 오가사와라·이오 열도 그리고 주민이 난민화나 피폭을 강요받은 미크로네시아를 함께 생각해야 한다. 즉 '전후'의 동아시아, 서태평양은 전장/점령(에 수반되는 기지화·난민화·피폭 지대화)/부흥·번영이라는 상황이 상호 연관되면서 공존하는, 식민지주의—

냉전형 공간이었다고 해야 할 것이다.

2011년 3월 도호쿠 지방 대지진으로 인한 후쿠시마 제1원전의 폭발은 '전후' 일본 내지에서 개발주의의 식민지주의적 전개의 궁극적인 형태라고도 할 수 있는 원전 의존형 경제의 파탄을 의미했다. 그것은 많은 사람이 디아스포라가 된 단초였고 또한 피폭 지대에 남겨진/남을 수밖에 없었던 사람들이 방사능 오염과 벌이는 싸움의 시작이었다.

이 아찔한 싸움들은 '미국의 호수'가 가진 모순을 집중적으로 강요받은 태평양 섬들이 오랫동안 경험해온 피폭이나 방사능 오염과의 싸움을 상기시키는 계기이기도 했다. 동시에 이 싸움은 '미국의 호수' 속에서 특권적인 '전후'를 향유해온 일본 내지의 발판이었고 오랫동안 난민화를 강요받아온 오가사와라·이오 열도 주민들의 '전후'를 반복해서 상기시킨다고도 할 수 있다. 우리는 지금 태평양의 섬들이 식민지주의와 군사주의 아래에서 강요받아온 난민화나 피폭의 경험, 그리고 일본 내지에서 개발주의의 파탄을 상징하는 원전 폭발로 인한 난민화나 피폭의 경험을 하나의 연장선상에서 사고할 것을 요구받고 있다.

지정학을 넘어 계보학으로

이 책은 서북태평양의 군도에서 살았던/살고 있는 사람이 태평양 세계에서 겪어온 경험에 초점을 맞추었다. 이것은 작은 군도의 시점에서 근대 세계를 다시 파악하고자 한 '정점 관측'의 시도다.

16세기부터 18세기까지 대서양 세계로 확대된 세계 시장의 최전선을 담당한 외양범선(상선 등) 노동 현장을 밑바닥에서 지지한 것은 '가지지 못한 자'인 하층 선원, 곧 이동민들이었다. 그들은 범선의 수용소적 환경과 수탈적 노동과정에서 살아남기 위해 도망, 사보타주, 파업, 생산관리 투쟁(그 궁극적 형태가 해적이 되는 것이었다) 같은 각종 저항의 양식을 만들어냈다. 19세기 들어 세계 시장의 전선은 대서양 세계에서 태평양 세계로 이동했지만 그 전선/저변을 지지하는 외양범선(포경선 등)의 노동 현장에서도 수용소적 수탈은 계속되었다. 그리고 '비치 코머' '카나카'라고 불린 포경선 하층 선원 대다수에게 바다 위의 섬들은 범선의 가혹한 노동 현장에서 탈출하여 삶을 자주적으로 관리할 수 있는 가능성의 장이었다.

오가사와라 제도는 19세기 초부터 오랫동안 무인도였다. 하지만 미국 등을 거점으로 하는 포경선이 북태평양에서 활동하게 되면서 이 군도는 포경선의 보급지로 부상했고, 1830년경부터는 세계 각지의 잡다한 이동민이 모이기 시작했다.

당시 미국의 포경선 선원에 의해 저팬 그라운드라 불린 서북태평양 해역의 거점이었던 오가사와라 제도는, 그 정주사회의 시작이 북태평양 동아시아에서 근대의 시작과 거의 겹치게 되었다. 또한 1870년대까지 약 반세기 동안, 아주 잠깐을 제외하고는 어떤 국가에도 편입된 바가 없었다. 그렇기 때문에 이 군도는 19세기 세계 시장의 파도에 편승하고, 휘말려가다가 태평양 세계에 던져지고, 그 최전선／최저변인 범선의 수탈적인 노동 현장에 놓여 있던 비치 코머나 카나카에 의해서, 세계 시장과 주권국가로부터 자율적으로 아나키한 사회 영역이 만들어질 수 있었던 것이다.

즉, 오가사와라 제도는 16세기에서 19세기에 걸쳐 외양범선이 견인한 '바다'의 세계화 파도가 마지막에 도달한 지점인 동시에, 외양범선의 수용소적 질서를 벗어나 자율적으로 살고자 한 잡다한 선원(이동민)의 경제가 가장 첨예하게 나타난 장소, 곧 세계화의 한계 영역이기도 했다.(여기까지가 제1장의 내용이다.)

19세기 후반이 되면, 저팬 그라운드에 대한 주권의 확립을 시도하는 도쿠가와 막부와 메이지 정부는 오가사와라 제도의 영유를 기정사실화하기 위해 이런 이동민들의 경제를 포섭하고자 했다.

1860년대에 오가사와라 제도의 영유·입식 사업에 착수한 도쿠가와 막부는 그 전선을 담당하는 주권의 에이전트로서 '나카하마 만지로中濱萬次郎'를 기용했다. 존 만지로라는 이름으로 알려진 그는 표류민으로 태평양 세계에 나갔다가 미국의 포경선에 구조되어 약 10년을 그곳에서 지내다가 막부 체제로 돌아온 사람이다. 만지로는 북미 대륙에서 근대 국가의 해양세계를 향한 경제적·군사적 진출에 도움이 될 각종 지식을 습득했고, 포경선에서 '카나카'라 불린 '원주민' 선원, 즉 잡다한 출신의 이동민 중 한 사람으로 살아남았다. 만지로에게 오가사와라 제도는 이런 경험을 가장 잘 펼칠 수 있는 장이었다. 그리고 그는 근대 일본 국가 초창기 식민지 관리의 입장에서, 오가사와라 제도의 전직 포경선 선원 선주자('비치 코머'나 '카나카'라고 불린)들을 일본 국가의 주권하에 편입시키려 했다.

한편, 1860년대에 태평양을 이동한 '비치 코머'들 중에서 '블랙 버더'라 불리는 노동력 브로커가 나타난다. 그중 한 명인 벤저민 피즈는 태평양 각지에서 '원주민=카나카'의 납치, 인신매매를 비롯한 '해적' 행위에 관계하면서 오가사와라 제도에 거점을 만들었다. 그리고 피즈는 오가사와라 제도의 농업 개발이나 저팬 그라운드 교역로 개척에 힘쓰면서 비치 코머나 카나카의 자율적 관리 영역이었던 이 군도에서 통치자로 군림하고자 했다. 또한 오가사와라 제도의 병합을 꾀하는 메이지 정부도 피즈를 관리로 임명하여 저팬 그라운드를 둘러싼 해적 경제를 일본 국가의 주권적 힘에 묶어두고자 했다.

1875년 메이지 정부는 오가사와라 제도의 선주자에 대해 일본 국가의 법을 선언하여 계속 통치를 했고 이듬해인 1876년 이 군도의 병합에 사실상 성공했다. 그러나 일본의 영유 선언 뒤에도 사반세기 이상, 그전부터 선주자들이 오가사와라 제도를 거점으로 저팬 그라운드에서 이룬 경제활동은, 일본 국가의 법이나 현장 관리의 묵인 아래 국경을 넘어 계속되었다. 일본의 관리들은 즉흥적인 법적 대응을 반복하면서 선주자들의 월경적이고 자율적인 경제를 주권적인 힘에 묶어두려 했던 것이다.(이는 제2장에서 언급했다.)

19세기 말 이후에는 저팬 그라운드라 불린 오가사와라 제도를 중심으로 한 서북태평양의 바다와 섬들이 일본 국가의 '남양'으로 파악된다. 우선 19세기 말부터 세기 전환기에 걸쳐, 다마오키 한에몬玉置半右衛門 등의 주도로 오가사와라 제도 개발 방식을 모델로 하면서, 도리시마 섬과 다이토 제도, 이오 열도, 미나미토리시마 섬 등의 자연환경을 수탈적으로 이용하는 무차별적 개발이 이루어졌다. 또한 다구치 우키치田口卯吉 등의 주도로 외국과의 수호통상조약상으로는 '불개항장'이면서 사실상 자유무역항이 된 오가사와라 제도를 모델로 하여 미크로네시아에서 일본 상인의 자유무역이 추진되었고, 독일 영유 아래 있었음에도 불과 십수 년 사이에 일본 상업자본은 미크로네시아 경제의 다방면에서 독점적 지위를 확립했다.

세기 전환기 이후 '남양'의 섬들 중에서도 오가사와라 제도나 이오 열도는 다이토 제도 등과 함께 당업糖業을 축으로 한 농업 입식지로 발전했고, 일본 과잉 인구의 본격적인 '배출구' 역할을 한다. 척식 회사가 지배하는 플랜테이션 형 사회인 이오 열도의 입식자들은, 척식자본에 유통·소비 과정의 대부분이 장악되었고, 종종 수탈 대상이 되기도 했다. 하지만 그들은 다른 한편으로 자율적인 생산활동을 통해 비교적 안정된 생활을 영위할 수도 있었다. 1920년대의 당가糖價 폭락은 오가사와라·이오 열도에도 적잖은 영향을 미쳤지만, 두 제도에서는 상품작물의 다각화를 꾀해서 이를 극복했고, 특히 오가사와라 제도는 1930년대에 내지 시장을 겨냥한 채소 속성 재배로 경제적 번영을 맞이한다.

그러나 이런 상황은 오가사와라·이오 열도가 제1차 세계대전 이후 미크로네시아, 즉 남양 군도를 획득한 일본 국가의 침략/진출의 '징검돌'로, 나아가 아시아태평양전쟁기에는 총력전의 '버리는 돌'로 이용되는 것과 관련된다. 일본은 아시아태평양전쟁의 패배과정에서 남양 군도, 괌 섬, 오키나와 제도의 주민과 오가사와라·이오 열도의 주민을 군무 동원(경우에 따라서는 지상전에 동원)하거나, 강제 소개해 고향으로 추방했다. 이는 어느 쪽이든 내지 방위의 '버리는 돌'로 내몰린 것이었다.(이는 제3장에서 다루었다.)

패전 뒤 일본 제국의 '남양'이 '미국의 호수'가 되는 과정에서, 오가사와라 제도와 이오 열도를 군사 점령한 미국은 비밀 기지 운용의 협력자로 간주된 선주자의 자손들과 그 가족에게만 지치지마 섬 귀환을 허가했다. 그러나 내지계 주민(의 자손)에게는 귀환이 허가되지 않았고, 많은 도민이 생업의 기반이 없는 타지에서 빈곤한 생활을 면치 못했다.

그리고 냉전 상황이 심화되면서 일본은 샌프란시스코 강화조약을 체결하며 재독립 보장 조건으로 (오키나와를 미군에게 대여하는 것과 함께) 오가사와라·이오 열도를 미국의 비밀 기지로 삼을 수 있게 추인했다. 이미 일본의 국제연맹 위임통치령이었던 미크로네시아(남양 군도)는 미국의 전략적 신탁통치령이 되었고, 구 '남양 군도'의 바깥이었던 오가사와라 제도, 이오 열도도 점차 전략적 신탁통치령 점령 체제의 일부로 편입되어간다. '샌프란시스코 체제'가 완성되고 태평양 세계가 명실상부하게 '미국의 호수'가 될 때, 오가사와라·이오 열도는 미군 핵 네트워크의 거점으로 바뀌어간 것이다. 이때 지치지마 섬으로 돌아온 선주자의 자손들은 미 해군 시설의 종업원 등으로 고용되었고, 그들의 삶은 점차 전략적 신탁통치령인 미크로네시아나 미국령 괌, 하와이 같은 '미국의 호수'인 섬들과의 관계에서 형성되어갔다.

다른 한편, 계속 귀도를 거부당한 오가사와라 제도민 대다수와 이오 열도민은 미·일 양 정부를 상대로 귀도운동과 보상운동을 펼쳤지만, 보상금의 배분을 둘러싸고 심각한 대립·분열이 생기는 등 난민이 된 두 제도민은 난민화에 수반되는 모순을 온몸으로 떠맡는 상황이 되었다. 태평양 세계의 냉전 질서를 결정지은 '샌프란시스코 체제'하에서, 오키나와나 미크로네시아의 사람들이 군사기지 중심 사회에서 어쩔 수 없이 살게 되거나, 핵실험 대상 섬들의 군사 이용 때문에 난민화되거나, 피폭이나 방사능 오염과 싸울 수밖에 없게 된 상황처럼, 오가사와라 제도민 대부분과 이오 열도민 역시 '미·일 합작'의 난민화와 그에 따르는 모순을 짊어져야 했다. 그들은 일본 총력전의 '버리는 돌'이 되었을 뿐 아니라 '평화 국가' 일본 부흥의 '버리는 돌'로도 이용된 것이다.

1968년에 오가사와라·이오 열도의 시정권이 일본으로 반환되고, 지치지마 섬과 하하지마 섬의 내지계 주민(의 자손)에게도 드디어 귀환이 허가되었다. 그러나 이오 섬에는 미군을 대신하여 일본의 자위대와 미 연안 경비대가 주둔하게 되었고, 일본 정부는 기타이오 섬을 포함하는 이오 열도의 주민(의 자손)이 고향으로 돌아가는 것을 허가하지 않았다. 이오 열도민의 귀향 가능성은 포스트 냉전기의 미군 재편 속에서 점점 더 희박해졌고, 그들은 '미·일 합작' 형식 속에서 '버리는 돌'이 되어간 것이다.(여기까지가 제4장의 내용이다.)

 냉전 체제 종식 이후 미군은 글로벌 차원에서 정리·통합되었다. 그러나 이런 상황에서도 태평양의 섬들이 '미국의 호수'에 수반되는 군사적·경제적 위치에서 벗어나기란 결코 쉽지 않다. 최근 태평양 세계의 사람들은, 미군 재편에 따르는 새로운 군사주의에 노출되는 한편, 미국에 의해 강요당해온 소비형 경제 및 높은 실업률과 더불어 신자유주의와의 싸움을 강요받고 있다.

 선진국의 주요 도시에 사는 사람들에게는 의식되기 어려운 것이지만, 신자유주의는 세계의 많은 지역에서 식민주의적·군사주의적 조건을 이용하면서 도입되었다. 신자유주의는 우선, 근대 이후 식민지주의에 노출된 3대륙(아시아, 아프리카, 라틴아메리카)의 나라들에서, 특히 1970년대 이후, 미국을 비롯한 선진국들이 뒷받침하는 강권적·군사주의적 정권을 성립시켰고, '구조조정' 프로그램을 받아들이게 했다. 이런 상황은 근대 이후 오랫동안 식민지주의와 군사주의에 노출된 3대양의 많은 섬도 마찬가지다.

 예를 들면, 태평양/동아시아/일본에서 식민주의, 총력 체제, 냉전 체제의 무게를 중층적으로 강요받은 오키나와 섬에서도 그것은 예외가 아니다. 현재의 오키나와는 글로벌한 미군의 재편

속에서 신자유주의의 축적 구조를 정비하기 위해 수행하는 '새로운 전쟁' '대테러 전쟁'의 병참이나 훈련장으로 이용되는 한편, 일본의 신자유주의적 최전선이 되어갔다. 시정권 반환 이후의 오키나와 섬에서 일본 정부가 창출한 공공사업에 대한 재정 조치를 축으로 하는 개발 노선은, 21세기 들어 관광업 등 3차 산업이 만성적인 높은 실업률을 배경으로 대량의 비정규 노동자를 이용하는, 노골적인 신자유주의적 상황으로 변화하고 있다.

또한 미국의 군사주의 아래에서, 미국의 개발 원조금에 의존하는 재정과 3차 산업에 치우친 산업구조가 계속된 미크로네시아의 섬들도 최근에는 아시아개발은행에 의해 신자유주의적 구조조정의 대상이 되었고, 사회보장이나 공공 부문 재정 지출 삭감에 내몰리게 되었다.

그리고 이렇게 식민지주의에 부가된 새로운 군사주의나 신자유주의와의 혹독한 싸움은, 인도양이나 카리브 해를 포함하는 대서양의 많은 섬도 공유하는 경험이다. 나아가 3대양의 섬들에서 동시다발적으로 진행된 군사주의나 신자유주의와의 싸움은, 2011년에 발생한 '아랍의 봄'이나 '점거' 운동으로 상징되는, 신자유주의적 글로벌리즘과 그 강압적 정권에 대항하여 거리에 넘쳐난 5대륙 사람의 동시다발적인 혁명의 파도와도 연결된다.

이처럼 포스트 냉전 상황에서 지금도 많은 섬이 새로운 군사주의와 신자유주의에 노출되고 있다. 한편 글로벌한 미군의 재편

속에서 비밀 기지 기능이 오히려 강화되고, 주민들이 난민 상태를 계속 강요받는 섬들도 있다. 태평양에서는 이오 열도 외에, 예를 들면 제4장에서 언급한 마셜 제도의 콰절린 환초의 많은 섬이 지금도 미군의 장거리탄도미사일 요격 실험장으로 배타적으로 이용되고 있고, 미국의 공무원과 군 관계자만 거주할 수 있으며, 주민과 그 자손의 귀환은 전혀 이루어지지 않은 상태가 계속되고 있다. 또한 인도양에서도 차고스 제도의 디에고가르시아 섬은, 영국이 주민을 강제 이주시키고 미 해군에게 전체 섬을 대여하여 주민은 계속 난민 상태에 놓여 있다. 그리고 이 섬은 아프간 전쟁이나 이라크 전쟁 등 '대 테러 전쟁'의 항공기 출격 기지로 이용된다.

이오 섬은 지금도 자국'군'인 일본 자위대에 계속 점거되어 있으면서, 태평양 세계에서 미군의 핵 네트워크 거점 가운데 하나로 이용된다. 이오 열도민의 디아스포라 상황은 2014년 마침내 70년에 이르렀다.

태평양 세계에서 이동민의 자주적 관리 영역인 동시에 근대 일본의 입식지로 발전한 오가사와라 제도 그리고 역시 근대 일본의 입식지가 된 이오 열도에 살던 주민들은 세계 시장, 자본제나 주권국가, 국민국가, 제국 같은 근대적 장치들의 힘에 농락당하면서도 살아남기 위해 혹은 주체적 삶을 위해 투쟁을 거듭해왔다.

적어도 일본 국가 내에 사는 사람들은 '나는 이 섬들의 역사와무관하다'는 의식을 버릴 필요가 있다. 그리고 오가사와라·이오 열도에서 살아온/살고 있는 사람들이 겪은 근대 경험을, 단순히 진기한 에피소드로 특수화하여 소비해서도 안 되고, 일본 '변방' 의 한 사례로서 일반화하여 소비해서도 안 된다. 이 책에서 묘사 하고자 했듯 그들의 근대 경험은, 태평양 세계에서 세계화와 식민 지주의에 있어 하나의 초점을 구성하고 있기 때문이다.

지금 우리에게 요구되는 것은 군도를 '고향'으로 삼고 살아온 사람의 중층적 경험들(이미 이 세상을 떠난 사람들이나 지금까지도 고향 상실 상태에 있는 사람들의 경험을 포함하여)을 정면에서 기 술하는 작업이다.

근대의 세계화와 식민지주의의 전개 속에서, '자연'과 '문화'의 경계면에 위치하는 섬만큼 세계를 매혹한 동시에 세계에 의해 짓 밟혀온 장소도 없을 것이다. 섬을 내려다보는 시선으로 조망하는 침략과 진출의 지정학적 유혹에 저항하여, 섬을 포위하고 공격하 는 세계화나 식민지주의와 투쟁하면서 살아낸 사람들의 내발성內 發性과 자율성의 계보학을 지금 우리 손으로 되찾아야 할 때다.

이 책은 내 세 번째 단독 저서다. 논단 시평에 연재한 졸고를 바탕으로 현대 일본 사회의 역사적 진단을 시도한 전작 『죽이는 것/죽임 당하는 것에 대한 감도: 2009년 시점에서 본 일본 사회의 행방』(2010)이, 내 작업에서는 '얼마간 외도'에 해당되는 것이었다면, 이 책은 첫 번째 단독 저서 『근대 일본과 오가사와라 제도: 이동민의 섬들과 제국』(2007)과 마찬가지로 '본래의 영역'에 있는 작업이다. 이 책은 일부 예외를 제외하고 『근대 일본과 오가사와라 제도』 이후 발표한 오가사와라·이오 열도의 역사사회학적/사회사적 연구 관련 원고와 군도세계나 해양세계 특히 태평양 세계의 근대에 대한 원고에 기반하고 있다.

각 장의 근거가 된 원고의 출처는 다음과 같다. 단 모든 원고가 대폭적인 수정·가감·분할·재결합을 거쳤으며 새로 쓴 부분도 많다.

서론

- 「島と海の想像力—地政學を超える系譜學へ」, 『現代思想』, 41卷1與(特集: 現代思想の総展望2013), 青土社, 2013
- 「小笠原諸島の近代經驗と日本」, 『科學』, 948號(特集: 島に生きる—世界遺産の小笠原から日本へ), 岩波書店, 2011
- 「そこに社會があった—硫黄島の地上戰と〈島民〉たち」, 『未來心理』, 15號(特集: 傳達再考), NTTドコモ·モバイル社會研究所, 2009

제1장

- 「Becoming Pirates—海の近代の系譜學へ」, 『現代思想』, 39卷10號(特集: 海賊—洋上のユートピア), 青土社, 2011
- 「市場·詳島·國家—太平洋世界/小笠原諸島/帝國日本」, 西川長夫/高橋秀壽 編, 『グローバリゼーションと植民地主義』, 人文書院, 2009

제2장

- 「移動民と文明國のはざまから—ジョン萬次郎と船乘りの島々」, 『思想』, 990號, 岩波書店, 2006
- 「Becoming Pirates—海の近代の系譜學へ」
- 「市場·群島·國家—太平洋世界/小笠原諸島/帝國日本」

제3장

- 「帝國と冷戰の〈捨て石〉にされた島々―戰場から基地化·難民化へ」, 福間良明 / 野上元 / 蘭信三 / 石原　俊　編, 『戰爭社會學の構想―制度·體驗·メディア』, 勉誠出版, 2013
- 「小笠原―硫黃島から日本を眺める―移動畏から臣民, そして難民へ」, 『立命館言語文化研究』, 23卷2號(特集: トランスアトランティック/トランスパシフィック), 立命館大學國際言語文化研究所, 2011
- 「そこに社會があった―硫黃島の地上戰と〈島民〉たち」(앞의 책)

제4장

- 「ディアスポラの島々と日本の「戰後」―小笠原·硫黃島の歷史的現在を考える」, 『別冊環』, 19號(総特集: 日本の「國境問題」―現場から考える), 藤原書店, 2012
- 「帝國と冷戰の〈捨て石〉にされた島々―戰場から基地化·難民化へ」
- 「小笠原―硫黃島から日本を眺める―動民から臣民·そして難民へ」

결론

- 「島と海の想像力―地政學を超える系譜學へ」

- 「ディアスポラの島々と日本の「戰後」―小笠原・硫黄島の歷史的現在を考える」

첫 저서 『근대 일본과 오가사와라 제도』와 이 책의 다른 점은, 주로 다음 두 가지다.

첫 번째는 오가사와라 제도의 선주자와 그 자손들에 초점을 맞춘 앞의 책에서 정면으로 다룰 수 없었던, 오가사와라 제도의 내지계 주민 및 이오 열도 주민의 상황에 대해, 이 책에서는 많은 지면을 할애하여 언급했다는 점이다. 두 번째는 오가사와라 제도 주민, 이오 열도 주민의 근대 경험을, 앞의 책에서와 같이 일본 국가와의 관계에 초점을 맞추었을 뿐 아니라, 태평양 세계 그리고 '바다'에서의 세계화와 식민지주의의 맥락(지금 식으로 말하면 글로벌 히스토리의 문맥)에 적극적으로 위치시키고자 한 점이다.

그러나 이 책의 제2장에 대해서 말하자면, 특히 제1절은 『근대 일본과 오가사와라 제도』를 내기 이전에 발표한 논문에 기반하고 있기 때문에 『근대 일본과 오가사와라 제도』의 내용과 중복되는 부분이 많다. 또한 제1, 3, 4장도 부분적으로는 『근대 일본과 오가사와라 제도』의 내용과 겹치는 부분이 있다. 상술했듯 『근대 일본과 오가사와라 제도』와 이 책에서는, 원래 내용상 역점을 둔 부분이나 목적이 다르기는 하지만, 앞의 책을 이미 읽은 독자에게는 부분적으로 중복이 있다는 말씀을 드리고 싶다. 한편 이 책으로 이런 작업을 처음 접한 독자들은, 오가사와라 제도의 선주자(의 자손)들과 일본 국가의 150년 이상에 걸친 복잡한 관계를 상세히 묘사한『근대 일본과 오가사와라 제도』를 꼭 참고해주었으면 한다.

이 책의 편집자로 신세 진 나카무라 선생은, 졸고「역사에서 사회학을 하다: 역사사회학 혹은 근대를 실타래 삼아 되짚어가는 방법」을 기고한『사회학입문』이라는 교과서를 담당한 것을 계기로 인연이 되었다. 아마 2010년 8월 말인지 9월 초에 처음 뵌 것 같은데, 내게 '현대사회학 라이브러리' 시리즈의 한 권을 집필하도록 강하게 권유하셨다. 쟁쟁한 선학들을 문자 그대로 세상에 내보낸 나카무라 선생이 편집을 맡아준 것, 그리고 사회학 각 영역의 중진이 필진인 '현대사회학 라이브러리'에서 나 같은 젊은 사람이 집필 기회를 얻은 것은 매우 영광이었다.

그러나 그해 늦가을에『죽이는 것/죽임 당하는 것에 대한 감도』를 발간한 뒤, 2011년 1년간은 3월 대지진, 원전 사고를 계기로 여러 일이 있었던 데다, 6월에는 오가사와라 제도가 세계자연유산에 등록되는 등 이와 관련해서 몰아닥친 일이나 써야 할 글에 쫓겼고, 게다가 2012년은 건강이 안 좋기도 해서 집필 작업이 예정보다 늦어졌다. 원고를 의뢰받고 완성하기까지 3년이나 걸렸다. 나카무라 선생께는 정말 폐를 많이 끼쳤다.

또한 이 책의 바탕이 되는 원고들을 처음 발표할 때 담당 편집자였던 오하시 구미大橋久美, 쓰지무라 기보辻村希望, 가와무라 지카라川村力, 니시 다이시西泰志, 오카다 린타로岡田林太郎, 이토 모모코伊藤桃子, 오시카와 준押川淳에게도 감사드린다. 특히 지금 심각한 출판 상황, 사회 상황 속에서 비판적 입장을 고수하고 학술 상업지로 고군분투하는 『현대사상』 편집부의 오시카와는 단지 편집자와 저자의 관계에 머물지 않고 연구회나 집회, 가두시위나 술자리에서 자주 만나 교류했고, 쓰는 입장인 나를 이해해준 가장 중요한 한 사람이 되어주었다.

이번 저술도 『근대 일본과 오가사와라 제도』에 이어 오가사와라 제도 현지나 각 관계처에서 자료 조사나 인터뷰 조사 때 신세진 분이 없었으면 이루어지지 못했을 것이다. 여기에서는 이 책에서 직접 인용한 인터뷰의 화자와 그 동석자인 노자와 유키오野澤幸男(제프리), 이케다 미노루池田實, 오히라 교코大平京子(이데스), 아사누마 히로유키淺沼碩行, 다무라 미쓰오田村三男, 다무라 데루요田村照代, 후유키 다다요시冬木忠義, 후유키 미즈에冬木瑞枝 그리고 자료 수집에 신세를 많이 진 데시마 도세延島冬生, 시마다 기누코島田絹子 등에게 감사드린다.

특히 다무라 데루요에게 소개받은 후유키 부부에게서는 이오 섬 소작인 조합의 창설자이자 이오 섬 지상전의 생존자이고, 패전 뒤에도 이오지마 산업주식회사 피해자지지연맹의 중심 인물로 '사기 징용' 문제를 계속 추궁했던, 이오 섬 근대사의 상징적

인물이라 할 수 있는 아사누마 히데키치에 대한 귀중한 이야기를 들을 수 있었다. 이 책을 후유키 다다요시의 생전에 간행하지 못한 점이 안타깝다.

그리고 『근대 일본과 오가사와라 제도』에서 가장 중요한 인물이자 이 책에도 여러 번 등장하는 제프리 선생께 완성된 책을 보여드릴 수 없었던 것도 대단히 아쉽다. 제프리 선생은 2009년 12월에 85세로 생을 마쳤다. 건강이 좋지 않았다고 들었는데, 입원했던 유가와라湯河原의 병원을 방문하고 몇 달 뒤 돌아가셨다. 돌아가신 다음 날 따님으로부터 갑자기 전화가 왔다. 유가와라 역 근처에 시신이 안치되었고, 시신은 다음 날 아침에 화장하여 유골은 지치지마 섬으로 보낸 뒤 장례식이 치러진다는 것이었다. 필자는 당일 예정된 연구회를 취소하고 시나가와 구의 집에서 유가와라까지 갔고, 제프리 선생의 마지막 얼굴을 대면할 수 있었다. 이 책에서도 서술했듯, 제프리는 1944년에 강제 소개 대상에서 제외되어 오가사와라 제도에서 일본군으로 징용된 선주자의 자손 중 마지막 산증인이었다.

교토에서 태어나서 자라고, 대학원생, 연구원 시절까지 30년을 간사이 지방에 있었던 내가 대학에 자리를 얻어 간토 지방으로 이주한 지도 8년이 넘었고, 현재의 직장으로 옮겨서 도쿄 도내에 살기 시작한 지도 벌써 5년이 지났다. 이 책은 관서, 교토 시절 신세를 진 분들뿐 아니라, 간토의 도쿄에서 만난 많은 분과의 교류의 산물이기도 하다. 2011년 3월 대지진과 후쿠시마 원전 사고 이후에는, 대학 바깥의 여러 장소에서 배운 것이 정말 많았다. 특히 이 책의 제4장은 지진이나 원전을 직접 다룬 내용은 아니지만, 3·11을 내 나름대로 받아들이는 중에 쓰인 것이다.

또한 현재 근무처인 메이지가쿠인대학의 동료와 직원, 함께 세미나를 했던 분들을 비롯하여 학생들에게도 감사드리고 싶다. 실제로는 신세 진 분 모두의 이름을 쓰고 감사를 전하고 싶으나, 그것만으로도 이 책의 한 챕터 분량은 나올 것이다. 감사의 말 대신 내가 정말 사람 복이 많은 사람이었다는 말을 하고 싶다.

이와 같이 이 책은 많은 분과의 만남과 교류 속에서 쓰였지만, 내용에 대한 최종적 책임은 물론 저자에게 있다.

또한 이 책은 일본학술진흥회 과학연구비보조금의 조성을 받은 2개 연구 과제 「오가사와라 제도 선주 이민의 생활세계에 관한 사회학적 연구」(연구 종목: 젊은 연구자 B, 연구 기간: 2006~2008년, 대표 연구자: 이시하라 슌), 「도서지역으로부터의 소개 이산자에 관한 사회학적 연구: 오가사와라 제도, 이오 열도를 중심으로」(연구 종목: 젊은 연구자 B, 연구 기간: 2009~2012년, 대표 연구자: 이시하라 슌) 및 메이지가쿠인대학 사회학부 부속 연구소의 연구 프로젝트 「도서, 해양 이동민의 근대성에 관한 기초 연구」(연구 종목: 일반 연구, 연구 기간: 2012년, 대표 연구자: 이시하라 슌)의 연구 성과의 일부다.

또한 이 책 간행에 있어서는 2013년 메이지가쿠인대학 학술진흥기금조성금의 지원을 받았다.

마지막으로 부모님, 그리고 늘 대화 상대이며 연구 동지이기도 한 아리조노 마사요有薗眞代에게도 감사의 말을 전하고 싶다.

2013년 10월 가을 밤,

도쿄 시로가네다이 연구실에서 이시하라 슌

옮긴이의 말

역사의 히드라, 히드라의 역사

오가사와라 제도小笠原諸島, Bonin Islands는 도쿄에서 남쪽으로 1000여 킬로미터 떨어진 남태평양의 작은 섬들로 이루어진 곳이다. 행정구역상으로는 도쿄도東京都 소속이지만, 지질학적으로는 오세아니아에 속한다. 16세기에 처음 발견되었다고 전해지는데, 일본 정부는 17세기에야 그곳을 '부닌無人 섬'이라고 명명했고 계속 방치해두었다. 이후 오가사와라 제도는 1880년 도쿄부東京府에 공식 편입되기 전까지 계속 구미 선박이나 군함의 기항지 역할을 했다.

저자에게 오가사와라 제도는 단적으로 말해 '이동민의 섬들'이다. 그의 이전 저작(『근대 일본과 오가사와라 제도』)의 작업을 참고하자면 오가사와라 제도는 일본에 편입되기 전부터 세계 각지에서 온 사람들이 거주하고 생활하던 장소이기도 했다. 하지만 이동민들의 잡다함이 19~20세기 주권적 힘에 포섭되고 범주화

옮긴이의 말 역사의 히드라, 히드라의 역사

241

되는 과정에서 이들은 '해적' '외국인' '이인異人' '귀화인' '재래도민' 같은 말로 호명되었다. 이는 시기마다 그들의 법적 지위, 권리 등이 달라진 상황을 함축한다. 이것은 곧 그들 삶의 변화와 나란히 이야기되는 것이었다. 즉 『군도의 역사사회학』은 단순히 오가사와라 병합의 역사를 추적하는 책이 아니다. 세계 각지에서 오가사와라 제도로 오게 된 이동민과 그들의 후손이 세계 시장이나 국가, 법 등과의 관계에서 어떻게 자신의 사회적·경제적 실천의 존재 방식을 재편성하면서 살아남아왔는지를 추적하는 책인 것이다.

이 책에서 특히 흥미로운 점은 단순히 근대 일본의 형성과정을 지지해온 점령과 강제 복속의 역사가 아니다. 오히려 이 책은 오가사와라 제도라는 국가법의 임계 영역에서 어떻게 사람들이 그들 나름대로 삶의 리듬을 만들어갔는지에 주목한다. 오가사와라 제도에 모여든 잡다한 이동민들은, 당시 서구나 일본 제국과 같은 '법치국가'의 주권적 법이 발동되는 최전선에 위치하고 있었다. 하지만 오가사와라에 정착한 이동민들은 복종이나 저항을 강요받았을 뿐 아니라, 나름대로의 자율적 삶과 리듬을 만들어내며 살아오기도 했다. 즉, 오가사와라 제도의 근대란, 정체가 불분명한 이동민의 삶과, 그 삶을 어떻게든 포섭하고자 하는 주권적 힘의 긴장관계를 내포한 마주침의 장으로 요약할 수 있다.

이러한 저자의 관점은 지배 대 피지배, 선주민 대 이주민 같은 이분법적 관계의 도식을 넘어설 가능성을 의미심장하게 보여준다. 이것은 '선주민'이라는 정체성으로 스스로를 제한하고, 그것을 축으로 삼아, 서양의 시선에 대항하여 역사를 기술하는 방식과는 구분된다. 잡다한 이동민으로서의 삶, 그리고 주권적 힘과 자율적 구성력 사이의 길항관계를 보는 이러한 시점은, 이 책에 기술된 오가사와라 제도뿐 아니라 근대의 역사 기술에 있어서도 분명 다른 패러다임의 가능성을 보여준다.

한편, 일본 제국의 주권적 힘에 의해 점령되고 편입되어간 홋카이도나 오키나와 등의 역사는 한국에도 잘 알려져 있지만, 이 책이 다루는 오가사와라 제도는 유네스코 지정 세계자연유산 혹은 김옥균이 약 2년간 유배생활을 했던 곳이라는 정도 외에는 거의 알려져 있지 않다. 여기에는 여러 사정이 있었을 것이지만, 무엇보다도 저자의 문제의식, 즉 오가사와라 제도가 기본적으로 '이동민의 섬들'이라는 점과 밀접히 관련된다고 여겨진다. 즉, 선주민이 세계 각지에 뿌리를 두고 있었다는 사실, 정주사회의 자기 표상을 갖지 않았던 역사와 함께 생각해볼 수 있는 것이다.

가령 오키나와는 류큐 왕국이라는 독립 국가기구가 도쿠가와 막부 사쓰마薩摩 번의 속국이면서도 19세기 말까지 존속했고, 메이지 정부의 군사적 압력으로 병합된 역사가 있다. 또한 홋카이도의 아이누가 독자적 국가기구를 갖고 있지는 않았지만 독자적 언어와 문화적 전통을 갖고 있었고, 일본이 홋카이도의 영유권을 사실상 확정한 1870년 즈음부터 강제 동화, 편입의 역사를 거쳐 왔음은 주지의 사실이다.

하지만 오가사와라 제도의 경우, 그 선주민 후손들은 1968년의 시정권 반환부터 현재까지도 '선주민/선주민족'이나 '오가사와라 사람' 등과 같은 자기 표상을 거의 내세운 바 없었다. 이것은 이 책에서도 확인할 수 있듯, 1차적으로 일본 본토에서 입식한 사람들의 수에 비해 선주민의 인구 규모가 적었다는 사실에 기인할 것이지만, 더 중요한 이유는 오가사와라 제도의 선주민이 세계 각지에 뿌리를 둔 이동민의 자손이라는 사실과 관련이 있을 것이다. 즉 책에서 계속 보여주듯, 오가사와라 제도는 정주사회의 문화와 역사를 기반으로 한 '선주민/선주민족'이나 '오가사와라 사람' 등의 자기 표상을 근본적으로 갖추기 어려운 역사적 배경이 있었던 것이다.

고정된 정체성과 그 표상을 가지지 않는다는 점이 근대 역사 기술에서 스스로를 소외시킨 측면이 있었다면, 지금 이 책에서는 바로 그 점이 새로운 역사 기술의 관점으로서 오히려 부상하고 있다. 저자도 본문에서 인용했지만, 피터 라인보와 마커스 레디커가 '히드라'에 비유한 그 잡다한 정체성을 가진 다중multitude, 그리고 그들 사이의 연결성, 네트워크, 다수성, 운동, 우연성의 측면이 이 책의 기술에서 구체적 실감으로서 부상하고 있는 것이다.

이 책이 단순히 근대 제국 병합 및 국가 형성의 과정과 사례를 밝히는 책이 아니라는 점은 충분히 전달되었으리라 믿는다. 다중은 지배 권력을 지지하기도 하지만 지배 권력의 공포를 표현하는 존재이기도 하다. 이 책은 그 다중, 곧 히드라의 머리 각각의 목소리에 귀 기울이고 그것을 독자에게 들려준다. 자본주의 시초 축적의 역사와 주권적 법의 자장에 수탈되고 포섭되면서도 동시에 저항하고 반란하며 나름의 삶을 구축해간 생생한 사례가 여기에 있다. 이 책을 계기로 관련 연구장에서 심도 있는 논의가 이루어질 수 있기를 기대한다.

서론

1 Peter Linebaugh and Marcus Rediker, *The Many-Headed Hydra*: *The Hidden History of the Revolutionary Atlantic*, Verso, 2000, pp. 149~150.

2 今福龍太, 『群島-世界論』, 岩波書店, 2008, 150~152쪽.

3 新原道信, 『ホモ・モ━ベンス旅する社會學』, 窓社, 1997, 244~255쪽.

4 宮本常一, 「島に生きる」, 『宮本常一著作集』 4, 未來社, 1958(1969), 17쪽. 특히 미야모토의 군도론은 해적, 가선家船 어민(가족 단위로 수상생활을 하는 어민─옮긴이), 행상 선원 등 바다의 이동민(노마드)의 삶을 집요하게 다루는데, 내지라는 '의사疑似 대륙'을 중심으로 섬들과 바다를 부감하는 근대 일본의 사회과학의 주류적 인식 모델과는 결정적으로 다른 시선을 보여준다. 이에 관해서는 다음 졸저를 참조. 石原俊, 「〈島〉をめぐる方法の苦鬪: 同時代史とわたりあう宮本常一」, 『現代思想』 39권 15호, 靑土社, 2011, 134~139쪽.

5 Édouard Glissant, 管啓次郎 譯, 『〈關係〉の詩學』, インスクリプト, 1990(2000, 2001), 134~139쪽.

6 Peter Linebaugh and Marcus Rediker, op. cit., pp.146~147.

7 Carl Schmitt, 生松敬三·前野光弘 譯, 『陸と海と: 世界史的一考察』, 慈學社出版, 1942(2006), 98~102쪽; Carl Schmitt, 新田邦夫 譯, 『大地のノモス—ヨーロッパ公法という國際法における』, 慈學社出版, 1950(2007), 139~158, 208~226쪽. 그러나 선점 법리의 형성과정 및 이 법리와 실제 역사과정의 관계는 꽤 복잡한 양상을 보인다. 처음으로 '신세계' 침략/진출을 주도한 스페인, 포르투갈 세력은 '신세계', 즉 비유럽 세계에서 영역 지배를 정당화하기 위해, 신의 법에 반하는 '이교도'의 토지에 대해서는 로마 교황이 관할권을 가진다는 정당화 근거하에, 어떤 영역을 처음 '발견'한 사람이 귀속된 국가가 그 영역에 대해 권리를 주장할 수 있도록 했다. 이에 대해 후발 세력인 영국, 프랑스, 네덜란드 각국은 휘호 흐로티위스Hugo Grotius의 선점의 법리 등을 지지하면서 '신세계'에 대한 교황의 관할권을 부정하고자 했다. 그로티우스가 체계화한 선점의 법리는 '신세계'의 토지가 '미개'의 '원시적 공유 상태'에 있다고 가정하고 어떤 '무주지'를 '점유'하여 계속 이용한 사람이 귀속된 국가가 그 토지에 대한 배타적 영유권을 취득하는 것을 정당화했다. 이상의 과정에 대해서는 다음을 참조. 許淑娟, 『領域權原論: 領域支配の實效性と正當性』, 東京大學出版會, 2012, 40~62쪽.

8 松井透, 『世界市場の形成』, 岩波書店, 1991(2001), 359~362쪽.

9 Carl Schmitt, 『大地のノモス』, 76~99, 160~176쪽.

10 西平等, 「神の正義と國家の中立: 「グローバルな內戰」に對抗するカール·シュミット」, 『現代思想』 1020호, 岩波書店, 2009, 66~69쪽.

11 Gilles Deleuze, 前田英樹 譯, 「無人島の原因と理由」, 宇野邦一 編, 『無人島1953~1968』, 河出書房新社, 2002(2003), 14쪽.

12 Hans Magnus Enzensberger, 石黑英男/津村正樹/道籏泰三/小寺昭次郎/野村修 譯, 『ヨーロッパ半島』, 晶文社, 1987(1989); Massimo Cacciari, 柱本元彦 譯, 『必要なる天使』, 人文書院, 1988(2002).

13 이 책에서 사용하는 인종주의라는 말은, 어떤 사람이나 집단의 신체적 모습, 사용 언어, 생활 관습 등을 마치 그 사람·집단의 본질로 여기며 모욕이나 공포의 대상으로서 부각시키거나 정형화된 이미지를 부여하

며 일상적 차별 및 배제의 표적으로 삼는 것을 정당화하는 이데올로기를 가리킨다. 이 책의 인종주의 개념에 가장 가까운 사고로는 다음을 참조. George M. Fredickson, 李孝德 譯, 『人種主義の歷史』, みすず書房, 2002(2009); 鵜飼哲/酒井直樹/Tessa Morris-Suzuki/李孝德, 『レイシズム·スタディーズ序説』, 以文社, 2012.

14 이런 논점에 대해서는 다음을 참조. Édouard Glissant, 앞의 책, 85~101쪽; Gabriel Entiope, 石塚道子 譯, 『ニグロ·ダンス·抵抗: 17~19世紀カリブ海地域奴隷制史』, 人文書院, 1996(2001); Marcus Rediker, *Between the Devil and the Deep Blue Sea: Merchant, Seamen, Pirates, and the Angro~American Maritime World 1700~1750*, Cambridge University Press, 1987; Peter Linebaugh and Marcus Rediker, op. cit.

15 이 점에 대해서는 다음에서 논했다. 石原俊, 『近代日本と小笠原諸島: 移動民の島々と帝國』, 平凡社, 2007, 430~431쪽. 그러나 일본 제국 헌법하의 법 제도에 따르면 내지에서 제국헌법은 일부의 예외를 제외하고는 거의 모든 영역에 적용되는데, 홋카이도와 오가사와라·오키나와 제도 등도 법문상 내지에 포함된다. 하지만 홋카이도, 오가사와라 제도, 오키나와 제도 등의 주민들은 메이지 정부가 성립되었을 때부터 이미 혼슈, 규슈, 시코쿠와 그 주변 섬들을 내지라 일컬어왔다(高江洲昌哉, 『近代日本の地方統治と「島嶼」』, ゆまに書房, 2009, 58쪽). 이 책에서는 특별한 경우를 제외하곤 내지를 후자의 속칭을 의미하는 것으로 사용했고, 그 외의 용법들은 그때마다 법문상의 '내지'와 같이 따옴표(' ')를 붙여 표현했다.

16 Mark R. Peattie, 淺野豊美 譯, 『植民地: 帝國50年の興亡』, 慈學社出版, 1996(2012), 254~263쪽.

17 小川徹太郎, 「海民モデルに對する一私見」, 『越境と抵抗: 海のフィールドワーク再考』, 新評論, 2001(2006), 183~187쪽.

18 村井紀, 『增補·改訂 南島イデオロギーの發生: 柳田國男と植民地主義』, 太田出版, 1992(1995), 8~20쪽.

19 米穀匡史, 『思考のフロンティア アジア/日本』, 岩波書店, 2006, 164쪽.

20 原貴美惠,『サンフランシスコ平和條約の盲點―アジア太平洋地域の冷戰と「戰後未解決の諸問題」』, 溪水社, 2005.

21 예컨대 그 성과에 대해서는 다음을 참조하라. 石原俊, 앞의 책,『近代日本と小笠原諸島』; 石原俊,「市場・群島・國家: 太平洋世界/小笠原諸島/帝國日本」, 西川長夫/高橋秀壽 編,『グローバリゼーションと植民地主義』, 人文書院, 2009.

22 미나미이오南硫黄 섬은 단애로 둘러싸인 지형이라 거주가 어렵고, 지금까지 표류자 등을 제외하고 정주자는 없었다. 현재 일본 정부는 이 섬을 원생 자연환경 보호지역으로 지정했고, 학술 조사 외의 방문은 허가되지 않는다.

23 그 성과에 대해서는 일단 다음을 참조하라. 石原俊,「そこに社會があった: 硫黄島の地上戰と〈島民〉たち」,『未來心理』15號, NTTドコモ・モバイル會社研究所, 2009; 石原俊,「ディアスポラの島々と日本の「戰後」: 小笠原・硫黄島の歷史的現在を考える」,『別冊環』19號, 藤原書店, 2012.

24 일본에서는 자신들이 벌인 전쟁을 어떻게 명명할지에 대해 오랜 논쟁이 있었다. '대동아전쟁'은 극우적 관점에서 침략을 정당화하는 용어로 사용된 바 있고, '태평양전쟁'이 가장 많이 사용되었다. 그러나 태평양전쟁은 미국과 일본의 대립으로 전쟁을 협소화・단순화한다는 비판이 있다. 또한 '15년 전쟁'이란 용어도 언급되었는데, 이는 1931년 만주사변을 기점으로 하기 때문에 그 이전부터의 조선, 타이완, 오키나와 등 식민지 침략을 간과한다는 비판이 있다. 그래서 최근에는 일본의 진보적 학자들과 시민사회를 중심으로 식민지 침략 전체의 역사를 모두 함의하는 '아시아태평양전쟁'이라는 명칭을 사용하기 시작했고, 이 책 저자의 문제의식도 이런 명명법과 관련된다.―옮긴이

25 오가사와라 제도의 세계자연유산 등록을 계기로 요구되는 역사 인식에 대해서는, 다음에서 논하고 있다. 石原俊,「小笠原諸島の近代經驗と日本」,『科學』948號, 岩波書店, 2011.

26 이 영화의 원작은 다음을 참조. 栗林忠道著・吉田津由子 編,『「玉碎總指揮官」の繪手紙』, 小學館, 2002. 구리바야시는 육군 소속의 중장(죽기 직전

에 대장으로 승진)이었는데, 오가사와라 병단은 대본영 직속이었다.

27 사회과학적인 의미에서 디아스포라diaspora는 남북아메리카 대륙이나 카리브 해역으로의 대규모 침략/진출이 시작된 16세기 최초의 세계화 이래, 특정한 정치적·경제적 압력 아래 고향으로부터 집단적으로 이산될 수밖에 없었던 사람들(의 자손) 혹은 그들의 이산 상황을 의미한다.(石原俊, 「ディアスポラ」, 見田宗介 編集顧問·大澤眞幸/吉見俊哉/鷲田清一 編集委員, 『現代社會學事典』, 弘文堂, 2012, 897~898쪽)

28 '이오지마 2부작'의 또 하나의 작품 「아버지의 깃발」이 전쟁영화로서는 드물게 국민국가 비판 및 총력전 체제 비판의 가능성을 보여준 것, 그리고 이 영화에서 이오 섬 주민의 존재를 소거해간 효과에 대해서는 다음에서 상세히 논하고 있다. 石原俊, 앞의 책, 「そこに社會があった」, 27~29쪽.

제1장

1 Peter Linebaugh and Marcus Rediker, *The Many-Headed Hydra: The Hidden History of the Revolutionary Atlantic*, Verso, 2000, p.165.

2 현재 대서양 세계에서 사략·해적 연구의 수준에 대해서는 다음을 참조. 薩摩眞介, 「ブリテン海洋帝國と掠奪: 近世の北米·カリブ海植民地における私掠·海賊行爲研究の現狀と展望」, 『西洋史學』 225號, 日本西洋史學會, 2007; 薩摩眞介, 「海賊: '全人類の敵'?」「私掠: 合法的掠奪ビジネス」, 金澤周作 編, 『海のイギリス史: 鬪爭と共生の世界史』, 昭和堂, 2013.

3 16~17세기의 사략과 나포 인가장은 노략한 재물에서 세수稅收를 얻거나 왕후에게 상납될 돈을 기대하고 발행되었는데, 18세기 이후의 사략 인가장은, 국가나 왕후의 경제적 이익보다는 해군력을 보완하여 적국의 항해·통상의 자유를 방해하는 해상海商 파괴commerce raiding를 주된 목적으로 발행되었고, 해사재판소의 포획물 심사도 상대적으로 엄격해졌다.(稻本守る, 「歐洲私掠船と海賊: その歷史的考察」, 『東京海洋大學研究報告』 5號, 2009, 49쪽; 薩摩眞介, 앞의 책, 「私掠: 合法的掠奪ビジネス」,

209~210쪽) 사쓰마 신스케薩摩眞介는 이런 사략을 둘러싼 법 제도의 재
편과정을 '사략의 제도화'라고 칭하고 있다.(薩摩眞介, 앞의 책, 「ブリテン
海洋帝國と掠奪」, 52쪽)

4   川北稔, 『畏衆の大英帝國: 近世イギリス社會とアメリカ移民』, 岩波書底,
1990(2008), 153~178쪽; Marcus Rediker, *Between the Devil and the
Deep Blue Sea: Merchant, Seamen, Pirates, and the Angro-Amer-
ican Maritime World, 1700~1750*, Cambridge University Press,
1987, pp.207~227; Marcus Rediker, *Villains of All Nations: Atlantic
Pirates in the Golden Age*, Beacon Press, 2004, pp.42~45.

5   Marcus Rediker, *Between the Devil and the Deep Blue Sea*, pp.211,
251, 289. 즉 '악마와 깊고 푸른 바다 사이에서'란 이러지도 저러지도 못
하는 진퇴양난의 의미도 있다.

6   ゴフマン・アーヴ・イン, 石黒毅 譯, 『アサイラム: 施設被收容者の日常世界』,
誠信書房, 1961(1984), v~vi·3~13쪽.

7   Marcus Rediker, *Between the Devil and the Deep Blue Sea*,
pp.8~24; Marcus Rediker, *Villains of All Nations*, pp.21~22. 또한 본
원적 축적이란 (이 말을 처음 사용한 카를 마르크스에 따르면) 16~18세
기 무렵 브리튼 섬에서 국가의 법이나 정책에 의해 토지의 상품화가 진행
되는 과정에서, 다수의 농민이 종래의 공유지에서 쫓겨나 자기 노동력 외
에 팔 수 있는 것이 없는 '가지지 못한 자들(프롤레타리아)'이 되어가는
과정을 가리킨다. 그러나 본원적 축적은 마르크스가 상정한 브리튼 섬에
서 단 한 번의 사례로 끝난 적이 없었다. 세계화에 관한 최초의 체계적인
사회 이론을 구축했다고 할 수 있는 로자 룩셈부르크도 지적하듯 본원적
축적이라는 현상은, 이촌향도나 식민지 통치 등을 통해 새로운 '비자본
주의적 영역'이 자본제에 직·간접적인 형태로 연결되고 '가지지 못한 자
들(프롤레타리아)'이 조직적으로 나타날 때마다 세계에서 반복되었다.(ル
クセンブルク・ローザ, 小林勝 譯, 『資本蓄積論: 帝國主義の經濟的說明へ
の一つの寄與 第3篇: 蓄積の歷史的諸條件』, 禦茶の水書房, 1913(2013))
이 책에서 본원적 축적이라는 말은, 마스 마리아의 표현을 빌려 이런 세

계화와 식민지주의의 진전에 수반되는 '계속적인 본원적 축적'을 포함한 의미로 사용한다.(マース・マリア, 古田睦美 譯, 「資本主義の發展とサブシステンス勞働—インドの農村女性」, ミース/ウエールホフ・クラウディア・フォン/ベンホルト=トムゼン・ヴエロニカ, 『世界システムと女性』, 藤原書店, 1988(1995), 80~81쪽)

8 Marcus Rediker, *Between the Devil and the Deep Blue Sea*, pp.8~24; Marcus Rediker, *Villains of All Nations*, p.25.

9 Marcus Rediker, *Between the Devil and the Deep Blue Sea*, pp.100~115, 227~253.

10 Ibid., p.151.

11 アンチオープ・ガブリエル, 石塚道子 譯, 『ニグロ・ダンス・抵抗: 17~19世紀カリブ海地域奴隷制史』, 人文書院, 1996(2001), 195쪽.

12 Jenifer G. Marx, "Golden age of piracy", Cordingly, David(ed.), *Pirates: Terror on the High Seas from the Caribbean to the South China Sea*, Turner, 1996, p.103; 増田義郎 監・増田義郎/竹内和世 譯, 「海賊行爲の黃金時代」, コーディングリ 編, 『海賊大全』, 東洋書林, 1996(2000), 203쪽.

13 Marcus Rediker, *Between the Devil and the Deep Blue Sea*, pp.101, 115, 291, 294.

14 Ibid., p.231.

15 수용소적 공간을 환골탈태하여 자주적 관리 공간으로 바꾸어가는 투쟁은, 국립한센병요양소 사례처럼, 패전 이후 일본 사회에도 존재했다. 다음 저작을 참조. 有薗眞代, 「脫施設化は眞の解放を意味するのか」, 內藤直樹/山北輝裕 編, 『社會的包攝・排除の人類學: 開發・難民・福祉』, 昭和堂, 2013; 有薗眞代, 『騎離壁を砦に: 國立ハンセン病療養所における集団と實踐』, 世界思想社(近刊).

16 Charles Johnson, *A General History of the Robberies and Murders of the Most Notorious Pirate, from Their first Rise and Settlement in the Island of Providence to the Present Year*, Hayward, Arthur L.(ed.),

Routledge and Kegan Paul(repr.), 1926(1955), pp.182~186; 朝比奈一郎 譯, 『海賊列傳』(上), 中央公論新社, 1983(2012), 286~291쪽; 『海賊列傳』(下), 15~17쪽.

17 *Ibid.*, pp.86, 142=『海賊列傳』(上), 147~148·237~238쪽.

18 Peter T. Leeson, *The Invisible Hook: The Hidden Economics of Pirates*, Princeton University Press, 2009, pp.19~44, 156~175; 山形浩生 譯, 『海賊の經濟學一見: えざるフックの祕密』, NTT出版, 2011, 30~60, 198~221쪽.

19 Marucus Rediker, *Between the Devil and the Deep Blue Sea*, p.249.

20 薩摩眞介, 앞의 책, 「海賊: '全人類의 敵?'」, 196쪽.

21 Peter Linebaugh and Marcus Rediker, op. cit., pp.151~152.

22 일본에서 서브컬처라는 말은 문화 산업 영역으로 치우처 이해된 경향이 있다. 그러나 원래 사회학적 맥락에서 서브컬처란 근대사회에서 주변화된 사람들이 집단적 자율을 지향하며 만들어낸 '하위문화' 일반을 의미한다.

23 Peter Linebaugh and Marcus Rediker, op. cit., pp.211~247, 327~353.

24 Karl Polanyi, *The Great Transformation: The Political and Economic Origins of Our Time*, Beacon Press, 1944(1957), p.35; 野口建彦/棲原學 譯, 『大轉換: 市場社會의 形成과 崩壞』, 東洋經濟新報社, 2009, 59쪽.

25 Janice E. Thomson, Mercenaries, *Pirates and Sovereigns: State-building and Extraterritorial Violence in Early Modern Europe*, Princeton University Press, 1994, pp.69~75.

26 Samuel Eliot Morison, *Old Bruin: Commodore Matthew Galbraith Perry 1794~1858*, The Atlantic Monthly Press, 1967, pp.77~84.

27 森永貴子, 『ロシアの擴大と毛皮交易: 16~19世紀シベリア·北太平洋の商人世界』, 彩流社, 2008, 79~110쪽.

28 木村和男, 『毛皮交易が創る世界~ハドソン灣からユーラシアへ』, 岩波書底, 2004, 3~6, 101~149쪽; 木村和男, 『北太平洋の「發見」: 毛皮交易とアメリカ

太平洋岸の分割』, 山川出版社, 2007, 12~54, 191~192쪽.

29 그러나 남획 결과, 하와이의 백단白檀은 1820년대 후반에는 고갈되어버
    린다.(矢口祐人, 『ハワイの歷史と文化~悲劇と誇りのモザイクの中で』, 中央
    公論新社, 184~187쪽)

30 增泊義郎, 『太平洋-開かれた海の歷史』, 集英社, 2004, 110~129쪽; 山下
    涉登, 『捕鯨Ⅱ』, 法政大學出比反局, 2004, 39~47쪽.

31 Elmo Paul Hohman, *The American Whaleman*: *A Study of Life
    and Labor in the Whaling Industry*, Augustus M. Kelley(repr.),
    1928(1972), pp.84~85; 森田勝昭, 『鯨と捕鯨の文化史』, 名古屋大學出版會,
    1994, 72~73, 83~88쪽; 木村和男, 『毛皮交易が創る世界』, 138~142쪽.

32 Elmo Paul Hohman, op. cit., pp.59~61·117~127; 森忠勝昭, 앞의 책,
    103~112쪽.

33 Oskar H. K. Spate, *Paradise Found and Lost*: *The Pacific since Ma-
    gellan* Vol.Ⅲ, University of Minnesota Press, 1988, p.284.

34 Elmo Paul Hohman, op. cit., pp.88~96·109~113·217~223; 森忠勝昭,
    앞의 책, 106~108쪽; 山下涉登, 앞의 책, 74~81쪽.

35 Spate, Oskar H. K., op. cit., pp.228~231.

36 이 노동력 조달은 경우에 따라 다음 장에서 언급할 '블랙버딩'과도 무관
    치 않았다.

37 中山和芳, 「ミクロネシアのピーチコーマー」, 秋道智彌 編, 『海人の世界』, 同
    文館, 1998.

38 Oskar H. K. Spate, op. cit., pp.228~231.

39 巽孝之, 『『白鯨』アメリカンスタディーズ』, みすず書房, 2005, 56~63쪽.

40 Elmo Paul Hohman, op. cit., pp.51~53·300; 森田勝昭, 앞의 책,
    105·261쪽; 山下涉登, 앞의 책, 85~99쪽; 西野照太郎, 「カナカ kanaka」,
    太平洋學會 編, 『太平洋諸島百科事典』, 原書房, 1989, 115쪽.

41 막번 체제는 17세기 중반 이후 사실상의 해금海禁 정책으로 해외 도항
    을 엄격히 제한하면서도 나가사키 루트(대청국, 대네덜란드), 대마 루트
    (대조선), 사쓰마 류큐 루트(대 류큐 왕부), 마사키松前 루트(대 러시아)

를 통한 다양한 관리 무역의 회로를 정비했고, 해외 교역을 계속했다. 최근 사회사적 연구에서는 이런 막번 체제의 정책을 '쇄국'으로 부르는 일은 줄어들었다.(トピ·ロナルド,「變貌する「鎖國」概念」, 永積洋子 編, 『「鎖國」を見直す』, 山川出版社, 1999; 穀本晃久/深澤秋人, 「蝦夷地と琉球―近世日本の2つの口」, 桃木至朗 編, 『海域アジア史研究入門』, 岩波書店, 2008, 127~140쪽) 엥겔베르트 켐퍼Engelbert Kämpfer의 시즈키 다다오의 번역서 『鎖國論』(1801)의 수용사를 상세히 검토한 오시마 도모히데에 따르면 '쇄국' 언설이 일본 국내에서 대중화된 것은 막번 체제 말기가 아닌 19세기 말 이후다. 또한 그 '쇄국' 언설은 동아시아의 식민지 제국으로서 근대 일본 국가가 확장하는 과정에서 동시대의 중국, 조선과 막번 체제하의 근세 일본을 '쇄국' 때문에 '늦은' 존재로 규정하면서 인구에 회자한 것이다.(大島明秀, 『「鎖國」という言說: ケンペル 著·志築忠雄 譯 『鎖國論』の受容史』, ミネルヴァ書房, 2009) 또한 도쿠가와 막부는 1842년, 「이국선무이념타불령異國船無二念打拂令」을 철폐하여 소위 「덴포의 취사급여령天保の薪水給與令」을 도입하고, 외양 표류선에 최소한의 물과 식료품을 공급하는 방침으로 전환한다. 그러나 미국을 거점으로 하는 대다수 포경선의 선주 및 선원은 이것을 알 턱이 없었다. 또한 막부는 '이국선'의 의도적인 착륙에 대해서는 계속 허용치 않았다.

42 Elmo Paul Hohman, op. cit., p.149; 森田勝昭, 앞의 책, 84~112쪽.

43 Michael Quin, "Notes on the Bonin Islands", *The Journal of the Royal Geographical Society*, Vol.XXVI, 1837(1856), p.232; Ruschenberger, William Samuel W., *Narrative of a Voyage round the World, during the Years 1835~1837*, Vol.2, 1838(1970), p.296.

44 Michael Quin, op. cit., p.232; Ruschenberger, William Samuel W., op. cit., pp.296~310.

45 Bayard Taylor, *A Visit to India, China and Japan, in the Year 1853*, G. P. Putnam, 1855, pp.393~394.

46 Polanyi, Karl, "The Economy as Instituted Process", George Dalton(ed.), *Primitive, Archaic and Modern Economies: Essays of*

Karl Polanyi, Beacon Press, 1957(1971), pp.139~148;「制度化された過程としての經濟」, 玉野井芳郎/平野健一郎 編譯, 石井濟/木畑洋一/長尾史郎/吉澤英成 譯『經濟の文明史』, 築摩書房, 2003, 361~373쪽.

47 '본원적 생산 요소'의 상품화와 '자동 조절적 시장'의 성립에 대한 폴라니의 논의는 다음을 참조. Karl Polanyi, *The Great Transformation*, pp.71~80(『大轉換』, 119~132쪽) 폴라니는 종종 이코노미를 자본주의적 '시장경제'라는 근대의 특수한 역사적 제도와 동일시하는 '형식주의적' 시점을 비판하면서, 호혜·재분배·교환의 세 종류로 구성되는 원초적·정태적인 '사회에 매장된 경제'를 예찬한, 소위 '실체주의자'로 보이는 경향이 있다. 그러나 나가하라長原는 이런 통속적인 폴라니 이해를 경계하면서 그 이론의 동학화動學化를 꾀한다.(長原農,「ポランニーとマルクス―希少佐の案分と社會的制度(1~5)」,『情況』, 1992년 5·6·10/11·12월호, 1993년 5월호, 情況出版)

48 Richard Collinson, "The Bonin Islands in 1851: Port Lloyd", *Nautical Magazine and Naval Chronicle*, 1852, p.116.

49 小花作助 編,『小笠原島住民對話書』, 1862.(편찬 상세 연도는 불분명, 오가사와라 마을교육위원회 소장)

50 Richard Collinson, *Journal of H.M.S. Enterprise on the Expedition in Search of Sir John Franklin's Ships by Behring Strait 1850~1855*; Collinson, T. B.(ed), Marston Sampson Low, *Searle and Rivingston*, 1889, pp.114~115; Russell Robertson, "The Bonin Islands", *Transactions off the Asiatic Society of Japan*, Vol.IV, 1876, p.125.

51 ゴンチャロープ・イワン・アレクサンドロヴィチ, 高野明/島田陽 譯,『ゴンチャローフ日本渡航記』, 雄松堂出版, 1867(1969), 137쪽.

52 Marshall Sahlins, *Stone Age Economics*, Aldine, 1972, pp.95~99; 山內昶 譯,『石器時代の經濟學』, 法政大學出版局, 1984, 113~118쪽. 이 논점에 관해서는 다음 논문도 참조. 澤野雅樹,「女の交換と社會の秩序」,『不毛論―役にたつことのみじめさ』, 靑土社, 2001.

53 Michael Quin, op. cit., p.234; Blake, P. L., "Visit to Port Lloyd, Bonin

Islands, in Her Majesty's Sloop 'Larne'", *Transactions of the Bombey Geographical Society from June 1839 to February 1840*, Vol.Ⅲ, 1838, p.107.

54 Ruschenberger, William Samuel W., op. cit., p.302.

55 小花作助, 앞의 책. 그중에는 개인 단위로 세대를 형성하는 경우도 있었다.

56 Ruschenberger, William Samuel W., op. cit., p.302.

57 Cholmondeley, Lionel B., *The History of the Bonin Islands: From the Year 1827 to the Year 1876 and of Nathaniel Savory, one of the Original Settlers, to which is added a Short Supplement dealing with the Islands after their Occupation by the Japanese*, Archibald Constable, 1915, pp.35~36.

58 Rusell Robertson, op. cit., pp.128~131; King, A. F., "Hypa, the Centenarian Nurse", *Mission Field, November, Society for the Propagation of the Gospel in Foreign Parts*, 1898, pp.415~418.

59 小花作助, 앞의 책.

60 Ruschenberger, William Samuel W., op. cit., p.302.

61 Richard Collinson, *Journal of H.M.S. Enterprise on the Expedition in Search of Sir John Franklin's Ships by Behring Strait 1850~1855*, p.116.

62 David Graeber, *Fragment of an Anarchist Anthropology*, Prickly Paradigm Press, 2004, pp.60~61; 高祖岩三郎 譯, 『アナーキスト人類學のための斷章』, 以文社, 2006, 115쪽.

63 Elmo Paul Hohman, op. cit., pp.47~51, 59~61.

64 ドゥルーズ・ジル/ガタリ・フェリックス, 宇野邦一/小澤秋廣/田中敏彦/豊崎光一/宮林寛/守中高明 譯, 『千のプラトー 一資本主義と分裂症』, 河出書房新社, 1980(1994), 413~414, 419, 436쪽. 또한 이런 들뢰즈와 가타리의 논의 배후에는 레비스트로스가 젊은 시절에 사고한 교환/전쟁론, 그리고 레비스트로스의 제자인 인류학자 피에르 클라스트르가 전개한 전쟁/교

역론(전쟁 기계론)이 놓여 있다. 이 셋의 불온한 이론적 상호관계에 대해서는 다음 졸고에서 상세히 논했다. 石原俊, 「戰爭機械/女の交換/資本主義國家—ノマドとレヴィ=ストロース」, 『KAWADE 道の手帖レヴィ=ストロース—入門のために 神話の彼方へ』, 河出書房新社, 2010.

65 Carl Schmitt, 生松敬三/前野光弘 譯, 『陸と海と一世界史的一考察』, 慈學社出版, 1942(2006), 98~102쪽; Carl Schmitt, 新田邦夫 譯, 『大地のノモス—ヨーロツパ公法という國際法における』, 慈學社出版, 1950(2007), 208~226쪽.

66 ドウルーズ·ジル/ガタリ·フエリックス, 앞의 책, 413~416, 431, 473, 481~515쪽.

제2장

1 Russell Robertson, "The Bonin Islands", *Transactions of the Asiatic Society of Japan*, Vol.Ⅳ, 1876, p.137.

2 龜穀益三/中平重固 他, 「難船人歸朝記事」, 川澄哲夫 編·鶴見俊輔 監, 『增補改訂版中失濱萬次郎集成』, 小學館, 1852(2001), 638쪽.

3 또한 존 하월랜드 호의 일개 선원이었던 라이먼 홈스의 항해 일지가 일본에서 만지로 연구의 일인자인 가와스미 데쓰오川澄哲夫에 의해 번역 출판된다.(ホームズ·ライマン, 川澄哲夫 譯, 『ライマン·ホームズの航海日誌』, 慶應義塾大學出版會, 1839~1843(2012)) 홈스의 일기는 윗필드와 친했던 만지로와 대조적으로, 존 하월랜드 호의 노무 환경을 견디기 어려운 것으로 묘사하고 있고, '불유쾌한disagreeable'이라는 말을 반복하고 있는 점이 흥미롭다.

4 島津久包, 「琉球在番奉行取調記錄」, 『中濱萬次郎集成』, 1851(2001), 436쪽; 土佐落 線, 「土佐落取調記錄(漂客談奇)」, 『中濱萬次郎集成』, 1852(2001), 43쪽.

5 長崎奉行 編, 「長崎奉行牧志摩守取調記錄」, 『中濱萬次郎集成』,

(1851)2001, 362~365, 390쪽; 河田小龍, 「漂巽紀略」, 『中濱萬次郎集成』, 1852(2001), 499~504쪽.

6   長崎奉行, 앞의 책, 365~367쪽; 河田小龍, 앞의 책, 504~508쪽.

7   Donald Bernard, *The Life and Times of John Manjiro*, McGraw-Hill, 1992, p.81.

8   森田勝昭, 『鯨と捕鯨の文化史』, 名古屋大學出版會, 1994, 92, 105쪽.

9   長崎奉行, 앞의 책, 365쪽; 土佐落, 앞의 책, 436쪽.

10 河田小龍 前揭, 508쪽; 龜穀益三/中平重固, 앞의 책, 655쪽.

11 長崎泰行, 앞의 책, 370~371쪽.

12 같은 책, 372~374쪽; 河田小龍, 앞의 책, 512~517쪽.

13 中濱 博, 『中濱萬次郎: 「アメリカ」を初めて傳えた日本人』, 富山房インターナショナル, 2005, 83~136쪽.

14 江川英龍, 「蒸氣船製造に付手傳のもの奉願候書付」, 『中濱萬次郎集成』, 1853(2001), 813쪽; 江戶幕府 編, 「江戶幕府取調記錄」, 『中濱萬次郎集成』, 1853(2001), 465쪽.

15 三穀博, 『ペリ―來航』, 吉川弘文館, 2003, 109~130쪽.

16 Samuel Eliot Morison, *Old Bruin*: *Commodore Matthew Galbraith Perry 1794~1858*, The Atlantic Monthly Press, 1967, pp.125~140.

17 川澄哲夫, 『黑船異聞―日本を開國したのは捕鯨船だ』, 有隣堂, 2006, 10~60쪽.

18 ワイリ―・ピ―タ―・ブ―ス, 興梠一郎 譯・執筆協力, 『黑船が見た日本~德川慶喜とペリ―の時代』, TBSブリタニカ, 1990(1998), 80~103쪽. 또한 미국에서 증기 해군화하는 데 있어서의 장애로는 정치적 이유뿐 아니라 기술적 이유도 있었다. 소노다 히데히로園田英弘가 이야기하듯, 1830년대까지는 범선이 증기선에 비해 성능과 연비 등 모든 면에서 앞섰고, 또한 미국에서는 영국과 달리 내수면 항행용 증기선이 먼저 발달했기 때문에, 외양항해용 증기선의 기술 혁신이 현저히 늦었기 때문이다.(園田英弘, 「「極東」の終篇: 黑船前史」, 吉田光邦 編, 『19世紀日本の情報と社會變動』, 京都大學人文科學研究所, 1985, 8~16쪽)

19 ワイリー・ピーター・ブース, 앞의 책, 103~115쪽.

20 Francis L. Hawks(ed.), *Narrative of the Expedition of an American Squadron to China Seas and Japan, Performed in the Year of 1852, 1853 and 1854*, Vol.Ⅰ, Senate Printer, 1856, pp.211~213; オフィス宮崎 譯, 『ペリー艦隊日本遠征記 1卷』, 榮光教育文化研究所, 1997, 211~213쪽; United States Senate(ed.) *Narrative of the Expedition of an American Squadron to China Seas and Japan, Performed in the Year of 1852, 1853 and 1854*, Vol.Ⅱ with Illustrations, 33rd Congress, 2nd Session, Senate, Executive documents, No.79, Senate Printer, 1852~1854, pp.127~132; オフィス宮崎, 『ペリー艦隊日本遠征記 2卷』, 榮光教育文化研究所, 1997, 127~132쪽.

21 山岸義夫, 『アメリカ膨張主義の展開~マニフェスト・デスティニーと大陸帝國』, 勁草書房, 1995, 3~5, 131~410쪽.

22 園田英弘, 앞의 책, 19~20쪽; ワイリー・ピーター・ブース, 앞의 책, 94쪽.

23 United States Senate(ed.), *Correspondence relative to the Naval Executive to Japan, 13 November 1852~20 January 1855*, 33rd Congress, 2nd Session, Senate, Executive documents, No.34, 1852~1855, p.109.

24 페리 함대 측이 오키나와 섬 주민을 타깃으로 삼아 접촉이나 교역을 조금씩 확대하는 과정에 대해서는 다음 졸저에서 상세히 논했다. 石原俊, 『近代日本と小笠原諸島: 移動民の島々と帝國』, 平凡社, 2007, 153~169쪽.

25 Francis L. Hawks, op. cit., pp.203~211; 『ペリー艦隊日本遠征記 1卷』, 203~211쪽.

26 Ibid., pp.283~285; 『ペリー艦隊日本遠征記1卷』, 303~306쪽.

27 許淑娟, 『領域權原論: 領域支配の實效性と正當性』, 東京大學出版會, 2012, 62~94쪽. 그러나 허숙연도 지적하듯, 현실의 역사과정에서는 선점의 법리가 내걸린 '점유'나 '실효적 선점'도 식민지의 획득의 전형적인 방식이 아니었고, 실제로는 보호조약이나 할양조약을 통한 간접 통치 방식이 주를 이루었다. 선점의 법리는 어디까지나 서구, 미국, 일본 식민지 제국의

대항관계 속에서 식민지주의를 정당화하는 이론으로 이해해야 한다.

28 中濱博, 앞의 책, 145~230쪽.

29 같은 책, 174~182쪽.

30 小花作助 編, 『文久年間 小笠原島禦開拓禦用留』, 1861~1863(편찬 상세 연도는 불분명), 小笠原村教育委員會 藏.

31 川澄哲夫 編, 鶴見俊輔 監, 『增補改訂版 中濱萬次郎集成』, 小學館, 2001, 817쪽.

32 小花作助, 앞의 책.

33 같은 책.

34 ロング·ダニエル, 「小笠原諸島における言語接觸の歷史」, 『日本語研究センター報告』 6號, 大阪樟蔭女子大學日本語研究センター, 1998, 92~98쪽. 피진이란, 복수의 다른 언어 체계의 사용자가 접촉할 때 발생하는, 독자적 문법 구조 등을 갖지 않는 새로운 언어다. 이것이 독자적 문법 구조 등을 갖는 모어로 이야기되는 언어 체계로서 정착하면 크레올이 된다.

35 小花作助 編, 『小笠原島住民對話書』, 1862(상세한 편찬 연도는 알 수 없음), 3~5, 58~59쪽, 小笠原村教育委員會 藏.

36 阪田諸遠 編, 『小笠原島紀事十卷』, 1874, 國立公文書館 藏.

37 小花作助, 『文久年間 小笠原烏禦開拓禦用留』.

38 阪田諸遠 編, 『小笠原島紀事八卷』 1874, 國立公文書館 藏.

39 1863년 6월, 이치반마루壹番丸의 선원으로 고용된 윌리엄 스미스가 선장인 만지로와 마주친다. 만지로는 스미스가 앞서 서술한 조지 호턴과 공모하여 '일본 선박 이치반마루 호에 해적질'을 꾀했다고 간주하여, 두 사람을 체포하고 요코하마로 이송해 미국 영사관에 넘겼다. 그런데 미국 공사인 로버트 프린Robert Hewson Pruyn은 영사재판에서 호턴에 대해 무죄 판결을 내린 뒤, 막부가 호턴에게 오히려 피해를 보상하게 했고, 영사관에서는 호턴의 부양비로 2000달러의 배상금을 막부에 청구했다. 이 문제가 오가사와라 제도의 선주자, 만지로, 막부의 정책 각각에 대해 갖는 의미는 다음 졸저에서 상세히 논했다. 石原俊, 『近代日本と小笠原諸島』, 202~211쪽.

40 田中弘之, 『幕末の小笠原: 歐米の捕鯨船で榮えた綠の島』, 中央公論社, 1997, 204~208쪽.

41 增田義郎, 『太平洋: 開かれた海の歷史』, 集英社, 2004, 145~148쪽; 森田朋子, 『開國と治外法權: 領事裁判制度の運用とマリア·ルス號事件』, 古川弘文館, 2005, 200~201쪽.

42 Gerald Horne, *The White Pacific: U. S. Imperialism and Black Slavery in the South Seas after the Civil War*, University of Hawaii Press, 2007, pp.42~43.

43 森田朋子, 앞의 책, 140~207쪽; 村上衛, 『海の近代中國: 福建人の活動とイギリス·淸朝』, 名古屋大學出版會, 2013, 257~287쪽.

44 Gerald Horne, op. cit., pp.2~5, 33~47.

45 Ibid., p.46.

46 森田朋子, 앞의 책, 147~198쪽.

47 같은 책, 199~263쪽.

48 高山純, 『南洋の大探檢家 鈴木經勳—その虛像と實像』, 三一書房, 1995, 389~391쪽.

49 Gerald Horne, op. cit., p.50.

50 Lindley S. Butler, *Pirates, Privateers, and Rebel Raiders of the Carolina Coast*, The University of North Carolina Press, 2000, pp.213~221. 국제법상의 해석으로는 일반적으로 국가의 정규군이 상선을 공격하는 것은 사략 행위로 간주되지 않았기 때문에, 20세기가 되어도 정규군 군함이 상선을 공격하는 일이 종종 발생했다. 그러나 남북전쟁 시기 남부 연방은 외교적으로 주권의 승인을 거의 받을 수 없었기 때문에, 셰넌도어 호를 국제법상 해상 파괴선으로 간주할 수 있을지에 대해서는 논의의 여지가 있다.

51 稻本守, 「歐州私掠船と海賊: その歷史的考察」, 『東京海洋大學硏究報告』 5號, 2009, 50~51쪽; 薩摩眞介, 「私掠: 合法的掠奪ビジネス」, 金澤周作 編, 『海のイギリス史: 鬪爭と共生の世界史』, 昭和堂, 2013, 220쪽.

52 Horne, Gerald, op. cit., pp.51~62.

53 Gosse, Philip, *The History of Piracy*, Dover(repr.), 1932(2007), pp.295~296; 朝比奈一郎 譯, 『海賊の歴史 下』, 中央公論新社, 1994(2010), 185~187쪽.

54 高山 純, 앞의 책, 393~396쪽.

55 Horne, Gerald, op. cit., p.60.

56 小花作助, 「二 著手見込大藏卿建白書 附沿海産物取調書」, 『明治六年十二月ヨリ同九年十二月二至ル 小笠原島要錄 初編』, 1873~1876, 小笠原村教育委員會 藏.

57 Russell Robertson, "The Bonin Islands", *Transactions of the Asiatic Society of Japan*, Vol.Ⅳ, 1876, p.124; 小花作助, 「百十一 島民佛人「レッワー」ヨリ「ピース」ノ儀領事へ告ル譯文」, 『小笠原島要錄 初編』.

58 小花作助, 「二二 照考書類ノ儀二付上申書但外務卿對話書其外共」, 『明治九年十二月ヨリ十年十二月二至ル 小笠原島要錄 二篇』, 1876~1877, 小笠原村教育委員會 藏.

59 小花作助, 『小笠原島開拓の儀につき地理祭案文』, 1874, 小笠原村教育委員會 藏; 小花作助, 「十四 著手方略上申禦指令書」, 『小笠原島要錄 初編』.

60 外務省 編, 『大日本外交文書 自明治九年一月 至明治九年十二月 九卷』, 日本國際協會, 1940, 498쪽.

61 Jack London, *John Barleycorn: 'Alcoholic Memoirs'*, John Sutherland(ed.), Oxford University Press, 1913(1989), p.89; 辻井榮滋 譯, 『ジョン・パーリコーン~酒と冒險の自傳的物語』, 社會思想社, 1986, 125쪽.

62 John Sutherland, "A Chronology of London's Life and Works", London, Jack, *John Barleycorn*, Sutherland(ed.), p.xi.

63 Jack London, op. cit., pp.88~89; 『ジョン・パーリコーン』, 125쪽.

64 Ibid., p.89; 『ジョン・パーリコーン』, 126쪽.

65 Ibid., p.92; 『ジョン・パーリコーン』, 130쪽.

66 小花作助, 「四八 四省官員復命書正院伺禦指令共」, 『小笠原島要錄 初編』.

67 小花作助, 「十九 在島外國人名前戶籍ノ儀禦届書」, 『小笠原島要錄 二編』.

68 外務省 編,『明治三十年 小笠原島在住歸化人取締ニ關スル內務省特達廢止
方義內務大臣ヨリ協議一件』, 1897, 外務省外交史料館 藏.

69 外務省,『大日本外交文書』九卷, 501~505쪽; 小花作助,「十四 島民一向へ
諸規則烏ノ因緣及戶籍ノ儀說諭申度侯書」,『小笠原島要錄』二編.

70 東京府庶務課 編,「第四號 歸化外國人及移住人寄留人等賑恤ノ儀伺 附北
海道移住人江賑恤品書付共」,『小笠原島庶務類纂 明治十年』, 1877, 東京
都公文書館 藏; 東京府庶務課 編,「移住民へ家屋取建料被下方取計候儀
ニ付上申」,『小笠原島庶務類纂 明治十一年同十二年拾遺并十三年十月迄』,
1878~1880, 東京都公文書館 藏.

71 小花作助,「五八 諸規則等ノ儀四省卿ヨリ伺指令共 附各國公使江達シ日限
共」,『小笠原島要錄』初編.

72 津下剛,「明治政府の勸農政策と小笠原諸島の農業」,『經濟史硏究』, 12卷
6號, 日本經濟史硏究所, 1934, 27~29쪽.

73 阪田諸遠 編,『續小笠原島紀事 五卷』, 1876, 國立公文書館 藏.

74 スノー・ヘンリー, 馬場修/大久保義昭 譯,『千島列島黎明記』, 講談社,
1910(1980), 8, 202~212, 215~218쪽.

75 주로 다음을 토대로 작성했다. 東京府小笠原島島廳 編,『小笠原島誌纂』,
1888, 303~326쪽; 東京稅務監督局 編,『內國稅彙纂 四號ノ一: 小笠原島復
命書』, 1903, 72~73쪽.

76 『東京朝日新聞』, 1893년 5월 12일 조간, 1면;『東京朝日新聞』, 1894년 6월
23일 조간, 1면.

77 磯村貞吉,『小笠原島要覽』, 便益舍, 1888, 158쪽.

78 ロング・ダニエル, 앞의 책, 92~98쪽.

79 『東京朝日新聞』, 1894년 6월 23일 조간, 1면.

80 東京府小笠原島島廳, 앞의 책, 321~322쪽.

81 이런 상황 때문에 도쿄부는 1885년, 오가사와라 섬 창기娼妓 단속 규칙
에 따라 지치지마 섬에 공창 제도를 도입하고 신고한 '창기'에 대해서 매
월 3번 신체검사를 실시했다. 그러나 공창 제도 도입 후에도 지치지마 섬
에 많은 '사창私娼'이 존재한 것은 분명하고, 도청島廳 측도 이 상태를 묵인

하고 있었다. 하하지마 섬은 20세기에 들어 전국적인 창기 단속 규칙이 정비된 후에도 사실상 공창제도의 적용 밖에 계속 놓여 있었다.(東京府小笠原島島廳 編,『小笠原島制規類聚』, 1888, 66~67쪽, 東京都公文書館 藏; 東京府 編,『小笠原島視察復命書 下』, 1899, 東京都公文書館 藏; 近藤春夫,『小笠原及八丈島記』, 東洋タイムス社, 1917, 113~115쪽)

82 東京府小笠原島島廳, 앞의 책, 185·327쪽.

83 スノー・ヘンリー, 앞의 책, 189~193쪽. 반년 정도의 돈벌이 이주로 혼자 2000엔 이상의 보수를 받은 해도 있었다.(『大阪朝日新聞』, 1882년 9월 27일 조간, 2쪽)

84 犬飼哲夫,「序文」,『千島列島黎明記』, 7쪽; 山田中正,「北太平洋オットセイ條約についての一考察: 漁業の國際規制」,『外務省調査月報』 2권 12호, 1961, 57~61쪽.

85 東京府,『小笠原鳥視祭復命書』. 이에 비해 일본 내지의 어민이 해달·물개 사냥에 본격 진출한 것은 원양어업장려법에 따른 재정 출동을 계기로 한 세기 전환기 이후의 일이다.(平岡昭利,『アホウドリと「帝國」日本の擴大: 南洋の鳥々への進出から侵絡へ』, 明石書店, 2012, 112쪽)

86 이 문맥에서 일본 국가에 관련되는 가장 적절한 국내 식민지론이라고 할 수 있는 것은 다음과 같다. 富山一郎,「國境: 占領と解放」, 小森陽一/千野香織/酒井直樹/成田龍一/島薗進/吉見俊哉 編,『岩波講座 近代日本の文化史 4~感性の近代』, 2002. 또한 국내 식민지론의 이론적 배경, 의의, 한계를 주로 경제학적 관점에서 간결하게 정리한 것으로는 다음을 참조할 것. 山崎カヲル,「國內植民地概念について」,『インパクション』, 17호, イザラ書房, 1982. 일본에서 국내식민지론의 학설사를 리뷰하고 이를 비판적으로 다룬 것으로는 다음이 있다. 今西一,「國內植民地論に關する覺え書」, 西川長夫/高橋秀壽 編,『グローバリゼーションと植民地主義』, 人文書院, 2009.

제3장

1   山田毅一, 『南進策と小笠原群島』, 放天義塾出版部, 1916, 56~57쪽.

2   望月雅彦, 「玉置半右衛門と鳥島開拓~明治期邦人の南洋進出の視點から」, 『南島史學』 40호, 南島史學會, 1992, 43~46쪽.

3   小花作助, 「九七 移住寄留人差比候旨布達書」, 『明治十一年十二月ヨリ 小笠原島要錄 四篇』, 1878~1880, 小笠原村教育委員會 藏.

4   鈴木高弘, 「明治前期小笠原諸島開拓の群像」, 『東京都立小笠原高等學校研究紀要』 4호, 1990, 57~59쪽.

5   平岡昭利, 『アホウドリと「帝國」日本の擴大~南洋の島々への進出から侵絡へ』, 明石書店, 2012, 19~21쪽.

6   馬場憲一, 「小笠原島開拓小史: 母島・折田家の場合」, 『歷史手帖』, 9권 6호, 名著出版, 1981; 馬場憲__, 「小笠原母島の初期開拓:『折田家總括錄』の分析を通して」, 東京都教育委員會 編, 『文化財の保護』, 東京都教育廳社會教育部文化課, 1982.

7   鈴木高弘, 앞의 책, 55, 106쪽.

8   平岡昭利, 앞의 책, 70~76쪽.

9   東京都 편, 『東京市史稿: 市街編』 第72, 1981, 648~650쪽.

10 望月雅彦, 앞의 책, 44, 47쪽.

11 中濱博, 『中濱萬次郎:「アメリカ」を初めて傳えた日本人』, 富山房インタ_ナショナル, 2005, 159쪽. 에노모토榎本는 그 뒤 외무대신을 역임하면서 1893년에는 식민협회를 설립하고 '남양' 교역의 확대를 지지하면서 내지에서 태평양 각지로의 이민·식민 사업을 추진했다.(淸水元, 『アジア海人の思想と行動: 松浦黨・からゆきさん・南進論者』, NTT出版, 1997, 165~166쪽)

12 中濱博, 앞의 책, 212쪽.

13 놀라운 일은, 다마오키는 도리시마 섬 화산이 대분출한 지 겨우 3달 뒤 식림植林 명목으로 도리시마 섬에 돈벌이 노동자를 재파견해줄 것을 도쿄부에 신청했고, 다음 해 1903년에는 신천옹을 다시 포획하기 시작했다는

것이다.(平岡昭利, 앞의 책, 22~27, 76~87쪽)

14 같은 책, 35~51, 52~69, 124~146쪽.

15 같은 책, 19쪽.

16 田口卯吉,「南洋通信」, 鼎軒田口卯吉全集刊行委員會 編,『鼎軒田口卯吉全集』8卷, 吉川弘文館, 1890(1990), 520쪽.

17 松平康夫,「田口卯吉と小笠原殖産政策」,『東京人』20호, 東京都文化振興會.

18 『東京朝日新聞』1890년 5월 7일 조간, 1면; 田口卯吉,「南洋經略論」,『鼎軒田口卯吉全集』4卷, 1891(1990), 375~377쪽.

19 高岡熊雄,『ドイツ南洋統治史論』, 日本學術振興會, 1954, 24~33, 141~158, 203~204쪽.

20 矢口祐人,『ハワイの歴史と文化: 悲劇と誇りのモザイクの中で』, 中央公論新社, 2002, 25~27·187·196쪽; Horne, Gerald, *The White Pacific: U.S. Imperialism and Black Slavery in the South Seas after the Civil War*, University of Hawaii Press, 2007, pp.161~178.

21 田口卯吉, 앞의 책,「南洋通信」, 529쪽; 田口卯吉, 앞의 책,「南洋經略論」, 372~373쪽.

22 松平康夫, 앞의 책, 153~159쪽.

23 田口卯吉, 앞의 책,「南洋通信」, 521쪽.

24 田口卯吉,「小笠原島の現狀」,『鼎軒田口卯吉全集』4卷, 1891(1990), 377~379쪽.

25 東京都 編,『東京市史稿: 市街編』第81, 1990, 150~171쪽.

26 Mark R. Peattie, *Nan-yo: The Rise and Fall of the Japanese in Micronesia, 1885~1945*, University of Hawaii Press, 1988, p.21.

27 Ibid., pp.22~26.

28 지치지마 섬, 하하지마 섬 외에 아니시마兄島 섬, 오토코지마弟島 섬, 이모토지마妹島 섬) 무코지마聟島 섬, 요메지마嫁島 섬, 메이지마姪島 섬, 무카이시마向島 섬, 미나미토리시마南鳥島 섬의 총수. 단 이오 열도(이오 섬, 기타이오 섬)를 제외한다. 주로 다음을 참고하여 작성했다. 山方石之助,『小笠原島志』, 東陽堂, 1906, 368~369쪽; 東京府 編,『小笠原島總覽』, 1929,

126~127쪽; 東京都 編,「小笠原諸島に關する統計資料(明治43年~昭和
16年)』, 1969, 4쪽; 都市調査會 編,『硫黃島關係既存資料等收集‧整理調査
報告書』, 1982, 19쪽.

29 津下剛,「明治政府の勸農政策と小笠原諸島の農業」,『經濟史研究』, 12卷
6號, 日本經濟史研究所, 1934, 29~35쪽; 鈴木高弘, 앞의 책, 59~61,
73~84쪽.

30 東京都 編,『東京市史稿: 市街編』 第80, 1989, 175~180쪽.

31 『東京朝日新聞』, 1894년 3월 7일 조간, 2면.

32 山田中正,「北太平洋オットセイ條約についての一考祭: 漁業の國際規制」,
『外務省調查月報』, 2卷 12號, 外務大臣官房調查課, 1961, 57~60쪽.

33 伊藤理基,「歸化人部落 下: 小笠原島見聞記」,『萬朝報』, 1917년 7월 8일,
2면.

34 이오 열도를 포함한다. 주로 다음을 참조하여 작성했다. 東京府,『小笠原
島總覽』, 241~242쪽.

35 今泉裕美子,「南洋興發(株)の沖繩縣人政策に關する覺書: 導入初期の方針
を中心として」,『沖繩文化研究』19號, 法政大學沖繩文化研究所, 1992; 富
山一郎,『近代日本社會と「沖繩人」:「日本人」になるということ』, 日本經濟評論
社, 1990, 39~193쪽; 富山一郎,「帝國意識」,『增補 戰場の記憶』, 日本經濟
評論社, 1995(2006).

36 東京府農林課 編,『八丈島及小笠原島自治産業概要』, 1928, 25~26,
29~31쪽, 小笠原村教育委員會 소장; 東京都,『小笠原諸島に關する統計資
料』, 10, 22쪽.

37 이오 열도를 포함한다. 주로 다음을 참고했다. 東京都,『小笠原諸島に關す
る統計資料』, 10~11, 20~21쪽.

38 주로 다음을 참고하여 작성했다. 都市調查會, 앞의 책, 19쪽.

39 서술했듯, 대부분 섬이 급사면인 미나미이오 섬에서는 표착자를 제외하
고 그곳에서 생활하는 사람은 없었다.

40 巖崎健吉,「硫黃島の地誌學的研究」, 三野與吉 編,『地理學者岩崎健吉: そ
の生涯と學會活動』, 朝倉書店, 1944?(1973), 81, 85쪽.

41 巖崎健吉, 앞의 책, 75쪽.

42 都市調查會, 앞의 책, 19쪽.

43 石田龍次郎, 「硫黃島」, 『日本地理大系 4卷: 關東第』, 改造社, 1930, 384쪽; 石田龍次郎, 「硫黃島の産業的進化: 狐立環境に關する經濟地理學的考察」, 『地理學評論』 6卷 7號, 1930, 524~535쪽.

44 주로 다음을 참고하여 작성했다. 東京都總務局三多摩島しょ對策室 編, 『硫黃島問題の基本的方向について~その課題と提言』, 1979, 31쪽.

45 齊藤止, 「ああ硫黃島」, 中村榮壽 編, 『硫黃島同窓會會報』 5號, 硫黃島戰前史刊行會, 1984.

46 『東京朝日新聞』, 1933년 11월 10일 조간, 11면.

47 『東京朝日新聞』, 1932년 7월 30일 석간, 2면. 소학생 때 이 금권을 봤다는 사람은 그것이 "차갈색 하도롱지 같은 봉투의 종이로 만들어진 지폐"였고 "학교 선생까지 급료로 그것을 받았다"고 들었다.(赤間孝四郎, 「小學校の頃の思い出」, 中村榮壽/硫黃島同窓會 編, 『硫黃島同窓會會報 硫黃鳥の人びと: 戰前の硫黃島・現在の硫黃鳥』 2號, 1982) 이오 열도에서는 사실상 소학교나 경찰의 운영까지도 회사가 맡고 있었기 때문이다.

48 都市調查會, 앞의 책, 49쪽; 淺沼秀吉 編, 『硫黃島: その知られざる犧牲の歷史』, 硫黃島産業株式會社被害者擁護連盟, 1964, 32~35쪽, 小笠原村教育委員會 藏.

49 『東京朝日新聞』, 1933년 11월 10일 조간, 11면.

50 모순이지만 다이토 제도의 소작인이 이런 척식회사의 철저한 통제에서 해방된 것은 일본의 패전으로 다이토 제도가 오키나와의 일부로 일본에서 분리되어 미군정 아래에 놓이게 된 것이 계기였다.(土井智義, 「米軍占領期における「國民」/外留人」という主體編成と植民地統治: 大東諸島の系普から」, 『沖繩文化硏究』 38號, 法政大學沖繩文化硏究所, 2012, 402~405・415~423쪽; 平岡昭利, 앞의 책, 156~209쪽) 미나미다이토 섬의 역사적 개략은 다음을 참조. 南大東村誌編集委員會 編, 『南大東村誌改訂』, 南大東村, 1990. 또한 기타다이토 섬이나 오키다이토 섬(사라 섬)에서는 인광이나 구아노(인산판토燐酸ばん土)의 채집으로 비료 제조나 알

루미늄 제조도 이루어졌다. 기타다이토 섬의 역사적 개략은 다음을 참조. 北大東村誌編集委員會 繡, 『北大東村誌』, 北大東村, 1986.

51 아사누마는 양친이 이오 섬의 소작인을 그만두고 지치지마 섬으로 이주한 뒤에도 여러 해 이오 섬 생가의 외할머니 손에서 자랐고 소학교 4학년 봄에 지치지마 섬의 부모에게 돌아갔다. 지치지마 섬에서는 강제 소개되기 전에 군부軍夫로 현지 징용되었지만, 곧 미군기의 공습으로 부상을 입고 어머니·형제와 함께 내지로 소개되었다. 패전 이후에는 미·일 양 정부에 의해 오랫동안 섬으로 돌아가지 못했지만, 오가사와라 제도의 시정권 반환 뒤인 1970년에 지치지마 섬으로 이주했고, 그 후에는 지치지마 섬에서 살았다.

52 冬木道太郎, 「硫黄島から那須まで」, 高城重吉/菊池虎彦/饒平名智太郎 編, 『望鄉: 島民の風土記·手記』, 三光社, 1957, 132쪽. 그러나 소는 식용이라기보다 농업, 운반용으로 사육되었다.

53 東京都總務局三多摩島しょ對策室, 앞의 책, 1222~1224쪽; 佐藤博助, 『ありし日の硫黄島: スケッチと隨想』, 1985, 1~20쪽.

54 長田幸男, 「過去の思い出」, 中村榮壽/硫黄島 同窓會 編, 『同窓會會報 硫黄島の人びと』 創刊號, 1981.

55 マハン·アルフレッド·T., 麻田貞雄 抄譯, 「海上權力の歷史に及ぼした影響」, 「ハワイとわが海上權力の將來」「海戰軍備充實論」, 麻田貞雄 編譯, 『マハン海上權力論集』, 講談社, 1890(1977, 2010).

56 矢口祐人, 앞의 책, 189~196쪽.

57 高岡熊雄, 앞의 책, 276~280, 558, 560~566쪽; 等松泰夫, 『日本帝國と委任統治: 南洋群島をめぐる國際政治 1914~1947』, 名古屋大學出版會, 2011, 52~64쪽.

58 小笠原海運株式會社 編, 『小笠原航路前史』, 1991, 48~58쪽.

59 山田毅一, 앞의 책, 24~25, 55, 246, 250~251쪽.

60 같은 책, 28~29, 56~57쪽.

61 藤澤一孝, 『明治維新以降本邦要塞築城槪史』, 1958, 14~15, 60~61쪽, 防衛省防衛研究所 藏.

62 遠藤芳信, 「要塞地帶法の成立と治安體制1: 1899年要塞地帶法の成立過程
を中心に」, 『北海道教育大學紀要: 人文科學·社會科學編』 51卷 1號, 2000;
遠藤芳信, 「要塞地帶法の成立と治安體制2: 1899年要塞地帶法の施行過程
を中心に」, 『北海道教育大學紀要: 人文科學·社會科學編』 51卷 2號, 2001.

63 菊池虎彥, 「南方の門·小笠原島」, 高城/菊池/饒平名, 『望郷』, 102~103쪽.

64 陸議父島憲兵分隊, 「昭和十八年四月 小笠原島事情」, 『自大正十五年 小笠原
島狀況調査綴』, 1943, 防衛省防衛研究所 藏.

65 原剛, 「小笠原諸島軍事關係史」, 小笠原村敎育委員會 編, 『小笠原村戰跡調
査報告書』, 2002, 9~18쪽.

66 椎名(奧野) 美代子, 「私の思い出」, 中村榮壽/硫黃島 同窓會 編, 앞의 책.

67 等松春夫, 「南洋群島の主權と國際的管理の變遷: ドイツ·日本·そしてア
メリカ」, 淺野豊美 編, 『南洋群島と帝國·國際秩序』, 慈學社出版, 2008,
27~46쪽; 等松春夫, 『日本帝國と委任統治』, 77~99·159~165쪽; 「南洋
群島」に關する歷史研究の動向については次を參照. 今泉裕美子, 「日本統
治下ミクロネシアへの移民研究: 近年の研究動向から」, 『史料編集室紀要』
27號, 沖繩縣敎育委員會, 2002; 千住一, 「南洋群島」, 日本植民地研究會 編,
『日本植民地研究の現狀と課題』, アテネ社, 2008.

68 等松春夫, 앞의 책, 「南洋群島の主權と國際的管理の變遷」, 46~47쪽.

69 防衛廳防衛研修所戰史室, 『戰史叢書: 中部太平洋方面陸軍作戰2: ペリリ
ュー·アンガウル·硫黃島』, 朝雲新聞社, 1968, 259~265쪽.

70 エルドリッヂ·ロバート, 『硫黃島と小笠原をめぐる日米關係』, 南方新社,
2008, 71~76쪽.

71 또한 일본 국내에 살던 사람은, 일본의 전쟁 지도자들이 항복을 지연시킨
것이 현재 일본 내에 국한되지 않는 심각한 결과를 초래했음을 기억해야 한
다. 가령 일본의 항복 연기와 소련 참전 결과 일본에 병합된 조선은 미·소
에 의해 분단 점령되었고, 그 결과 계속되는 냉전하에서 제주 '4·3사건'
같은 군·경찰·자경단에 의한 대학살 사건 또는 한반도 전체를 끔찍한 동
원/난민화/학살로 몰아넣은 한국전쟁이 일어났으며, 나아가 남북 모두
강력한 군사 편중 체제를 오랫동안 지속시키는 기초를 만들었기 때문이

다.(金東椿, 金美惠/崔眞碩/崔德孝/趙慶喜/鄭榮桓 譯, 『朝鮮戰爭의社會史: 避難·占領·虐殺』, 平凡社, 2000(2006, 2008))

72 防衛廳防衛硏修所戰史室, 앞의 책, 299~300쪽; 東京都 編, 『東京都戰災史』, 1953(2005), 252~259쪽; 小笠原諸島強制疎開から50年記錄誌編纂委員會 編, 『小笠原諸島強制疎開から50年記錄誌』, 1995, 252~258쪽.

73 이런 기술을 볼 수 있는 것은 예를 들어 原剛, 앞의 책, 18~19쪽.

74 ロング·ダニエル, 「小笠原諸島歐米系島民のことばによる20世紀の島史: 瀬沼エ一ブルさんのインタビュ~」, ロング·ダニエル 編, 『日本のもう一つの先住民の危機言語: 小笠原諸島における歐米系島民の消滅の危機に瀕した日本語』, 科學研究費補助金成果報告書, 2003, 21~24쪽.

75 현지 징용 대상 연령이 16~50세였다는 설도 있다.

76 東京都總務局行政部地方課 編, 『小笠原諸島槪況』, 1967, 39쪽.

77 小笠原諸島強制疎開から50年記錄誌編纂委員會, 앞의 책, 205, 211쪽.

78 堀江芳孝, 『鬪魂硫黃島: 小笠原兵団參謀の回想』, 光人社, 1965(2005), 65쪽.

79 淺沼秀吉, 앞의 책, 7~29쪽. 이 상무가 민간인 잔류에 대해 군의 묵인을 얻을 수 있었던 것은, 자기 집을 구리바야시 다다미치의 숙소로 제공하는 등, 주둔군 간부와 개인적으로 친했던 배경도 작용했을지 모른다.(堀江芳孝, 앞의 책, 63~65·78~79쪽).

80 3월 26일 이후 일본군 장병의 상황에 대해서는 이 취재반이 편집한 다음 저서를 참조. NHK 取材班 編, 『硫黃島玉碎戰: 生還者たちが語る眞實』, NHK出版, 2007, 156~206쪽.

81 도민 생존자가 '5명'이라고 하는 자료도 있지만(東京都總務局行政部地方課, 앞의 책, 39쪽), 이런 자료는 회사에 의해 잔류된 뒤 정규 징용된 16명 중 5명의 생존자(오키나와 출신자 2명 포함)를 '사망자'로 분류하고 있다. 이 16명을 고려한 데이터에서도 지상전에 동원된 사람 수의 경우는 오키나와 출신자 5명을 포함한 103명을 이야기하면서, 생환자는 오키나와 출신 해당자 2명을 포함하지 않은 8명을 이야기하는 경우가 많다.(長田幸男, 『硫黃島の想い出: 硫黃島墓參資料』, 2002, 16~17쪽 小笠原諸島強制疎開

から50年記錄誌編纂委員會 앞의 책, 253~254쪽)

82 淺沼秀吉, 앞의 책, 7~29쪽.

83 하야시 히로후미林博史는 치밀한 사료 독해를 통해, 이들 지역에서 주둔
장교가 주민들에게 수류탄을 배포하고 미군이 상륙할 경우 '옥쇄'하도록
여러 번 훈시한 일과 '집단 자결'의 '강제'적 배경에 대해 설득력 있게 논
증하고 있다.(林博史, 『沖繩戰 强制された「集團自決』』, 古川弘文館, 2009)

84 石原昌家 監, 石原ゼミナ__ル·戰爭體驗記錄研究會, 『もうひとつの沖繩戰:
マラリア地獄の波照間島』, ひるぎ社, 1983.

85 이를테면 마셜 제도의 세르토(잴루잇Jaluit) 환초에서 일본군이 주민 약
20명을 학살한 사건이나, 밀리 환초에서 일본군이 주민 약 30명과 조선인
징용자 약 70명을 학살한 사건 등이 있다.(松島泰勝, 『ミクロネシア: 小さな
島々の自立への挑戰』, 早稻田大學出版部, 2007, 87~88쪽)

86 또한 이런 일본군의 잔학 행위에 대한 보복으로, 1944년 8월 미군의 괌
[해방] 선언 후, 섬 안에 잠복한 수천 명의 일본군이, 미군과 이에 협력하
는 무장 주민에 의해 살해되거나 자살 또는 병사했다.(山口誠, 『グアムと日
本人: 戰爭を埋立てた樂園』, 岩波書店, 2007, 16~26쪽)

87 前田哲男, 『非核太平洋 被曝太平洋: 新版 棄民の群島』, 築摩芸書房, 1991,
16~18쪽.

88 石原俊, 「戰場と住民」, 野上元/福間良明 編, 『戰爭社會學ブックガイド: 現代
世界を読み解く132冊』, 創元社, 2012, 142쪽.

제4장

1 Mary Shepardson, "Pawns of Power: The Bonin Islanders", Ray-
mond D. Fogelson and Richad N. Adams(ed.), *The Anthoropology
of Power: Ethnographic Studies from Asia Oceania, and the New
World*, Academic Press, 1977, p.109.

2 아마미奄美 제도는 샌프란시스코 강화조약 발효 다음 해인 1953년에 일

본으로 시정권이 반환된다. 아마미 제도는 패전 때까지 오키나와 제도 이상으로 내지와 밀접한 사회경제권을 형성했는데, 이 제도의 사람들은 오키나와 섬처럼 지상전을 직접 경험하지 않았음에도 오키나와 현과 함께 일본의 시정권과 사회경제권으로부터 분리되면서 패전 뒤에는 극도로 빈궁해졌고, 시정권이 반환된 뒤에도 한동안 오키나와 섬에 형성된 기지 경제를 중심으로 하는 사회경제권에 종속될 수밖에 없었다. 아마미, 오키나와 양 제도와 '전후'의 연관성에 대해서는 다음을 참조할 것. 森宣雄, 『地のなかの革命: 沖縄戦後史における存在の解放』, 現代企劃室, 2010.

3   宮裏政玄, 『白米關係と沖縄1945~1972』, 岩波書店, 2000, 59~60쪽. 그러나 모리 노부오森宣雄는, 덜레스의 "residualsovereignty"라는 발언이 본래 '잔존 주권'으로 직역해야 한다고 한다. 실제로 1950년대에는 이 역어가 사용되었지만 오키나와 시정권 반환의 가능성이 높아진 1960년대에 들어 일본의 주권 회복의 바람을 표현하는 '잠재주권'이라는 번역이 대두되었다고 그는 지적한다.(森宣雄, 「潛在主權と軍事占領: 思想課題としての沖縄戦」, 倉澤愛子/杉原達/成田龍一/モーリス=スズキ·テッサ/油井大三郎/吉田裕 編, 『岩波講座アジア·太平洋戦争4: 帝國の戦争經驗』, 2006, 256~260쪽)

4   原貴美惠, 『サンフランシスコ平和條約の盲點: アジア太平洋地域の冷戦と「戦後未解決の諸問題」』, 溪水社, 2005, 269~273쪽.

5   같은 책, 13~14쪽.

6   防衛廳防衛研修所戦史案, 『戦史叢書 中部太平洋陸軍作戦2: ペリリュ＿·アンガウル·硫黃島』, 朝雲新聞社, 1968, 423쪽.

7   淺沼秀吉 編, 『硫黃島: その知られざる犠牲の歴史』, 硫黃島産業株式會社被害者擁護連盟, 1964, 7~29쪽, 小笠原村教育委員會 藏.

8   Dorothy Richard Pesce, *United States Naval Administration of the Trust Territory of the Pacific Islands*, vol.2, United States Office of the Chief of Naval Operations, 1957, p.45.

9   エルドリッヂ·ロバート, 『硫黃島と小笠原をめぐる日米關係』, 南方新社, 2008, 177~178, 198쪽.

10 菊池虎彦,「南方の門·小笠原島」, 高城重吉/菊池虎彦/饒平名智太郎 編,『望
    鄉: 島民の風土記·手記』, 三光社, 1957, 110~112쪽.

11 데루요는 그 뒤 하하지마 섬 출신의 어부 누마무라 미쓰오沼村三男와 결
    혼했고 시즈오카 현의 기요미즈淸水로 이주하여 1968년 시정권 반환 뒤
    까지 잠시 내지에서 살았는데, 계속 이오 섬 귀환이 허락되지 않은 상황
    에서 1986년 미쓰오와 같이 지치지마 섬으로 이주한다. 그 이후 미쓰오
    는 어업을 그만두고 내지 체류 시절에 익힌 선박 기계 관련 유지·보수 일
    을 하고 있다.

12 그 뒤에도 아사누사는 자전거 수리공이나 목수 일을 하면서 결혼했고 아
    이를 키웠다.

13 石井通則,『小笠原諸島槪史 その2: 日米交涉を中心として』, 小笠原協會,
    1968, 129, 150~152쪽.

14 冬木道太郎,「硫黄島から那須まで」, 高城/菊池/饒平名,『望鄉』, 137~142쪽;
    淺沼秀吉,『硫黄島』, 26~29쪽;「那須町の原丹次郎君よりの便り」, 中村榮壽
    /硫黄島同窓會 編,『同窓會會報 硫黄島の人びと』創刊號, 1968(1981), 8쪽.

15 道場親信,「「戰後開拓」再考:「引揚げ」以後の「非/國民」たち」,『歷史學硏究』
    846號, 歷史學硏究會, 2008, 113~118쪽; 道場親信,「「難民入植」と「開發難
    民」のあいだ: 戰後開拓を考える」, 西川長夫/高橋秀壽 編,『グローバリゼー
    ションと植民地主義』, 人文書院, 2009, 267~281쪽. 이 책에 쓰인 '소개 난
    민疏開難民' '전후 난민戰後難民' 같은 표현도 거의 배경은 다르지만 이런
    미치바道場의 용어법을 의식한 것이다.

16 矢崎幸生,『ミクロネシア信託統治の硏究』, 禦茶の水書房, 1999,
    125~130쪽; 原貴美惠, 앞의 책, 161~163쪽.

17 Dorothy Richard Pesce, *United States Naval Administration of the
    Trust Territory of the Pacific Islands*, vol.2, pp.94~111. Dorothy
    Richard Pesce, *United States Naval Administration of the Trust Ter-
    ritory of the Pacific Islands*, vol.3, United States Office of the Chief
    of Naval Operations, 1957, pp.52~54, 65~67, 119, 129~132, 140~143,
    169~171.

18 エルドリッヂ・ロパート, 앞의 책, 233~234쪽.

19 我部政明,「沖縄を米アジア戦略の中心と見る「神話」」, 宮竪政玄/新崎盛暉/我部政明 編,『沖縄「自立」への道を求めて: 義地・經濟・自治の視點から』, 高文研, 2009.

20 Dorothy Richard Pesce, *United States Naval Administration of the Trust Territory of the Pacific Islands*, vol3, p.144.

21 政府小笠原調査團 編,『小笠原諸島現地調査報告書』, 1968, 98쪽.

22 犬飼基義/橋本健,『小笠原: 南海の孤島に生きる』, 日本放送出版協會, 1969, 138~140쪽; 菊池武久,「アメリカ施政權下の高校生たちを訪ねて」,『東京都立小笠原高等學校研究紀要』8號, 1994, 76쪽.

23 지치지마 섬에 핵탄두가 설치된 것은 1964년까지였다고 한다.(ノリス・ロパート/アーキン・ウィリアム/パー・ウィリアム, 豊田利幸 監譯,「それらはどこにあったのか・日本はどれだけ知っていたか?」,『軍縮問題資料』234號, 2000, 55~56쪽) 또한 로버트 엘드리지에 따르면 1950년대에는 이오 섬에서 핵전쟁을 가정하여 미 해군, 공군, 해병대의 훈련이 실시되었다.(エルドリッヂ・ロパート, 앞의 책, 234~235쪽)

24 1966년에 래드퍼드 학교의 커리큘럼이 9학년까지 연장되자 괌 섬 유학은 고교생 이상이 하게 되었다.

25 犬飼基義/橋本健, 앞의 책, 149~151쪽; 菊池武久, 앞의 책, 76~80쪽.

26 南方同胞援護會 編,『小笠原問題の概要』, 1963, 12~17・19~24쪽; 都市調査會 編,『硫黄島 關係既存資料等收集・整理調査報告書』, 1982, 32~40쪽, 小笠原村教育委員會 藏. 연맹 해체 이후 분파된 단체의 멤버를 어느 정도 통합하여 자민당의 후쿠다 도쿠야스福田篤泰 중의원 의원을 초대회장으로 하는 오가사와라 협회가 설립된다.

27 阿波根昌鴻,『米軍と農民: 沖縄縣伊江島』, 岩波書店, 1973.

28 牧野浩隆,「仕掛けとしてのアメリカの經濟政策」,『新琉球史: 近代・現代編』, 琉球新報社, 1992; 松田賀孝,『戰後沖縄社會經濟史研究』, 東京大學出版會, 1981, 39~136, 248~292, 449~498쪽; 鳥山淳,『沖縄/基地社會の起源と相克 1945~1956』, 勁草書房, 2013, 103~127, 153~160, 175~179쪽.

29 前田哲男, 『非核太平洋 被爆太平洋: 新版 棄民の群島』, 築摩書房, 1979(1991), 17~68쪽.

30 原貴美惠, 앞의 책, 171~184쪽.

31 黑崎嶽大, 「マーシャル諸島の現代政治史とアメリカ合衆國の安全保障政策」, 遠藤央/印東道子/梅崎昌裕/中澤港/窪田幸子/風間計博 編, 『オセアニア學』, 京都大學學術出版會, 2009, 362~366쪽.

32 野上元, 「消費社會の記述と冷戰の修辭」, 福間良明/野上元/蘭信三/石原俊 編, 『戰爭社會學の構想: 制度·體驗·メディア』, 勉誠出版, 2013, 209~214쪽

33 竹峰誠一郎, 「被爆を生き拔く人びと」, 中原聖乃/竹峰誠一郎, 『核時代のマーシャル諸島: 社會·文化·歷史·そしてヒバクシャ』, 凱風社, 2007(2013), 209~237쪽. 또한 핵실험에 의한 마셜 제도의 피폭민과 그 경험에 관해서는 저널리스트의 르포나 사진집이 몇 번 간행되었지만 여기에서는 지면 관계상 다음 저작만 언급해둔다. 豊崎博光, 『マーシャル諸島 核の世紀: 1914~2004』(上·下), 日本圖書センター, 2005.

34 前田哲男, 앞의 책, 161~175쪽.

35 斉藤達雄, 『ミクロネシア』, すずさわ書店, 1975, 122~130쪽.

36 松島泰勝, 『ミクロネシア: 小さな島々の自立への挑戰』, 早稻田大學出版部, 2007, 160~161쪽. 지금까지도 괌은 미국의 '미편입 영사'의 지위에 있어서, 대통령 선거의 직접투표권이 없고 연방회의로 보내는 대표의원에게도 회의에서의 투표권이 부여되지 않고 있다.

37 山口誠, 『グアムと日本人: 戰爭を埋立てた樂園』, 岩波書店, 2007, 54~64쪽; 松島泰勝, 앞의 책, 112~123, 161~163쪽.

38 眞崎翔, 「日米關係における小笠原返還交涉の意義」, 『小笠原硏究』, 39號, 首都大學東京小笠原硏究委員會, 2013, 11~15, 42~43쪽.

39 같은 책, 8~10, 21~26, 39~42쪽.

40 그러나 고용이나 생계는 보장되었지만 학교의 정규 커리큘럼을 포함하는 모든 행정적 업무가 단번에 일본어로 바뀌었기 때문에 성인도 아이들도 언어 사용에 어려움이 많았다. 자세한 내용은 다음을 참조할 것. 石原俊, 『近代日本と小笠原諸島: 移動民の島々と帝國』, 平凡社, 2007, 413~425쪽.

41 오가사와라제도부흥특별조치법은 1979년에 일부가 개정되었고 오가사와라제도진흥특별조치법이 되었다.

42 眞崎翔, 앞의 책, 36~39쪽.

43 小林泉, 『アメリカ極秘文書と信託統治の終焉: ソロモン諸島・ミクロネシアの獨立』, 東信堂, 1994, 132쪽; 松田賀孝, 앞의 책, 758~759쪽.

44 松田賀孝, 앞의 책, 715~757, 851~861쪽; 松島泰勝, 「グアムと結ふ沖縄: 沖縄開發廳とグアム經濟開發局の比較研究」, 佐藤幸男 編, 『太平洋アイデンティティ』, 國際書院, 2003, 181~190쪽.

45 스에히로 아키라末廣昭에 따르면 '개발주의'란 '개인, 가족, 지역사회가 아니라 국가나 민족 등의 이해를 최우선으로 삼으며, 나라의 특정한 목표, 구체적으로는 공업화를 통한 경제성장으로 국력을 강화시키기 위해, 인적 자원의 집중적 동원과 관리를 행하는' 이데올로기, 그리고 그것에 기반하는 정책이나 실천을 말한다. 개발주의에서는 정부나 관료기구가 강력하게 산업 개발을 견인하고, 정치적 민주화나 경제적 재분배보다는 국민국가, 행정구역 전체에서의 '성장'이 중시되기 때문에, 통치체가 강권적 형태인 경우가 많지만 다른 한편으로 통치체는 의사疑似 재분배를 통해 비엘리트에게 일정 정도의 '성장'을 실감하게 함으로써 국민, 주민의 동의를 얻고자 한다.(末廣昭, 「序章 開發主義とは何か」 「1章 發展途上國の開發主義」, 東京大學社會科學研究所 編, 『20世紀システム 4: 開發主義』, 東京大學出版會, 1998) 패전 이후 일본에서의 포디즘 체제는 서구 주요국의 복지국가 체제가 아닌 개발주의 체제에 해당됐다고 할 수 있는데, 한국이나 아세안ASEAN 국가들의 개발주의 체제는 강권적인 정권이 기업에 대해 강력한 지도력을 발휘한 것에 비해, 일본에서는 정부나 관료기구와 기업이 상호보완적으로 기능했다는 차이가 있다.(橘川武郎, 「9章 經濟開發政策と企業: 戰後日本の經驗」, 같은 책)

46 石原俊, 「〈島〉をめぐる方法の苦鬪: 同時代史とわたりあう宮本常一」, 『現代思想』 39卷 15號, 靑土社, 2011, 152~153쪽.

47 都市調査會, 앞의 책, 56~58쪽.

48 眞崎翔, 앞의 책, 19~21쪽.

49 東京都總務局多摩島しょ對策部 編,『硫黄島及び北硫黄島視察調査報告書』, 1984, 132쪽.

50 東京都總務局多摩島しょ對策部 編,『舊硫黄島島民歸島希望調査結果』, 1981, 2~10쪽.

51 小笠原協會 編,『小笠原』43號, 1997, 12~20쪽.

52 東京都總務局多摩島しょ對策部,『硫黄島及び北硫黄島視察調査報告書』, 127쪽.

53 アレキサンダー・ロニー,「非核・獨立太平洋運動からみる「太平洋アイデンティティ」」, 春日直樹 編,『オセアニア・オリエンタリズム』, 世界思想社, 1999, 161~170쪽.

54 矢崎幸生, 앞의 책, 201~268쪽; 小林泉, 앞의 책, 126~197쪽; 黑崎嶽大, 앞의 책, 363~367쪽. 그러나 티니언 섬의 미군 기지 건설 계획은 1980년 대 미·소 냉전의 긴장이 완화되면서 중단된다.

55 松島泰勝,『ミクロネシア』, 179~239쪽.

56 眞崎翔, 앞의 책, 19~21쪽.

57 齋藤潤,「硫黄島紀行 返還30周年の年・小笠原村硫黄島訪問事業に參加して」,『しま』44卷 2號, 1998; 齋藤潤,「硫黄島紀行 理想鄕から阿鼻叫喚の地獄へ~. そして・今」,『東京の島』, 光文社, 2007.

58 '새로운 전쟁'의 포괄적 정의에 대해서는 다음을 참조할 것. カルドー・メアリー, 山本武彦/渡部正樹 譯,『新戰爭論: グローバル時代の組織的暴力』, 岩波書店, 1999(2001, 2003); 河野仁,「「新しい戰爭」をどう考えるか: ハイブリッド安全保障論の視座」, 福間/野上/蘭/石原,『戰爭社會學の構想』.

59 石原俊,『殺すこと/殺されることへの感度: 2009年からみる日本社會のゆくえ』, 東信堂, 2010, 94쪽.

60 山口響,「海兵隊グアム移轉: 誰のための負擔輕減なのか1~10」,『ピープルズ・プラン』47~58號, ピープルズ・プラン研究所, 2009~2012.

61 竹峰誠一郎,「アメリカの安全保障體制の影」, 中原聖乃/竹峰誠一郎, 앞의 책, 140~147쪽.

62 屋嘉比收,『沖繩戰・米軍占領史を學びなおす: 記憶をいかに繼承するか』,

世織書房, 2009, 226~231쪽.

63 石原俊, 『殺すこと/殺されることへの感度』, 93쪽.

찾아보기

나카소네 야스히로中曾根康弘 211

『남진책과 오가사와라 군도南進策と小
笠原諸島』 158

노가미 겐野上元 203

니하라 미치노부新原道信 21

ㄷ

다구치 우키치田口卯吉 133~138, 224

다나카 가쿠에이田中角榮 209

다나카 에이지로田中榮次郞 144

다마오키 한에몬半右衛門 128~129,
149~150, 224

다무라 데루요田村照代 154, 189, 238

다카사키 고로쿠高崎五六 131, 133,
144

다카야마 준高山純 100

다키자와 히데키치瀧澤秀吉 148, 171,
192~193

덜레스, 존F.Dulles, John F. 180~182,
197

데이비드, 아이작David, Isaac 56

데이비스, 하월Davis, Howell 44

도마쓰 하루오等松春夫 163

도쿠가와 나리아키德川齊昭 88

도쿠토미 소호德富蘇峯 158

드롱, 찰스DeLong, Charles E. 104

들뢰즈, 질Deleuze, Gilles 24, 69~71

ㄱ

가베 마사오키我部政明 196

가쓰 가이슈勝海舟 88

『가장 악명 높은 해적들의 약탈과 살
육의 역사A General History of the
Robberies and Murders of the Most
Notorious Pirates』 44

가타리, 펠릭스Guattari, Fe'lix 69~71

고가 다쓰시로古賀辰四郞 132

고스, 필립Gosse, Philip 76, 100

고프먼, 어빙Goffman, Erving 41

구리바야시 다다미치栗林忠道 165,
172

그레이버, 데이비드Graeber, David 68

글리상, 에두아르Edouard Glissant 9,
21

기무라 가즈오木村和男 50

ㄴ

나가하라 유타카長原豐 61

ㄹ

라인보, 피터Linebaugh, Peter 47~48, 246

레디커, 마커스Rediker, Marcus 40, 42, 46~48, 246

로버츠, 바살러뮤Roberts, Bartholomew 44

로히프스, 프레데리크Rohifs, Frederick 128

롱, 대니얼Long, Daniel 91

루셴버거, 윌리엄Ruschenberger, William 60, 66~67

르쇠르, 루이Leseur, Louis 103

ㅁ

마사키 쇼眞崎翔 210, 214

마쓰오카 고이치松岡好一 132

마쓰이 도루松井透 22

마에다 데쓰오前田哲男 174

마차로, 마테오Mazzaro, Matteo 59~60, 66, 86

만지로, 존Mung, John/中濱萬次郎 30, 63, 75~83, 88~96, 105~106, 119~131, 223

메이헨, 앨프리드Mahan, Alfred Thayer 156, 159, 164

멜빌, 허먼Melville, Herman 57

모리타 가쓰아키森田勝昭 54, 80

모리타 도모코森田朋子 99

『모비딕Moby-Dick』 57

모틀리, 제임스Motley, James 67, 93, 128

무라이 오사무村井紀 27

미야모토 쓰네이치宮本常一 9, 21

미야자토 세이겐宮里政玄 180

미즈노 다다노리水野忠德 90

미즈타니 신로쿠水穀新六 132

미치바 지카노부道場親信 193

밀림챔프, 리처드Millimchamp, Richard 59

ㅅ

사쓰마 신스케薩摩眞介 46

세이보리, 너새니얼Savory, Nathaniel 59, 68, 86, 92

소에지마 다네오미副島種臣 99

슈미트, 카를Schmidt, Carl 22~23, 70

슈타머, 하인리히Stahmer, Heinrich Georg 164

스즈키 쓰네노리鈴木經勳 131, 134

스페이트, 오스카Spate, Oscar 55

시마즈 히사미쓰島津久光 95

쓰루미 요시유키鶴見良行 9

ㅇ

「아버지의 깃발Flags of Our Fathers」
30

아베 마사히로阿部正弘 82

아사누마 히로유키淺沼碩行 151, 189,
238

『악마와 깊고 푸른 바다 사이에서
Between the Devil and the Deep
Blue Sea』 40

안티오프, 가브리엘Entiope, Gabriel 42

야나기타 구니오柳田國男 27

야마노 고키치山野幸吉 211

야마다 기이치山田毅一 158

야마시타 쇼토山下涉登 54

야카비 오사쿠屋嘉比收 218

에가와 히데타쓰江川英龍 82

에노모토 다케아키榎\本武揚 131, 134,
144

엔첸스베르거, 한스M.Enzensberger,
Hans M. 24

엘드리지, 로버트Eldridge, Robert D.
187

영, 존Young M., John 56

오리타 세이자부로折田清三郎 128

오미다 도시노리小美田利義 137

오바나 사쿠(노)스케小花作(之)助 93,
104~105, 109~110, 119~120,
130~131

오사다 유키오長田幸男 153

오히라 교코大平京子 187, 238

와타나베 가잔渡邊華山 95

요리오카 쇼조依岡省三 132, 144, 149

요코오 히가시사쿠橫尾東作 131

워델, 제임스Waddell, James 101

웨브, 토머스Webb, Thomas 92

윗필드, 윌리엄Whitfield, William 79,
81

이마후쿠 류타今福龍太 20

이부세 마스지井伏鱒二 75

이스트우스, 클린트Eastwood, Clint
30, 32

「이오지마에서 온 편지Letters from
Iwo Jima」 30~31

이와사키 겐키치巖崎健吉 145

이케다 미노루池田實 161~162, 188,
198, 238

이토 히토시노마쓰伊東仁之松 148

ㅈ

『존 만지로 표류기ジョン万次郎漂流記』
75

존슨, 찰스Johnson, Charles 44, 59

ㅊ

찰턴, 리처드Charlton, Richard 59

채핀, 올딘Chapin, Aldin 59

『천 개의 고원Mille Plateaux』 69

ㅋ

카메하메하 1세Kamehameha I 51, 56
카치아리, 마시모Cacciari, Massimo 24
쿡, 제임스Cook, James 50

ㅌ

톰슨, 재니스Thomson, Janice E. 48

ㅍ

페리, 매슈 C.Perry, Matthew C. 30, 49,
    82
페티, 윌리엄Petty, William 21
폴라니, 칼Polanyi, Karl P. 61~62
풀턴, 로버트Fulton, Robert 83
프차틴, 예히미 바실리예비치Putjatin,
    Evfimij Vasil'evič 65
피어스, 프랭클린Pierce, Franklin 87
피즈, 벤저민Pease, Benjamin 75~77,
    101~106, 120, 223~224
필모어, 밀러드Fillmore, Millard 83

ㅎ

하라 기미에原貴美惠 181
하야시 시헤이林子平 95
『하얀 태평양: 남북전쟁 후 남태평양
    에서의 미국 제국주의와 노예제The

White Pacific』 97~98
『해상의 길海上の道』 27
『해적 행위의 역사The History of
    Piracy』 100
헤이스, 불리Hayes, Bully 100, 105
호먼, 엘모Hohman, Elmo P. 52
호턴, 조지Horton, George 92
혼, 제럴드Horne, Gerald 97
후유키 다다요시冬木忠義 171,
    192~193, 201, 238~239
후유키 미즈에冬木瑞枝 171, 192~193,
    200~201, 238
후유키 미치타로冬木道太郎 192
후지타 호젠藤田鳳全 191
『히드라: 제국과 다중의 역사적 기원
    The Many-Headed Hydra』 47
히라오카 아키토시平岡昭利 130, 133,
    150

군도의
역사사회학

초판 인쇄   2017년 4월 14일
초판 발행   2017년 4월 26일

지은이   이시하라 슌
옮긴이   김이인
펴낸이   강성민
편집장   이은혜
편집   박세중 박은아 곽우정 한정현 김지수
편집보조   임채원
마케팅   이연실 이숙재 정현민
홍보   김희숙 김상만 이천희

펴낸곳   (주)글항아리 | 출판등록 2009년 1월 19일
             제406-2009-000002호
주소   10881 경기도 파주시 회동길 210
전자우편   bookpot@hanmail.net
전화번호   031-955-8891(마케팅) 031-955-2663(편집부)
팩스   031-955-2557

ISBN   978-89-6735-406-0 93910

글항아리는 (주)문학동네의 계열사입니다.

이 도서의 국립중앙도서관 출판시도서목록(CIP)은
서지정보유통지원시스템 홈페이지(http://seoji.nl.go.kr)와
국가자료공동목록시스템(http://www.nl.go.kr/kolisnet)에서
이용하실 수 있습니다. (CIP제어번호 : CIP2016031073)